追寻理性的光芒

中国经济改革开放理论与实践探索

ZHUIXUN LIXING
DE GUANGMANG

ZHONGGUO JINGJI GAIGE KAIFANG
LILUN YU SHIJIAN TANSUO

廖运凤 —— 著

知识产权出版社

全国百佳图书出版单位

图书在版编目（CIP）数据

追寻理性的光芒：中国经济改革开放理论与实践探索/廖运凤著. —北京：
知识产权出版社，2019.9
ISBN 978 - 7 - 5130 - 6440 - 8

Ⅰ.①追… Ⅱ.①廖… Ⅲ.①供销合作社—经济体制改革—研究—中国 Ⅳ.①F721.2

中国版本图书馆 CIP 数据核字（2019）第 197212 号

内容提要

根据学术研究的路径和研究内容的拓展，本论文集的内容分为以下几个部分。

第一部分，经济学基本理论问题的探讨。首先，按照马克思主义政治经济学标准的分析范式，即生产关系的"三方面"和"四环节"理论展开，遵循所有制关系决定分配关系的政治经济学信条，分析经济改革中的所有制关系和分配关系。其次，论述了西方经济学关于计划与市场关系，阐明计划和市场都是经济调节机制，计划和市场的结合是现实的经济运行机制。第三，关于合作制的理论研究。分别论述了西方理论经济学关于合作社的基本内涵、适用条件和领域、主要优点和缺陷。第四，讨论了中国合作经济的若干理论和实践问题，对合作制的本质规定、适用条件、合作社与商业化的关系、合作社的治理结构和融资方式等问题进行了分析。

第二部分，合作制的实践与供销合作社改革分析。首先，讨论了合作制、股份合作制的内涵，认为中国的股份合作制实质是合作制，是和股份制相区别的企业财产组织形式。其次，分析了我国合作制经济发展中存在的理论模糊、政策不明确、内部运行机制和管理不规范等问题，并相应地提出了促进我国合作经济的各种对策。第三，研究了供销合作社的改革问题。分别分析了供销合作社各级机关、供销合作社社有企业和基层社改革的具体路径与成就、难题与困境，给出了进一步深化改革的具体建议。

第三部分，企业并购和资产重组研究。首先，讨论了国有企业资产重组和企业并购问题。对资产重组的含义、意义和途径进行了分析，讨论了国有企业资产重组的难点，提出了加快重组步伐的措施。其次，分析了跨国并购的含义、形式、政策。最后，研究了零售业的并购，对中国零售业并购的现状和存在的问题就进行了分析，提出了推进并购发展的措施和政策。

责任编辑：兰　涛　　　　　　　　责任校对：王　岩
装帧设计：郑　重　　　　　　　　责任印制：孙婷婷

追寻理性的光芒

中国经济改革开放理论与实践探索

廖运凤　著

出版发行：知识产权出版社有限责任公司	网　　址：http://www.ipph.cn
社　　址：北京市海淀区气象路 50 号院	邮　　编：100081
责编电话：010 - 82000860 转 8325	责编邮箱：lantao@cnipr.com
发行电话：010 - 82000860 转 8101/8102	发行传真：010 - 82000893/82005070/82000270
印　　刷：三河市国英印务有限公司	经　　销：各大网上书店、新华书店及相关专业书店
开　　本：787mm×1092mm　1/16	印　　张：17
版　　次：2019 年 9 月第 1 版	印　　次：2019 年 9 月第 1 次印刷
字　　数：245 千字	定　　价：68.00 元

ISBN 978-7-5130-6440-8

序　言

　　1978 年后中国经济改革的实质是从传统高度集中统一的计划经济体制向有政府宏观控制的市场经济体制的转换。其历史进程经历了有计划的商品经济、计划经济与市场经济相结合、社会主义市场经济几个既相互区别又相互联系又依次递进的阶段。作者有幸参与了这个伟大的改革进程，并在这个进程中进行经济学的教学与学术研究，取得了一些研究成果。

　　论文集编辑的线索是作者职业生涯中研究方向和研究重点的演变，既有对中国经济改革各个时期某些重大理论问题的探讨，也有对改革开放历史进程中遇到的重大实践问题解决方案的研究。职业生涯初期，主要从事政治经济学基本理论的教学工作，主要研究经济学的一些基本理论问题。进入中年后，职业生涯主体转向研究，而且随着中国经济体制改革的加速，很多实践问题不断出现，需要深入研究，其中最为重要的是所有制以及相关的产权问题。作者研究的重心开始转向股份制和合作制，在弄清楚其基本理论之后，对股份制和合作制的实践形式、适用领域和基本运行规则进行了探讨，尤其是对合作制的基本理论和中国合作制的实践、供销合作社的改革进行了比较深入地研究。随着作者成为硕士生导师，在政治经济学和产业经济学两个专业领域开始进行卓有成效的研究。不仅在理论经济学领域有所建树，也在应用经济学领域不断开拓，在企业并购和资产重组等方面也有所创新，尤其是在跨国并购方面成果更为丰富。

　　作者从自己职业生涯中发表的 80 多篇论文中选取了比较重要的 25 篇论文，编辑成集，以期对自己的学术研究进行总结，并把它描述为

"追求经济学理性光芒"的过程，同时也是作者学术研究成长进步的历程。根据学术研究的路径和研究内容的拓展，可以把论文集的内容分为以下几个部分。

第一部分，对经济学基本理论问题的探讨。首先要说明的是这里的经济学是比较广义的经济学概念，指的是理论经济学。它既包括马克思主义政治经济学的基本内容也包括西方理论经济学的内容。对庞大的理论经济学体系中与自己研究方向与研究内容有关的理论问题进行了一定的探讨。论文集选取了九篇论文。前四篇论文按照马克思主义政治经济学标准的分析范式，即生产关系的"三方面"和"四环节"理论展开。分析经济改革中的所有制关系和分配关系，遵循所有制关系决定分配关系的政治经济学信条。《公有制实现形式的创新和经济运行机制的转换》是 1988 年发表在《北京林业大学学报（社会科学版)》的长达万字的理论性文章。对生产资料的所有制和经济运行机制的关系进行了探讨，认为所有制关系不是空洞的理论说教，它必须转化为企业的财产的组织形式。认为国有制在市场经济体制中运行，必须用股份制代替传统国有制，而为了确保公有制的主导作用，在所有国民经济的重要领域，国有制应当控股。这篇文章实质上已经涉及改革开放最重大的理论和实践问题——产权改革和经济运行机制的转换。

《略论按资分配》是 1989 年发表在《北京林业大学学报（社会科学版)》上的理论性文章。当时社会上对"按资分配"大都持否定态度，与剥削相联系，这和发展股份经济的实践不协调。论文认为"按资分配"是市场经济的分配方式之一，而且是很重要的分配方式，没有姓"资"和姓"社"问题，公有的资本进入股份制企业也要参与分配，所有制的性质决定分配的性质。公有制为主体的社会主义经济中的"按资分配"不会改变社会主义的性质。

《社会主义经济中的公平和效率》是 1991 年发表在《北京林业大学学报（社会科学版)》的一篇论文。论文强调了社会主义市场经济中的公平观，认为按劳分配是公平，是劳动面前人人平等；市场经济的基本价值规律也是公平，是各个市场经济主体在市场竞争面前家家平等，是企业在"社会必要劳动时间"面前的公平竞争。这两种公平和经济效率是一致的，贯彻这种公平可以充分调动劳动和企业两方面的积极性，推动社会主义经济不断发展。但是按劳分配和价值规律体现的公平，按照马克思主义经济学的理论还具有"形式上的公平，而实际上的不公平"的特点，因为它们都会导致人们收入差距的拉大，社会主义经济生活中人们实际的生活水平的差异，从而产生不公平感，影响社会经济的效率，因而政府要对人们的收入和个人消费品的分配进行调节。

《西方计划理论评述》也是一篇很重要的论文，1992 年发表在《北京林业大学学报（社会科学版）》上。文章探讨了西方关于计划的理论，认为计划和市场都是经济运行机制，与资本主义或社会主义无关。主张社会主义运用市场机制加速经济发展。还进一步分析了计划与市场作为经济调节手段的优势和劣势，说明了它们相互结合的必然性，得出了社会主义市场经济就是有政府宏观调控的市场经济的结论。

这部分中还有四篇关于合作制研究的理论文章。由于中国的合作社发展经历了一段艰难曲折的道路，所以在市场经济发展中需要发展合作经济时，过去的模式和思路深深束缚着人们。对什么是与市场经济相吻合的合作经济，应该怎么发展合作社等问题，理论界争论很大，实践中发展很困难。实践呼唤中国特色的合作经济理论出台，回应这一时代要求，本书有四篇论文。

《西方合作经济理论评述》是发表在《林业经济》2007 年第 11 期上的论文；《农业产业化组织形式：国外相关研究及其评述》发表在《林业经济》2014 年第 8 期上，两篇论文都是作者和徐振宇博士的研究成果，基本上把合作制的基本理论和实践都说明白了，而且结合中国的实际，分析了西方合作社理论对我国发展合作社的意义以及局限。尤其是关于合作社的基本内涵、适用领域、主要缺陷都做了清楚的分析。这两篇论文为区别现代合作社与计划经济中的合作经济提供了理论基础。

《对合作制若干问题的理论思考》是发表在《中国农村经济》2004 年第 5 期上的文章，是 2001 年国家社会科学基金项目"中国农村合作制的理论和实践研究"的主要研究成果。对合作制的本质规定、适用条件、合作社与商业化的关系、合作社的治理结构和融资方式等做了深入分析，颇有新意。

《供销合作社制度变迁的经济学分析——新制度经济学的视角》一文，发表在《北京工商大学学报（社科版）》2009 年第 4 期上，是对供销合作社改革的理论分析。供销合作社是计划经济体制的供销组织，是计划经济运行的基本条件。在市场化改革中面临困境，进而要求制度变迁。论文从制度变迁的供求两个方面分析了改革的必然性和与市场经济相融合的改革取向，为分析供销社的改革提供了理论方法。

第二部分，合作制的实践与供销合作社改革分析。这部分论文涉及的内容是中国中小企业的改革实践和农村合作社发展的问题，另外，重点分析了中国供销合作社的改革问题，共有八篇论文，讨论的都是合作制经济在中国发展的实践问题。

前四篇讨论了合作制的内涵，认为中国的股份合作制实质就是合作制，是和股份制相区别的企业财产组织形式。进而分析了我国合作制经济发展中存在的理论模糊、政策不明确、内部运行机制和管理不规范等问题，并相应地提出了促进我国合作经济，尤其是农民专业合作社发展的各种对策。

后三篇研究了供销合作社的改革的实践问题。分别分析了供销合作社各级机关、供销合作社社有企业和基层社改革的具体路径与成就、难题与困境，给出了进一步深化改革的具体建议，并重点讨论了供销社社有企业的性质、特征以及改革的路径。

第三部分，企业并购和资产重组研究。这部分是讨论国有企业资产重组和企业并购的文章，共有八篇。前三篇是分析我国国有企业资产重组的论文，对资产重组的含义、意义和途径进行了分析，重点讨论了国有企业资产重组的难点，提出了加快重组步伐的措施。另外有三篇文章是分析跨国并购问题的。进入 20 世纪以后，中国经济的市场化进程明显加快，并购作为资产重组的重要方式日益得到重视和青睐。并且伴随着中国经济开放的步伐，外资并购成为热潮，海外并购也方兴未艾。论文对跨国并购的含义、形式、政策调控等问题进行了比较深入地分析。最后两篇是研究零售业并购的论文，对中国零售业并购的现状和存在的问题进行了分析，提出了推进并购发展的措施和政策。

需要说明的是，本书的大部分论文是作者独立完成的，尤其是2000以前作者成为经济学硕士研究生导师之前的论文都是独立完成。做了研究生导师后就有了自己的研究团队，之后部分文章的撰写者就不仅是本书作者本人了，研究团队的同事和研究生成为学术研究的生力军。所以本书收集的有些重要论文是多人合作的结晶。我的同事周清杰和徐振宇两位年轻教授，在两篇论文中是第一作者，贡献了大量的智慧。我的硕士研究生金辉、宋浩宇也是另外三篇论文的主要作者，他们的努力工作成就了本书的研究成果，和这些杰出的同事和学生们共同奋斗的日子成为职业生涯中最辉煌的时光。在此书出版之际，对他们的辛勤劳动和密切协作，表示衷心的感谢和深深的敬意。

《追寻理性的光芒—中国经济改革开放理论和实践探索》是一部研究中国经济改革开放的学术论文集。它是作者对自己30多年学经济学学术生涯的总结，也是对中国经济改革开放历史进程的理论思考。很多理论观点和对实际经济问题的分析，都是个人观点，而且由于时代发展和改革开放实践不够等原因，有的文章的个别观点现在看来比较迂腐或者拘谨。但作者深知，经济学是需要大智慧的学问，以本人的潜能研究它本身就是勉为其难。任凭自己怎么努力，也难免错误或者局限。所以今天让这些论文和读者见面，只是反映本人在经济学职业生涯中的探索和成长过程，有的问题可以作为中国社会主义经济改革理论发展史上的某种观点来看待。对于本书的不足我不敢奢求读者的原谅，但愿得到读者的理解。只要本书能为后来的中国经济问题研究者提供某种参考或启示，作者就足感欣慰了。

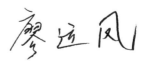

2019 年 9 月于北京

目　录

一、经济学理论问题探讨

二、合作制的实践与供销合作社改革分析

三、企业并购和资产重组研究

一、经济学理论问题探讨

公有制形式的创新和经济运行机制的转换[*]

——谈社会主义国家所有制的改革

目前我国的经济体制改革已深入到经济运行机制全面转换的时期，使国家所有制的改革成为改革进程的关键。怎样改革社会主义国有制、实现经济运行机制的转换，经济学界已提出了多种见解，本文试图从以公有制为主体的混合联合股份制的思路来参与讨论。

一、以公有制为主的混合联合股份制代表了公有制实现形式创新的方向

所谓以公有制为主体的混合联合股份制，既指一种新型的公有制形式，又指一种现代企业的组织方式。从财产关系的角度看，它的所有者是多元的，有国家、集体、私人和外商，是联合所有制。从企业组织形式的角度看，它采取了股份公司制度，并且公有制经济通过控股可在联合体中占主导地位，从而保证了社会主义公有制的性质，因而可以成为社会主义国家所有制改革的方向。

1. 以公有制为主体的混合联合股份制既符合马克思主义关于公有制的基本思想，又适应社会主义公有制实践的要求。

马克思和恩格斯的公有制思想概括地说有两个方面的内容：一是公有制的本质规定；二是公有制实现的具体形式。两者都根源于马克思和恩格斯对当时生产力水平的估计。由于资本主义私有制和由它形成的生产力发生尖锐冲突，要求社会主义公有制取代资本主义私有制。

＊ 原载《北京林业大学学报（社科版）》1988 年。

关于公有制的抽象规定，马克思提出了"自由人联合体"❶的著名思想，恩格斯也曾把社会主义公有制的本质规定为"联合起来的劳动者"。❷ 在马克思和恩格斯的论述中社会主义公有制就是联合起来的自由劳动者共同占有和支配生产资料，共同生产和分配产品，它会推动生产力的发展。关于公有制的实现形式，马克思和恩格斯提出过两种设想：（1）社会主义国家所有制，它是像当时英国那样生产力高度社会化的国家，社会主义胜利后的公有制初级形式；❸（2）社会主义集体所有制，它是像法德那样小农经济广泛存在的国家，社会主义胜利后公有制的具体形式。❹❺ 后来列宁、斯大林的论述都没有超越马克思和恩格斯的思想，不过更为具体和细致罢了。

从社会主义公有制的实践来看，公有制的实现形式同马克思和恩格斯的设想相差甚远。首先，现实的社会主义国有制并非马克思和恩格斯讲的那样，是由国家占有社会的一切生产资料，并在全国范围内组织生产与分配的全国一个托拉斯式的国有制，而只是国家占有了一部分生产资料，这里所说的国家主要代表了城市工人对一部分生产资料实行了国有制，这同马克思和恩格斯的设计相比是变了形的。这主要是由于资本主义未充分发展，生产力未高度社会化就实现了社会主义。其次，社会主义集体所有制的实践也比马克思和恩格斯的设计要丰富得多。除了纯粹公有的集体所有制外，还出现了公私结合，以公为主的新型社会主义合作组织。这同样取决于社会主义现阶段的生产力发展水平。

今天，我们坚持社会主义公有制，就是要坚持马克思和恩格斯关于公有制抽象规定的思想，即自由联合起来的劳动者共同占有和支配生产资料为劳动者谋利益，而不是要固守马克思和恩格斯讲过的公有制的两种设想，更不能固守国家所有制的模式。说到底，社会主义公

---

❶ 马克思：《资本论（第1卷）》，第95页。

❷ 恩格斯：《反杜林论》，第276页。

❸ 马克思、恩格斯：《共产党宣言》，《马克思和恩格斯选集（第1卷）》，第272页。

❹ 恩格斯：《法德农民问题》，《马克思和恩格斯选集（第4卷）》，第310页。

❺ 马克思：《巴枯宁〈国家制度和无政府状态〉一书摘要》，《马克思和恩格斯选集（第2卷）》，第635页。

有制实现形式是一个开放性的体系，它以生产力水平为依据，有待于去实践，去更新，去发展。

我国在经济体制改革的实践中，已经进行了公有制实现形式的有益探索。在农村经济改革的过程中，我们通过大包干责任制，创造出了有别于传统纯公有的集体所有制的新型社会主义合作经济形式——公私结合而以公有制为主体的混合所有制。这种从责任制开始的变革促成了公有制实现形式的创新，调动了广大农民的积极性和创造性，较大地促进了我国农村经济的发展。

我国城市的经济体制改革 10 年来虽取得了不少成绩，但总的说还没有取得像农村那样重大的突破，尤其是大中型国家所有制企业的改革更是困难重重，关键就是没有广泛进行公有制实现形式的创新。改革基本上还只在两种马克思和恩格斯设想的公有制下进行各种调整。只有在两种公有制边界的联合中才有较大的突破。因此，进行公有制形式创新和改革传统国有制，就必须跳出社会主义国有制不变这个框框，用公有制为主的混合联合股份制改造传统国有制。

在以公有制为主体的混合联合股份制中，社会主义的劳动者通过不同形式的所有制联合成一个总体，共同占有和支配生产资料，并按股权和劳动分享收益，"自由人联合体"的思想实现了。在这里，不仅公有的生产资料置于联合起来的劳动者管理之下，按劳动者团体的利益支配，而且社会主义初级阶段存在的私有的生产资料也通过联合由劳动者集团使用和支配。这里不同的所有权实际上是社会主义社会中劳动者联合的不同层次。私有入股体现了社会主义初级阶段的经济特点。尽管这种混合股份制不是传统的纯洁的公有制，而是公私结合以公为主的混合所有制，但正因为不纯的公有制才适应了社会主义初级阶段的生产力水平和经济关系，从而具有广泛的适应性和现实性，过去搞的"一大二公"的传统公有制已被实践证明是没有活力的。

2. 以公有制为主体的混合联合股份制找到了社会主义联合起来的劳动者多层次利益的结合部，因而会激发出社会主义经济的内在活力。

马克思主义经济学把社会主义公有制条件下劳动者的物质利益分为国家、集体和个人三个层次。虽然从理论上说，公有制的建立使三方面利益基本一致，只存在局部的非对抗性矛盾，但在实践中三方面的利益却存在着十分复杂的矛盾，对国有制管理的改良也难于把三方面的利益有机地结合起来。在这一点上，往往是强调国家利益，企业就缺乏活力，劳动者就没有积极性；而强调企业和个人的利益，就会出现企业行为短期化，消费基金盲目膨胀，国家所代表的劳动者的整体利益和长远利益难以保障。在近年来的经济体制改革中，后一种情况时时困扰着我们。而在党的十一届三中全会以前，基本上只是第一种情况制约着经济发展。可见，社会主义经济中劳动者三个层次利益的有机结合是十分困难的，弄不好就在利益分配上出现"一管就死，一放就乱"的状况。这种利益各层次难以结合的根源是传统的大一统的国有制和纯而又纯的公有制。在这样的所有制关系中，没有找到国家、集体、个人利益的结合部。国家、集体、个人的物质利益没有在所有制本身上得到统一，也没有从企业组织形式上找到三层次利益统一的保证。而以公有制为主体的混合股份制的出现，使国家、集体和个人三层次的利益在所有制关系上有机地结合起来了，并且在企业组织形式中得以实现。国家、集体和个人都是生产资料的所有者，收益分配的享受者，风险的承担者。企业经营好，国家、集体和个人都会因股权收益而得益；企业经营不善，企业亏损，国家、集体和个人都将按股权分担损失。因此，国家、集体和个人三个层次的劳动者利益在企业这个微观领域内就结合在一起了，由此就会激发出三个层次追求利益的积极性，给社会主义经济的发展带来活力。同时，三个层次的利益以股权的方式结合起来，渗透到生产、流通和分配之中去。因此，可以说，公有制为主体的混合联合股份制找到了社会主义初级阶段劳动者各方面利益的结合部，必将比纯而又纯的公有制有利于激发人的积极性和创造性。

总而言之，以公有制为主体的混合联合股份制从理论上说无疑是社会主义公有制的实现形式为创新，从实践上看，它对经济发展已经起到了一定的作用，并将随着它的发展壮大，尤其是对传统国有制的改造而发挥重大作用。

二、用以公有制为主体的混合联合股份制改造国家所有制企业

传统国家所有制企业的根本弊端是产权虚置，或者说"所有者缺位"。也就是说，国家所有制企业的财产归属关系是模糊的。它既是属于全社会每一个人的，又不属于任何一个特定的集团或个人，因而实际上是处于无人负责的状况，这里企业财产所有者是缺位的。从理论上说，国家可以代表全体人民成为财产所有者，但国家却不可以直接去经营管理全民的财产，只能通过各级政府机构和它委派的从中央到地方直至企业的各级干部去经营管理企业。而这些大大小小的国家干部和企业领导并不是真正的国家财产所有者，最多是国家的代表。他们有权支配国有财产，却无法向国有资产负经济责任。这是国有制企业缺乏活力的根本原因。因此，要真正搞活国有企业，就必须解决这个所有者缺位的问题，即明确国有企业的产权，使企业财产有一个实实在在的所有者，从财产关系和利益关系的角度规范企业的经济行为，焕发企业的活力。

理论界认为寻找国有企业的真正所有者有两种选择：一是改国有企业为企业所有制；二是改国有制企业为股份制。

1. 企业所有制不能成为国有企业改革方向

实行企业所有制的公有制形式，实际上就是把国有企业变成集体所有的企业。它会产生两个无法解决的问题。一是社会主义经济多层次生产力结构中高度社会化的生产力，集体所有制能否适应。比如像能源、重化工和大型交通运输等行业。它们耗资巨大，盈利较少甚至无利，并且生产周期长，集体所有制很难适应。从世界经济发展的实际看，它们都更适合于国有制，这也正是西方国家国有制不可取消的终极原因。而且集体所有制从自身经济利益的角度也不愿向上述行业投资。二是宏观经济的控制能否有效实现。从西方经济的发展看，尽管私有制企业以股份公司的面貌活动，但由于国有企业作用不够，宏观控制也经常失效，周期性经济危机不可避免。在社会主义国家中，南斯拉夫实行了企业所有，但仍没解决宏观经济的有效调控问题。而且因为我国是一个地域辽阔、生产力多层次发展且又不平衡的国家，

所以宏观经济的调控更为艰巨。因此，全部取消国有制，代之以企业所有制，恐怕难以避免宏观失控的局面，使经济动荡和社会问题交织在一起，阻碍经济的良性发展。

2. 以公有制为主的混合联合股份制是国家所有制改革的必然选择

以公有制为主体的混合联合股份制之所以成为国有制改革的方向，首先是因为它可以解决传统国有制产权虚置的根本弊端，找到社会主义公有制企业财产实在的所有者。在以公有制为主体的混合联合股份制企业中，财产所有者具体化为国家、集体、个人和外商，他们各自按掌握的股权行使对企业股票的操纵权，使企业的自负盈亏成为必然。在这里，股份公司作为独立的法人，拥有自身的财产，为推行企业破产法奠定了财产基础。企业如破产倒闭，其损失由全体股东共同负担，而不像单纯国有制下只能由国家全部包下来。这就从根本上解决了单纯国有制下各种承包经营责任中，企业只能负盈不能负亏的问题。

其次，以公有制为主体的混合联合股份制可以使企业的所有权和经营权的分离规范化，解决企业行为的合理化问题。在传统国有制中，企业财产的所有权和经营权都高度统一在国家手中，形成政企不分，使企业失去活力。于是提出了"两权分离"的改革思路，推行了各种形式的经营承包责任制和租赁制。租赁制因产权的一元化所决定的个人财产与企业资产的合一，决定了租赁人必须对企业资产负无限责任，企业的生存和发展均受到个人财产占有量和承担风险能力的严格制约，从而只适用于资产少且风险小的国有制企业改革。并且由于租赁者对企业财产无所有权和受租期制约，企业缺少长期发展和规划的动力，难以避免掠夺式经营等行为短期化问题，各种承包经营责任制，由于其产权的单一化，使国家仍然是财产的唯一所有者，因而不能彻底割断国家和企业的血缘关系，不能防止国家对企业的过多干预。同时企业作为法人无财产保证。承包人的资产同企业资产相比甚微，起不到约束企业行为的作用。因而各种讨价还价和企业行为合理化仍无保证。这说明两权分离难以实现，两权分离的程度无法界定。而以公有制为主体的混合联合股份制实现了企业产权的多元化和社会化，并以法人形式规定了企业产权的独立地位。这就为真正实现财产的两权分离提供了条件，并且规定了两权分离的界限，使两权分离成为规范化的现实。

混合联合股份制企业由于产权多元化和股票的自由转让，克服了独资企业受限于财产数量和风险能力的弱点，因而有较大的适应性，可用于大中型国有制企业的改革。混合联合股份制使所有权和经营权适当分离，使企业内部经营机制趋向合理，可彻底解决企业行为的合理性。因为在股份制企业中，股东追求资产收益和外部竞争的双重压力，均会使经营者注重积累和企业发展。这里股东不仅可以利用左右董事会的方式约束经理行为，而且还可通过股票出卖投经理的不信任票，促使经理端正企业行为。同时在股份制广泛推行的条件下，经理、董事成为一种职业，他们往往不是国家官员，而是职业经营者。因此他们的成就感和经济地位也会促使他们端正企业行为。解决单纯国有制下经理行为矛盾的问题，既代表国家又代表企业职工的双重地位。

最后，以公有制为主体混合联合股份制，有利于实现国家对宏观经济的有效控制。因为这种企业制度只改变了国家所有制的存在形式，而没有取消国家所有制。这样国家所有制可以通过适当地控股来掌握整个国民经济的命脉，实现对国民经济的领导。至于国家股的代表可考虑由企业化的国有投资公司或金融公司承担，实现国家产权与行政权分离。同时，国家政府还可行使它的经济调控权。由于股份制两权分离有规范，国家的调控成为间接的。在有关国计民生的行业和企业，国家可通过认购一定股权掌握这些企业的最大决策权，使之符合国民经济宏观发展和平衡的要求。这些企业在整个国民经济中数量和比例都是少的，但可通过层层控股实现对国民经济的领导。必要时，国家还可以通过财政金融的支持确保他们的领导地位。这比国家直接经营这些企业有效率，也比国家直接控制大中小企业科学和简单。对国民经济一般行业的大中型企业，国家可以参股，但不必控股，而让集体所有权控股，充分发挥集体所有权对私人所有的制约作用。沿海开放地区也可拿出相当大型企业让外资控股，加快开放的步伐和进程。小型的非重要的行业和企业还可采取私人控股，以充分发挥私有经济对社会经济的推动作用。对国家不控股的企业，国家主要通过宏观调控手段进行相应的控制。这样整个社会主义经济形成公私结合、统分结合、中外结合的新的公有制为主的新型股份企业格局。国家既把握了国民经济命脉，为社会主义经济的稳定和发展奠定了基础，又放松了对企业的控制，使多种所有制融为一体，充分发挥各自的优越性，保证了微观经济活力的焕发。

因此，以公有制为主体的混合联合股份制是国家所有制改革的方向。

3. 怎样对待对国有制股份化的两种疑虑

在当前理论界的讨论中，不同意国家所有制股份化，尤其是不同意多元股份化的人不少。他们不同意的理由有两条：一是国家所有制变为含有私有制的股份制，改变了全民所有制的性质。二是社会主义现实中还没有实行股份化的条件。应当怎样对待这两种疑虑呢？

关于国有制股份化会改变全民所有的问题。我认为真正的全民所有只是一种理论设想，是马克思和恩格斯对国家所有制发展方向的推断，条件是国家的消亡。而社会主义公有制的实现形式主要应来源于实践。全民所有制在实际上从来没有存在过，国有制所有权虚置，就是虚在这个全民上。实践中只存在过高度集中统一的国有制和经过改良的国有制企业。本来就不存在的东西，不可能去改变它。经济体制改革中的所有制改革要改变的是国家所有制的存在形式。如前所述，用公有制为主体的混合联合股份制改造国有制只是社会主义公有制实现形式的创新，它坚持了公有制的抽象规定，又使国有制的形象改观，不再是纯粹的国有，而是公私结合、以公为主的联合所有，因此更适应了社会主义初级阶段的实际，为什么又不可以呢？因为在国有制的改革上，我们不应当有什么不可侵犯的神圣教条，而应当更加注重丰富生动的社会主义实践。改良的国有制由于解决不了产权的多样化和企业组织形式的公司制，所以无法实现两权的真正分离，造成经济生活中的许多不可克服的矛盾，不能适应有计划商品经济的要求。只有以公有制为主体的混合联合股份制才可克服国有制单纯化的弊端，当然这应当成为改革国有制的方向。

关于缺乏股份制实现条件的问题，主要指市场条件。我认为条件是实践创造的。传统国有制和改良的单纯国有制也是人们在实践中创造的，并在实践中改造的。如果强调它的条件不具备而不去创造条件，就会贻误时机。从历史发展看，远在奴隶制中就有了股份制的萌芽。资本主义股份制也是一个不断发展的过程。只要我们在实践中注意吸取国外发展股份制的经验，我们就会加速股份制的发展过程，让股份制为社会主义生产社会化和商品化服务。当务之急是尽快实现国家资产所有权和行政权的分离，加速股票金融市场的形成，为国有企业全面股份化创造条件。

总之，以公有制为主体的混合联合股份制是国有制企业改革必定要走的道路，无论迟早都会股份化的。由各种经营承包责任制到股份制，这是中国社会主义企业改革的基本方向。

三、以公有制为主体的混合联合股份制是有计划商品经济机制运行的微观基础

社会主义经济是有计划的商品经济，因此经济体制改革就是要把传统产品经济运行机制转变为有计划的商品经济运行机制。而实现经济运行机制的转变必须依赖于生产资料所有制的改革。马克思主义经济学认为：生产资料的所有制是全部生产关系的基础。由一定生产力决定的所有制关系决定着社会经济运行的机制。经典马列主义认为，社会主义国有制为代表的公有制决定经济是产品经济，因而运行机制是排斥市场机制的计划机制。由此形成了高度集中统一，排斥市场的传统经济运行机制。实践既然打破了社会主义非商品经济的理论传统，确立了社会主义商品经济的理论和新的经济运行机制的框架，为什么不可以再深入一步去探索公有制形式的创新，改变传统国有制的面貌，从而为与社会主义有计划的商品经济相适应的新经济运行机制奠定牢固的理论根基？所有制关系，以及作为所有制关系的经济实现和法律体现的产权制度是决定经济运行机制的前提条件。公有制形式创新应成为有计划商品经济及运行机制的理论前提。要想根本改变传统国有经济的运行机制，就应当从所有制这个基础出发，变产权单元的大一统国有制为产权多元化的混合联合股份制，从而为社会主义有计划商

品经济机制的运行创造条件。那种想在国有制不动，只改变管理体制从而实现新的经济运行机制的改革思路，既不符合马克思和恩格斯经济学的常识，也解决不了我国传统国有制运行机制转换的根本问题。因此，变国有制大一统为国有制为主的混合联合股份制是国有经济按有计划商品经济机制运行的前提。

从改革的实践看，"国家调节市场，市场引导企业"的社会主义新经济运行机制已经确立。但这种新机制的运行和作用紧紧依赖于国有制改革的成败。党的十三大报告在提出上述新机制的同时，还规划了新机制实现的几条措施：通过两权分离的经营承包责任制来搞活国有企业，为新经济运行机制奠定微观基础；用发展横向经济联合来改造原来国有制的产业组织形式，促进生产要素的合理流动和生产要素的优化配置；用建立和完善社会主义市场体系的办法，来为新经济机制运行创造外部条件；用国家的间接调控来实现国家的经济职能；同时把公有制为主的多种所有制及相应的多种分配方式作为有计划商品经济运行的经济前提。党的十三大报告的这种设计实现有一大困难，即没解决纯国有大一统的国有制变形问题，因此没有为有计划商品经济运行机制顺利运转扫清障碍。可以说，新经济运行机制的启动和运转离不开改变原来国有制，创立公有制新的实现形式这个根本前提。

1. 国有制不动，两权分离难以真正实现

因为两权分离只是个理论抽象，而怎样分离、分离到什么程度，本身并无明确的界线，因此实行起来比较困难。就财产关系来说，它包括所有权、占有权、使用权、处置权和收入分配权等。若在两权分离中仅把所有权留给国家，占有、使用和支配、任意处置权都作为经营权交给企业，国家所有权只作为收益分配权存在，这比公有制为主的混合联合股份制更弱化了国家对企业的控制，更无法解决企业追求自身利益、损毁国家利益的问题，与企业所有只有一步之差，即国家除税收外还分享一部分利润，在利润留给企业多少上也会有扯不完的皮，留多了不行，留少了也不行，同时企业留利再投资怎么处理也不妥当。如果仅把占有权、使用权给企业，国家握有所有权和最终处置权，那么企业由于无法实现生产要素的流动和重组，必定缺乏效率。

总之，所有者仍是虚置的。这说明国有制不动下的两权分离无法解决分离的程度和规范问题。因此，在保持原有国有制不动的前提下搞各种经营承包制，最多只能实现盈亏责任制，而无法使企业成为独立经营、自负盈亏的商品生产者和经营者，只能成为相对独立的商品生产者和经营者。因为在这里，企业只是经营者，不是所有者，它没有足够的独立财产作为承担经营风险的基础。而且不可避免国家的各种行政干预。可以说，国有制不动搞多种承包制只是改革的权宜之计，而非长久之策。

以公有制为主体的股份制改造国有制，就像前文所述的那样可明确产权主体，真正实现两权的分离并规范化，并使企业成为独立经营、自负盈亏的商品生产者和经营者，为有计划的商品经济运行机制创造微观基础。

2. 横向经济联合广泛而深入发展，有赖于国家所有制的变形

横向经济联合是社会化大生产和商品经济的要求，而真正意义的横向联合的发展必须以股份制为前提。因为横向经济联合根据经济生活的要求，要冲破原有的国有制，才能避开各种各样的行政干预和条块束缚，走向健康发展的道路。打破原有的所有制和行政隶属关系而建立起来的企业集团，本身就是混合联合股份制且大多是公有制为主体。如果产权单一的国有制不变，横向经济联合必定受到各部门、各地区各级政府机构的种种束缚，使联合体徒有虚名，或沦为行政性公司，使下属企业在"婆婆"众多的情况下又多了一个"婆婆"。在现实经济生活中，联合的口号喊得虽响，可真正成为经济实体的横向联合企业集团却并不多见，多数停滞在行政性公司或松散型外部联合的水平之上，并且出现横向联合也由各地各级政府机构"拉郎配"的奇怪现象。而商品经济要求的、自愿互利、共负盈亏的实体性联合企业成为难以达到的理想模式。可见，不改变国有制的形式，就不可能有实体性的横向联合的广泛发展，产业组织形式的转换就会成为空想。

以公有制为主的混合联合股份制改造国有制，就可以消除横向经济联合中的大多数行政干预，在社会化生产和商品经济要求的条件下实现生产要素的优化组合，改造我国现行的企业形式和产业组织形式，

建立起以公有制为主体的混合联合股份制企业集团。

3. 社会主义市场体系的发育和完善也依赖于国有制的改变

因为国有制不变，企业就难以成为自主经营、自负盈亏的独立的商品生产者和经营者，而只能是相对独立的商品生产者和经营者。这个相对独立本身就是国家政府机构对企业进行经常干预的"代名词"。在这种企业制度下形成的市场总会带有各种不同程度的封闭性和狭隘性，因为国家机构的设置是垂直的、封闭的，与社会化大生产和商品经济要求的开放性市场相矛盾。同时，假如大中型国有制企业形式不股份化，不加入别的所有权，那么就难以形成真正的股票市场，社会主义银行的企业化、资金市场的完善，就会成为空想。没有股票及相应的有价证券市场的存在和发展，企业生产资金的流动、生产要素的优化组合也会成为泡影。最后，如果大中型国有企业不股份化，不吸取私有的股份，那么就难以形成国有资产对资金市场、技术市场、劳务市场灵敏的反应机制。假如不股份化，产权不明确，那么企业就会先盯住上级，再盯住市场，无法实现市场对企业行为的有效约束，使有计划商品经济运行机制所需要的市场条件难以形成和完善，就是形成了也难以发挥应有的作用。

把国家所有制股份化，形成公有制为主体的混合联合股份制度，股票市场就会形成，使金融市场趋于完善，也使银行和工业融合起来，并带动其他要素市场发育和完善，形成有计划商品经济运行机制所需要的外部条件，使新的经济运行机制正常运转。

4. 要实现国家对宏观经济的间接调控，就必须把国有制股份化，实行以公有制为主体的混合联合股份制

首先，国家实行对经济的宏观调控，要有一个调控主体和被调控对象。因此，国家的行政职能和所有者职能必须分离，政府去调控所有者的经济行为。实行国家两种职能的分离，必须把国有制股份化，在股份制的条件下实行所有权和经营权的分离。使股份企业成为独立的商品经营者和生产者，国家行使对它的调控权，同时，国有股份分散化进入混合联合公司，分解了目前高度集中于国家手中的产权，使国家通过董事对企业的控制大大减弱了，使国家对国民经济大部分一

般产业的作用只有调控权；对国家控股的企业，也使控制规范化、原则化了，有利于实行间接调控。

其次，国家的间接调控要通过市场来实现。市场体系的发育和完善又关系着这种调控是否有效，国有制股份化由于其对市场完善的作用不可低估，因而也成为制约着国家间接调控能否成功的条件。从以前国有制不动条件下通过两权分离来实现间接调控的试验来看，基本上是不成功的，根源是所有制和企业形式对市场形成的制约。不动企业组织形式和所有制，想发育市场，实现间接调控是不可能的。因此国有制股份化是实现间接调控的条件。

由此可见，经济运行机制的转换，有计划商品经济运行机制的作用，依赖于国有制企业股份化为混合联合企业这一公有制实现形式创新的完成。

综合全文可得结论：公有制实现形式创新是新经济运行机制的微观基础。城市经济体制改革必须以公有制为主的混合联合股份制为突破口，完成国家所有制的改革，使新经济机制顺畅运行。

略论"按资分配"[*]

随着我国经济体制改革的不断深入，社会主义经济中出现了按资分配的现象。于是探讨按资分配就成为社会主义理论经济学无法回避的问题。本文想就此作些分析，以求教于经济理论界。

一、按资分配是商品经济的分配方式

什么是按资分配？最一般地讲，按资分配是指按资金的所有权和使用权分配劳动成果，或者说按资分配也不过是资金所有权和使用权在分配领域的实现。因此，只要存在资金的所有权和使用权就必定要有按资分配。从历史的发展来看，按资分配在前资本主义的小商品经济中就出现了，在资本主义经济中普遍存在，在社会主义经济中始终存在，虽然我们不承认它。这样来理解按资分配的话，那种把按资分配确定为资本主义特有经济范畴的传统观念就无法成立了。

既然把按资分配看成是按资金的所有权与使用权分配劳动成果，那么按资分配就是与商品经济相联系的经济范畴了。因为资金或货币是属于商品经济的范畴，它随着商品经济的产生而产生，随着商品经济的发展而发展。按资分配作为资金所有权与使用权的经济实现与商品经济是共存亡的。在小商品经济中通过商品交换而实现，由于资金所有者、使用者和劳动者三者统一为商品生产者，按资分配没有获得独立化的表现。但如果小商品生产者是靠借入资金进行生产经营时，那么按资分配中按资金所有权而分得的收入就获得了独立的表现，即

* 原载《北京林业大学学报（社科版）》1989年。

利息。可见，按资分配的独立表现根源于资金所有权与经营权（使用权）的分离，这是商品经济有了一定发展的产物。但这时候，由于资金使用权所获取的收入与劳动收入混合在一起还难以清晰地表现出来。随着商品经济发展到资本主义，资本所有权和使用权的分离成为一般的现象，按资分配作为资本所有权的分配和使用权的分配就一目了然，是企业主的利润和利息。由于商品经济成为资本主义经济的一般形式，因而按资本分配也就成为资本主义典型的分配方式。但并非唯一的分配方式。

社会主义经济是有计划的商品经济，当然不可避免地存在着按资分配，只不过有它不同于其他社会经济形态中按资分配的特点罢了。过去我们在理论上否认社会主义的商品经济性质，当然就会在分配上否认按资分配的必然性，使按资分配成为社会主义经济理论的禁区。随着社会主义商品经济理论的确立和商品经济实践的发展，按资分配必定要存在，并且要取得合法地位。其实就在我们把按资分配当作资本主义独有现象相当长的时期内，按资分配在实践中仍以它不容否认的现实性存在于社会主义经济之中。比如，社会主义银行的存贷款从来都是有利息的；又如，社会主义国有资金从来都是以资金所有权与经营权统一的身份收取国有企业的利润的。这就是社会主义经济中的按资分配。只不过理论上不叫它按资分配罢了。

为什么实践中长期存在的按资分配在理论上却得不到承认呢？除了上述否认商品经济的主要原因外，还有两个问题未弄明白。

第一，分配不仅是个人消费品的分配，而且是整个社会劳动成果即国民收入的分配。如果抽象掉商品价值结构所反映的社会经济关系，那么任何商品的价值都可由 $c+v+m$ 三部分组成。分配从广义的角度理解是 $v+m$ 的分配，v 表现的是生产商品的必要劳动耗费，m 体现的是剩余劳动的耗费。分配应当是对 $v+m$ 的分配，而不仅是 v 的分配。在资本主义私有制条件下，工人个人消费品的分配是按劳动力价值进行的，即 v。而资本家个人消费的是 m 的一部分，而 m 要在资本所有权与经营权之间进行分割。社会主义由于实现了生产资料的公有制，个人消费品应当按劳分配，但社会剩余劳动仍然要由资金所有权和使用权来分割。因此，如果对分配作广义的理解，看成劳动成果或国民收入的分配，就不会否认按资分配在社会主义社会存在了。相反，如果局限于社会主义经济的特有条件，把分配仅理解为个人消费品的分配，那么就必然否定按资分配与社会主义的联系。从更广的角度看分配，那按资分配就不仅是社会主义初级阶段的现象了。社会主义初级阶段由于多种资金所有制同时存在，尤其是部分资金私有制的存在，按资分配作为个人消费品的分配方式就必然存在，但它不过是整个社会个人消费品分配方式的补充形式罢了。如果把按资分配作广义的理解，那么按资分配就不仅对个人消费或者说人的再生产起作用，而且对社会扩大再生产也起着重要的作用。社会的剩余劳动按资金所有权和使用权分配，然后一部分转化为个人消费，更多的却转化为扩大再生产的资金，这对推动商品经济的不断发展，起着积极的作用。因此，作为商品经济特有范畴的按资分配有促进商品经济和社会生产力发展的重大作用，这是不容忽视的。

第二，劳动成果的分配与劳动成果的创造是两个不同的方面，两者不能混为一谈。根据马克思的劳动价值论，商品的价值是劳动创造的。但价值的分配决不只由劳动这一个因素来参与。劳动成果的分配要在劳动、资本和土地（资本化的土地）之间来分配。这就是说，马克思并不认为因为劳动创造了价值，因此劳动成果只能由劳动独占。因为资本虽不创造价值，但是却成为创造价值的前提条件。马克思对资本主义的批判，是批判资本主义私有制以及由此而形成的固有矛盾阻碍了社会生产力的发展。对私有制的资本主义形式以及由此产生的分配上的剥削的否定，正是以生产关系一定要适合生产力发展这一规律为依据的，即资本主义私有制以及分配上的剥削造成贫富的两极分化，积累形成生产和消费的对抗性矛盾和周期性的经济危机，破坏了社会生产力的发展。如果马克思对资本主义的批判仅仅停留在对分配因剥削而不合理这种道义的水平上，他就不是马克思，而最多不过是空想社会主义者罢了。而且马克思从来没认为因劳动创造了价值，资金不创造价值就不应参与分配。马克思从来就反对拉萨尔之流的"不折不扣"的分配，并给予深刻批判。

既然马克思没有明确论述资金或生产资料所有权不能参与分配，那么马克思为何没论及社会主义的按资分配呢？因为马克思认为社会主义非商品经济。在公有制社会里实行的是高度计划的产品经济，个人消费品实行非商品形式的按劳分配，公有生产资料所有权及使用权在劳动成果的分配中由劳动者向社会提供的各种"折扣"来实现。这里公有财产在分配上是有份额的，不过取之于民，用之于民罢了。实践证明，社会主义必须搞商品经济。因此，社会主义的分配不仅有按劳分配，而且还有按资分配，并且这两种分配都必须通过市场来实现。

总而言之，按资分配是与商品经济相适应的分配方式之一，这是不容否定的，应当从理论上把握这一点。

按资分配作为商品经济的分配方式同商品经济同生死，共命运。那么不同社会形态中的按资分配性质又如何确定呢？

二、按资分配的性质取决于生产资料所有制的形式

按资分配作为商品经济的分配方式存在于一切商品经济存在的社会经济形态之中，成为商品经济中分配关系的一般性。而各个社会经济形态中的商品经济范畴由于存在的生产资料所有制形式不同，必定具有不同的社会性质和特点。马克思主义经济学认为：生产决定分配，分配反作用于生产。这里分配取决于生产，主要指的就是生产资料的所有制形式决定分配，决定分配的方式和社会性质。而分配对生产的反作用是指，同一定生产资料所有制相适应的分配方式会巩固生产资料所有制关系并由此促进社会生产力的发展。相反，不适应一定生产资料所有制形式的分配方式必定要瓦解生产资料所有制关系，并由此延缓社会生产力的发展。就按资分配这种分配方式来看，它也是在一定的生产资料所有制形式中存在并发挥作用的。因而各种生产资料所有制下的按资分配的社会性质不同，对生产关系的作用也就不同。

在前资本主义的商品经济中，按资分配存在。但由于当时占统治地位的经济形式是自然经济，因而按资分配只是社会分配方式的辅助形式。这时的按资分配反映的不过是资金所有者和奴隶主封建主等共同剥削奴隶、农奴和小商品生产者的关系。当时资金的借贷主要服从

于奴隶主、封建主寄生性消费的需要，对社会生产的作用较小。但按资分配在封建社会末期对促进商品经济的发展和商业资产阶级的兴起、对促进封建制的灭亡和瓦解也起到了积极的作用，这也是应当承认的。

按资分配在资本主义经济中成为分配的主要方式，因为资本主义商品经济支配了社会经济生活的一切领域。但按资分配也决非资本主义唯一的分配方式。除了按资分配，还存在按劳动力价值分配劳动成果的一部分的事实，只不过它从属于按资分配和资本主义再生产的需要罢了。资本主义经济中的按资分配反映着资本家凭借对资本的所有权与使用权无偿地占有工人创造的剩余价值的关系，即存在资本家对工人的剥削。按资分配的剩余价值一方面成为资产阶级寄生性消费的条件，同时另一方面也形成了生产盲目扩大、追求更多剩余价值的基础。正是因为资本私有决定的按资分配份额由私人支配，所以产生了生产的盲目扩大等一系列资本主义固有矛盾，同时也推动了商品经济和生产社会化的发展，为社会主义的产生准备了物质基础。这就是资本主义按资分配的历史作用。

社会主义是以公有制为基础的商品经济，它不可能消除按资分配这一分配方式。但却使按资分配有了崭新的社会性质和内容。在社会主义条件下，资金的公有制成为按资分配的主要条件。公有制中的按资分配就是资金公有在劳动成果分配中的实现。它是资金公有制的承担者国家利益、集体利益的体现。国家和集体利用按资分配来的资金和商品组织社会的扩大再生产，促进社会主义生产的不断发展。这里按资分配的劳动成果归国家或集体占有和支配，与私有制下的按资分配，尤其是资本主义的按资分配根本不同。这里不存在剥削与被剥削的问题，而反映的是社会主义公有制下国家、集体和个人之间的经济关系。这是公有制中按资分配的根本特点。在公有制条件下，由于坚持了按资分配这一与商品经济相适应的分配方式，必定体现资金所有权和经营权的经济意义，因此可以有效地提高资金运用的经济效益，这对推动社会主义资金的增值和扩大具有很大的实践意义。因为资金所有权和使用权都应合理地参与劳动成果新增价值的分配，因此使用者必定注重资金使用的经济效益，使劳动成果在扣除固定资金和流动资金耗费及提供资金所有者的收益后，还有使用者的份额。如果资金使用效益差，不仅不能获得分配收益，而且还可能无法支付资金所有权的收益，最后归于破产。可见，公有制商品经济中按资分配的实行是企业实行资金占用有偿使用的理论依据，也是提高社会主义资金使用效益的有效途径。

因为当前我们正处于社会主义的初级阶段，资金私有制及资本主义所有制都还存在，所以这种所有制基础上的按资分配当然也就必然存在。在私有制条件下，资金收益是存在的，但资金收益者只要不脱离劳动成为食利者，他（她）就不会成为剥削者。有少量雇工也就必然会有对 m 的少量占有。如私营业主完全脱离劳动和经营，当然就会成为剥削者。中外合营合资企业中的按资分配当然直接就是分割 m，这里有剥削是明显的。但这里的关键不是有无剥削，而是看按资分配是否利于生产力的发展。因为剥削是一个经济学概念，而不是一个伦理学概念。如果私有制商品经济及由此而来的按资分配对于社会主义初级阶段生产力发展是有利的，就应当承认它、保护它。如果人为地为了消灭剥削而取消有利于生产力发展的私营业者的剥削收入，不承认按资分配，那么必定不利于社会经济的发展。实践也证明这是不足取的。

至于社会主义公有制中劳动者的储蓄存款和入股收益，应当说也是按资分配，当然同时也是对社会创造的剩余劳动所形成的价值分割。但由于这部分私有资金量小，并且劳动者既是社会剩余劳动的创造者，又因资金所有权而获取一定的社会剩余劳动，所以这里谈论剥削就失去了意义。这只是社会主义公有制劳动者个人消费资金分配的一种辅助形式。

总括上述分析可见：按资分配作为商品经济的分配方式在极不相同的社会经济形式中都存在过，但由于所有制关系不同，按资分配的社会性质就不同。在社会主义经济中，按资分配如建立在公有制之上就不会有剥削，而是公有资金所有权与使用权在分配上的实现，有利于资金的有效使用；如建立在私有制上就应当具体分析，只要是生产力发展的需要，即使存在点剥削，也是允许的。

三、社会主义分配方式是按资分配与按劳分配的统一体

社会主义经济是公有制基础上的商品经济，社会主义分配方式就必定是按劳分配和按资分配的统一体。

社会主义是以公有制为基础的社会经济制度，因此个人消费品的分配必定要实行按劳分配。尽管社会主义初级阶段还存在多元的所有制结构，个人消费品的分配中不可避免地会有按资分配，但由于公有制是所有制的主体，因此，按劳分配是个人消费品分配的主要方式，按资分配只是辅助的方式。

从社会主义经济是商品经济这一角度看，生产资料的公有制及私有制都表现为资金的所有权和经营权。这种资金的所有权和使用权必定要在分配中体现为按资分配。而公有制的主体地位决定了在对社会的剩余劳动形成的价值的分配上，国家和企业成为主体，按资分配的社会剩余劳动主要用于扩大再生产，少量转化为消费基金。而资金私有权分配到的收益却大部分用于消费，少量转为生产积累。可见，在社会商品价值中 m 部分的主体是按资分配的，主要用途是积累。

因此，就社会主义经济的分配方式而言，是按资分配和按劳分配的统一。个人消费品是以按劳分配为主，这相当于 v 再加上一部分 m；而社会总产品价值中的 m 则按资分配，其中少量变成消费基金。总的来说，社会主义分配的两种方式不存在谁主谁次的问题，只有分别分析个人消费品的分配和积累，才可以看出这两种分配方式的主辅关系。所以我认为按资分配与按劳分配的有机结合体是社会主义的分配方式。在社会主义经济中，这两者都是不可缺少的。没有按劳分配，个人消费品的分配主体原则无法界定；假如没有按资分配，那么社会总产品总价值中 m 的分割无法确定。只有两者的统一才能使社会主义劳动成果的分配顺利进行。

过去我们在理论上只见国民收入中 v 的分配要依据按劳分配，而把按资分配同资本主义直接画等号，否认它在社会主义分配中的地位，使 m 的分配没有科学的原则可定。同样认为资本主义分配方式是唯一的按资分配，忽视了 v 的按劳动力价值分配。这样对社会主义和资本

主义的分配方式的认识都是片面的。实际上,任何社会分配方式都不会是单一的。

在弄清了社会主义分配的两种方式的内容和作用领域后,就可以来分析两种分配方式对社会主义经济的作用了。

就按劳分配来看,它否定了个人消费品分配上的剥削,从而可以调动起劳动者劳动的积极性与创造性,因而会从生产的主观条件方面去促进生产力的发展。尤其是在商品经济的条件下,按劳分配还必须借助市场和公有制企业的联合劳动来实现,使劳动者的报酬不仅与个人劳动相联系,而且还与企业的经营成果以及市场的需要相关系,于是按劳分配使劳动者关心企业的经营和市场的变化,当然会促进社会主义商品经济的良性发展。

就社会主义的按资分配来看,它同资金的所有权和使用权相联系,它承认了资金收益的必然性和合法性,对于资金的合理使用和节约,提高资金的使用效益和社会主义经济的效益都有不可替代的作用。过去,由于我们在经济实践中没有把按劳分配和商品经济联系起来,因而在分配上忽视了企业的经营效益及其与市场的联系,全国"一口大锅",吃"大锅饭",搞的实际上是平均主义,而不是按劳分配,这当然不能调动劳动者劳动的积极性。而在按资分配上更是全盘否定,认为它是资本主义的特有范畴。这样就形成了国家所有制企业资金使用上的无偿占有制,没有使用资金的经济约束。企业盈利归国家,企业亏了国家补。如此忽视资金所有权的利益,也不承认资金使用权的利益,不是对公有制的维护,而是对公有资金的浪费和不负责,给社会主义经济造成了极大的危害。而人们在讨论按资分配的时候,只从消费品的分配来考察,忽视了它在整个国民收入分配中的地位,同样不能解决资金使用无效益的问题。从国民收入的分配来考察按资分配,对按资分配就不能简单地进行调节与限制了。对个人消费品分配中的按资分配可有一定的限制,以避免引起社会不公平。就整个国民收入的按资分配却没什么应当限制的。在公有制条件下的按资分配主要是通过完善市场机制来合理实现,通过计划对市场的引导来使按资分配的资金流入社会短缺的部门和行业。在资金私有条件下的按资分配资金也应优先给予法律的保护，然后给予政策上的引导，使之少转化为消费资金，而是更多地投入生产，尤其是投入国民经济中的短线。这里需要的是一系列宏观调控手段的配套运用。

从上述两方面，我们看到了社会主义国民收入分配的两个方面有着不可分割的内在联系，忽视哪一方面，都不利于社会主义经济的发展。因此，无论从理论上还是从实践上，都应贯彻两个方面的要求。在当前尤其应从理论上弄清按资分配的条件和作用，以发挥它对社会主义实践的推动作用。

社会主义经济中的公平与效率[*]

公平与效率是经济学理论的难点，也是实践中需要正确处理的课题。探讨社会主义经济中的公平与效率原则，并把它贯彻到实践中去，对推进我国经济的发展与改革都有重大意义。

一、社会主义经济中"公平"的含义

按照马克思主义经济学的理论，社会主义经济中的公平至少应当有两层含义。

第一，按劳分配中所体现的人们在劳动面前的平等。社会主义生产资料的公有制的建立和社会主义现实的生产力发展水平，使社会主义在个人消费品分配上只能贯彻按劳分配的原则。按劳分配就其含义来说，是指在生产资料社会主义公有制的基础上，按照社会成员向社会提供的劳动的数量和质量，在做了社会各种公共费用的必要扣除后，向劳动者分配消费品。这实际上就是在个人消费品分配中贯彻等量劳动相交换的原则。劳动者向社会提供的劳动的质量和数量成为劳动者分配个人消费品的唯一尺度。在这个尺度下，每个劳动者以一种形式提供给社会的劳动又以另一种形式领了回来。多劳多得，少劳少得，劳动质量高多得；劳动质量低少得，不劳动者不得。因此，社会主义的平等就是劳动者按其所付出劳动的质和量来分配个人消费品的平等权利。这种平等以生产资料的社会主义公有制为前提，是人们实现了占有生产资料的平等关系的结果。生产资料占有上的平等，使每个劳

---

* 原载《北京林业大学学报（社科版）》1991 年。

动者都可以平等地利用生产资料进行生产，从而为社会和自己创造财富。这在实践中表现为人人都有平等地参与社会生产过程的权利，即就业的权利。在生产中，劳动者一方面向社会提供劳动，另一方面又按劳动的质与量分配消费品。按照这样的含义来理解社会主义经济中的公平，即越是贯彻按劳分配，社会就越公平；反之，越是违背按劳分配的要求，社会就越不公平。

上述意义上的公平观同消费品分配中的平均主义绝不相容。因为要实行按劳分配，那么由于每个劳动者体力、智力和勤奋程度上的差别而造成人们劳动的质与量的差别就可避免。那些体力强、智力高而且勤奋努力的劳动者就会因向社会提供的劳动量多质好而获得较多的个人消费品；相反，那些体力差、智力低而且懒散的劳动者就只能获得较少的个人消费品。这样，社会主义经济中就必然会出现劳动者收入水平的不同和生活富裕程度的差别。因此，由于劳动差别而产生的收入和生活富裕程度的差别，正是按劳分配所体现的平等权利的内涵。这样看来，搞平均主义的分配，人们收入和生活水平几乎没有差别，不仅没有体现社会主义的公平原则，反而是不公平的。因为平均主义的分配使劳动者干与不干一个样，干多干少一个样，违背了按劳分配的社会主义分配规律的内在要求。实质上是不干或少干的人无偿占有了干得多和干得好的劳动者的劳动成果。按上述公平原则来规范社会经济生活，应当是社会主义承认的、是按劳分配所产生的人们收入或消费的差别；社会主义不能容忍违背按劳分配的平均主义。

第二，社会主义经济中的公平是体现在商品经济中的人们互换劳动的平等关系。社会主义理论和实践的发展都说明，社会主义经济是公有制基础上的有计划的商品经济。商品经济的存在和发展，使社会主义的公平有了新的含义。马克思主义经济学认为，商品是天生的平等派，它不承认任何特权，也不青睐任何身份，只承认生产商品所耗费的社会必要劳动时间。在商品经济的运行中，一切企业的劳动都必须以社会必要劳动时间这个同一的尺度来衡量，商品生产者之间相互交换产品都要遵循等价交换的原则。在社会主义商品经济中，价值规律依然发挥着它对社会经济生活的作用，社会主义企业之间作为平等的生产者之间存在竞争的关系。从这个意义上说，社会主义商品经济中的公平是市场交换中等价交换的公平。每一个企业都不能凭借个别价值低于社会价值以外的任何特权来谋取经济利益。在社会主义市场中，每个企业所面临的机会都是均等的，它们的产品都要接受市场的选择，他们生产商品的劳动耗费都要在竞争中相互比较，从比较中获取自己应有的经济利益。这种由价值规律和竞争规律决定的商品生产者之间的平等是社会主义公平的内涵。

用价值规律的要求来理解社会主义的平等，同经济生活中的各企业、地区经济利益上的差别相联系。因为在社会主义经济中，由于价值规律的作用，竞争的展开，那些生产技术先进、经营管理水平高的企业，就能使自己商品的个别价值低于社会价值，并且按社会价值出卖，从而就得到相对多的经济利益。相反，那些技术落后、管理不善、经营较差的企业，因商品的个别价值高于社会价值，按社会价值出卖，就会得到较少的经济利益。这样，不同企业就会存在不同的经济利益的差别。这种差别在地区之间同样存在，行业之间也难以避免。这样，在不同地区，或在同一地区、不同企业工作的劳动者，即使体力、智力与勤奋相同，提供给企业的劳动相同，但由于不同企业在生产经营上存在着差别，因此也会产生不同企业的劳动者之间收入的差别和生活富裕程度的差别，有时甚至会出现体力、智力和劳动都较好的劳动者，由于其所在企业或地区局部劳动与社会劳动的矛盾，而收入低于其他地区和企业劳动质与量都差的劳动者。这就是说，由于商品经济中价值规律的作用，使按劳分配中所反映的人们收入和生活水平的差别更大和更具有复杂性了。可见，地区、企业和个人经济利益的差别在有计划的商品经济中也是必然的。公有制的建立、计划经济对经济生活的作用，是按社会目标和经济规律的要求调节和规范这些差别，而不可能、也没有必要消除这些差别。按照社会主义商品经济的平等观念来考察社会经济生活，就会发现，忽视商品关系价值规律的"大锅饭"的计划经济体制不仅没有体现社会主义的公平原则，反而违背了这个原则，造成行政过度干预经济，任意平调地方和企业的人、财、物，损害其经济利益。因此，在有计划的商品经济条件下，遵循价值规律的要求来处理地区之间、企业之间的经济关系，就是社会主义公平的内涵。社会主义承认的是合法经营条件下企业和职工经济利益上的差别；社会主义不能容忍的只是非法牟取的经济利益。在社会主义经济中，由于经营管理水平高得到利益不仅不违背公平原则，而且应受到社会的尊重和提倡。相反，那种企业吃国家"大锅饭"的平均主义分配方式根本不是社会主义的内容。在经济实践中，越是充分竞争，越是贯彻价值规律的要求，社会就越公平；反之，越是以等级、特权和行政垄断破坏和排斥竞争，社会就越不公平。

总之，社会主义经济中的公平原则就是在按劳分配和价值规律的要求中所体现的公平，这种公平的基础是生产资料的公有制。这种公平观念与人们的收入水平和生活富裕程度的差别相联系。

二、社会主义经济中公平与效率的一致性

从上述两层含义来理解社会主义经济中的公平，那么公平可归结为"机会均等"。不论是按劳分配，还是价值规律都内在地要求给每个社会成员或经济实体以平等的劳动权利或按等价交换的原则发生经济关系的权利，而这种权利的实现都必须通过竞争来实现。按劳动质和量分配个人消费品的前提是平等地参与劳动，保证就业，那样就业岗位的选择中的平等只有通过竞争来实现，在选择就业中有一个均等机会。另外，就价值规律贯彻的竞争来说，机会均等就更明确了。而生产资料公有制构成机会均等的财产基础。按照这样的思路，社会主义经济中的公平与效率应当是完全一致的。

第一，社会主义公有制基础上实行按劳分配，必将从根本上调动劳动者的主动性、积极性和创造性，从而为提高经济活动的效率创造条件。首先，按劳分配消灭了剥削，即消灭了凭借对生产资料的占有来占有别人劳动成果的剥削制度。劳动者是为自己和社会而进行劳动的，因此必定会激发劳动者工作的热情，有利经济效率的提高。其次，按劳分配将劳动者的劳动质和量与劳动报酬挂钩，在劳动还是谋生手段的社会主义社会，必将刺激劳动者从自身利益的角度勤奋工作。由于分配取决于劳动的质量和数量，这就会刺激劳动者学习和钻研科学

技术，提高知识水平和生产技能，改进和制造新的生产工具，从而有利于经济效率的提高。最后，在商品经济的条件下贯彻按劳分配，对于加强企业的经济管理，改善劳动组织，提高企业的经济效益也起着促进的作用。因为在商品经济中，劳动者的报酬不仅取决于本人劳动的质与量，还取决于企业的经营水平，因此，劳动者必定关注企业经营管理，对提高经济效益是有极大促进的。可见，按劳分配，使人们的收入有差别，正是激发人们奋斗进取的物质源泉。人们的奋发进取是经济高效率的根本保证，在社会主义计划经济的条件下，个人经济活动的效率性同社会经济活动的效率通常是一致的。

第二，贯彻价值规律的要求，是提高微观经济效率的基本条件。价值规律要求社会必要劳动时间决定商品价值。商品的交换遵循等价交换的原则。在这个原则充分作用的条件下，技术先进、经营管理水平高的企业，商品的个别生产价格必定低于社会生产价格，从而在竞争中立于不败之地，获取更多的物质利益；相反，经营管理及生产技术水平较差的企业，由于其商品的个别生产价格高于社会生产价格，必定在竞争中处于不利地位。这种社会生产价格和个别生产价格的差额，像一条无形的鞭子抽打着每一个商品生产者和经营者。它们为了避免被改组、吞并和淘汰的命运，为了获取较多的物质利益，必定在微观经济领域狠下功夫，促使企业经济活动充满效率。在社会主义公有制和宏观计划指导和制约下的这种企业效率是国民经济充满活力的基础。因此，价值规律中所体现的公平原则与效率是一致的。

上述社会主义公平与效率的一致性，是社会主义能够最终战胜资本主义的保证。因为公平能够成为效率的前提，而效率又是公平原则实施的结果。社会主义战胜资本主义依赖于社会主义创造出高于资本主义的劳动生产率。

资本主义经济很难从理论和实践上解决公平与效率一致的问题。因为无论是坚持机会均等的公平观，还是坚持结果均等的公平观，都难以使公平与效率达到统一的、机会均等的公平观看，要强调在市场原则上机会均等，让每个人都有在市场竞争中同样的参与机会、获胜机会和发财致富的机会。但这种市场上的机会均等建立在生产资料资本私人占有的基础之上，人们在占有生产资料方面是不平等的。因而它事实上规定不同所有者只有不同的机会，工人阶级只有自由选择雇主、职业及消费的机会，而资产阶级不仅拥有选择消费和职业的自由，而且还具有选择资本投向、雇佣工人，甚至自由选择政府职能、政府政策和组成人员的机会。正是这种由私有制关系所界定的条件限制了人机会的平等，从而导致社会成员之间收入差别巨大和经济利益的对抗。因此，这种制度中的公平实质上会形成财富的积累和贫困的积累，从而使宏观经济的效率的提高受到限制。就认为必须在机会均等的基础上由国家调节收入差别、实现收入均等化的平等观来看，因为忽视了资本主义私有制下不可能解决两极积累问题的客观必然，因而在理论上是空想的。从实践看，福利主义在缓和收入悬殊上起到了一定的作用，但并未解决剥削和由此而形成的社会分配不公问题，而且还降低了经济活动的效率，促使资本主义经济长期处于缓慢发展的境地。这深刻表明了资本主义制度在解决公平与效率关系上的局限性。

在社会主义传统的自然经济与产品经济合一的体制中，公平与效率是脱节的。那里的公平忽视按劳分配和价值规律的要求，公平带有自然经济和封建等级的色彩。旧体制把社会主义公有制等同于一个大工厂，将全体社会成员按一个大家庭的格局组织起来进行经济活动。在旧体制中国家充当这个大家庭的家长，采用指令性计划处理社会经济生活中全过程的资源配置，安排社会成员的职业和工作内容，决定社会成员的劳动报酬，甚至决定社会成员消费的基本内容。在这种体制下的公平原则必定是：按社会成员家庭成员的多少、年龄的大小或工龄的长短、行政级别的高低等非经济的标准作为分享社会经济成果的依据。这种平均主义"大锅饭"式的公平，无论贯彻得充分与否，都无法激发人们经济活动的主动性、积极性与创造性，从而与提高经济活动的效率相脱离。因为无论是企业还是个人，收入与经营水平和劳动质量并无多大联系。这种公平观下的体制和各种政策，以牺牲经济活动的效率为代价，表现为公平与效率的脱节。因此，传统体制中经济效率低下是最突出的症结。

正是基于传统体制下公平与效率的脱节，经济体制的改革才有必要。而在 10 年来的经济体制改革中，公平与效率在理论上有所突破，但在实践中的贯彻有待深入。在现行经济生活中，传统的公平观还未打破，平均主义的"大锅饭"还未根本触动，而新的与有计划商品经济相适应的公平观还未完全确立，实践上也仍未找到最有效的形式。因此，社会主义经济体制的改革还有待深入。

总而言之，社会主义经济中的公平与效率从理论上说应当是一致的，这表现了社会主义制度的优越性。而传统的社会主义体制中的公平观是错误的，公平与效率是脱节的。要实现社会主义经济中公平与效率的统一，不是在中国搞资本主义，而是坚持社会主义经济体制的深入改革。

三、实现社会主义公平与效率统一的途径

要在社会主义经济实践中贯彻上述社会主义的公平原则，实现社会经济发展的高效率，我认为应当做到下述几点。

第一，正确宣传社会主义的公平观，从思想理论领域进行正本清源。社会主义的公平思想，从马克思主义的经典著作到社会主义经济体制改革的理论都已有明确的内涵，应当对此予以宣传，使人们从思想上正确认识社会主义的公平原则；要明确在社会主义经济中，由于贯彻按劳分配和价值规律而形成的收入差别和生活水平的差别符合社会主义的公平原则，正是公平的体现，还要澄清过去几十年形成的社会主义公平就是平均主义的"大锅饭"的错误思想，清除按行政等级体现分配差别的封建残余思想。在社会经济生活中形成与有计划商品经济相适应的公平观念，这样做，一方面会激发人们刻苦钻研、奋发进取的精神，为推动社会经济发展提供动力；另一方面也会大大增强人们对收入差别和社会经济改革的心理承受能力，为继续深化改革做好精神上的准备。

第二，全面深化改革，为社会主义公平原则的贯彻和社会主义经济效率的提高做好体制上的准备。贯彻社会主义公平原则，就是要按价值规律和按劳分配规律的要求来改革现行的经济体制，为每个劳动者实现劳动就业、按劳动的质与量分配消费品，为每个企业按等价交

换的原则实现与其他企业的经济联系创造均等的机会。这种均等机会的形成和保障，要通过全面而深入的经济体制改革来完成，就平等的参与社会劳动过程的权利来说，要求在劳动就业中机会均等，人人都有选择最佳岗位和最大报酬的权利和机会。这需要在劳动人事制度上引进竞争机制，打破按行政隶属、由行政机构统一分配劳动力，而且一旦就业就难于流动的旧体制；建立适应劳动力充分流动，充分竞争的新制度。兰格在竞争的社会主义模式中设计的就业岗位和劳动报酬固定，由劳动者自由流动，去竞争岗位和相应的工资的制度，对我们进行劳动人事制度的改革是有启示的。就劳动者按劳动质与量分配个人消费品的平等权利来说，要求我们的工资制度要相应地改革，全国统一的工资是不行的。但改革中出现的与企业效率和工资挂钩的制度又缺乏理论基础。上述兰格的办法有可取之处，但中国复杂的公有制和生产力状况，使任何统一的劳动工资制度都难以符合实际，因此工资制度的改革应当在实践中去创造和完善。按照商品经济和价值规律的要求来实现企业之间的公平竞争问题，就有待公有制企业形式的创新、社会主义市场体系的发育及相应的宏观经济调控体制的确立。

总之，建立起与有计划的商品经济相适应的经济运行机制，在公有制形式创新中，明确企业产权是重要问题，尤其是在国家所有制的改革中尤为重要。股份制是明确产权的一个方面。在股份制中，股东成为企业财产实实在在的所有者，企业成为独立的法人。股东选举董事会，董事会选聘经理人员，实现企业的良性经营。股份制可以使公有企业建立财产约束，成为有计划商品经济运行机制的微观基础。其次，完善市场、建立结构完整、功能完善的市场制度是实现商品生产者平等关系的另一个内容。另外健全与商品经济相适应的法律制度，也是改革必需的。最后，间接调控的宏观管理体制的确立，也是保证企业平等关系得以实现和保持的制度条件。因此，可以说，社会主义公平观的实现，社会经济效率的提高，有待于经济体制的全面深化。这是一个历史性的重大课题。

第三，加强国家对现实经济生活中不公平分配和收入悬殊的控制和调节。由于现实经济处于社会主义初级阶段，生产力总体不发达而又是多层次的，所有制关系也是多种的，这样人们在占有生产资料方面事实上的不平等还存在。生产资料占有不平等所带来的财产收益就不一样，国家应当对此采取各种收入调节政策，尤其是公有制内部。另外，对不同所有制产生的收入的过度悬殊也应实行调节，对那些钻体制空子获取的收入也应进行税收调节，对非法牟取暴利、损害国家、企业和消费者利益的行为要坚决予以打击。总之，社会主义国家在当前体制不完善、经济关系扭曲的条件下，要发挥对收入分配的强有力的调节作用，以减少人们的不公平感，维护社会的安定，促进效率的提高。

西方计划理论评介[*]

计划理论是宏观经济学的重要课题，西方许多经济学家对此作过大量的论述。分析和研究他们的计划理论，对于丰富和发展马克思主义经济学和进行社会主义经济体制改革都有重要意义。本文就西方计划理论的主要内容作下述评介。

一、"计划"的含义及其必然性

什么是计划？西方学者往往从下述几层含义进行分析。一是从经济运行的角度给"计划"下定义。把计划作为一种社会经济活动的调节机制，认为计划就是要对分散的独立的生产单位的个别计划进行统一的社会协调。也有人从经济决策的角度理解计划，认为计划就是进行经济决策的一种方式，这实际上仍然是把计划当作调节经济运行的一种手段。二是从宏观经济政策的角度来论述计划的含义。认为计划就是国家为使国民经济定向发展所采取的一系列社会经济政策的总体系。这种"计划"含义不仅包括了国家通过宏观经济计划来调节经济，而且还把国家干预经济的一系列政策手段也作为计划的内容。这里计划就等同于国家干预经济。从这种含义上理解计划，计划便有了比第一种含义更为丰富和广泛的内容。三是对经济计划和计划经济没有严格的区分和统一的理解。有的学者把计划经济和经济计划当作同义语使用，都看成是调节社会经济生活的手段、方式或经济机制。把经济计划当作经济调节机制，无论资本主义还是社会主义都可运用。

---

　　* 原载《北京林业大学学报（社科版）》1992 年。

从上述西方学者的计划观来看,西方计划理论的主流是从经济运行的调节机制或手段上理解计划。因此,作为经济运行的调节手段或政策体系的计划本身并不带有社会经济制度本质特征的含义。它是资本主义和社会主义都可运用的经济调节机制或手段。

为什么现代经济生活需要计划?或者说社会经济生活中计划的必然性应当怎么理解?当代西方学者基本是从市场作用的局限和缺陷的角度去分析论证的。即从分析市场作用失灵或市场作用效率不高来论证计划的必要性。他们的论述往往从下述四个方面去展开。

第一,市场机制调节经济运行本身所固有的缺陷使计划的存在和作用成为必然。经济学常识告诉我们:市场机制的动力来源于一定所有制下对利益的追求,来源于市场竞争的巨大力量。因此,只有在竞争较为充分而具有盈利的经济领域,通过市场机制配置资源和协调社会经济才是合理而高效的。而在那些盈利不多或难以盈利甚至无利可图的社会经济领域,市场机制具有天然的缺陷。如国防、司法等行业,它是国民经济有效运行的条件,但这些领域无利可言,市场机制的作用就完全失灵,或者说不起作用。又如教育、文化和卫生等社会公益事业,再如交通运输、邮电通信、供电供水等基础设施的建设。这些行业所需投资巨大,而且周期较长,利益很少甚至无利可获,靠经济利益驱动的市场机制对这些领域的资源配置和经济协调作用也是失灵的。在这些国民经济行业,只有国家通过计划才能做到资源的有效配置,促进这些行业和部门同其他营利性行业和部门按比例发展,以促进社会经济的良性运行。

第二,市场机制在宏观经济的调控中同样也是难以奏效的,因而计划机制也有其存在和作用的必然性。比如国民经济发展方向的确定,适应新技术发展的产业结构、地区结构和企业组织结构的调整,充分就业的实现,经济发展周期波动的减轻,社会经济的外向化、国际化发展等宏观经济的协调和控制,都难以仅仅依靠市场机制去实现。如任凭市场机制去调节,那么随着生产社会化的发展,只能造成社会经济日益猛烈的周期性振荡和社会财富的巨大浪费。市场机制在这些领域的局限,也只能由计划机制来弥补。因此,计划机制在宏观经济的调控中具有不可取代的作用。

第三，市场机制调节人们收入分配方面的局限性使计划机制的存在和作用成为必然。市场机制调节人们的收入分配，不可避免地要产生收入的两极分化。因为市场机制的作用，使就业、工资收入同竞争联系在一起，由于人们能力、机遇和努力程度的差异，必然形成人们收入的差别性。加上在生产资料私有制中人们占有财产的不公平，而由此产生的财产收益也有巨大差别。这使具有一定差别的社会公平的收益分配就难以做到。而收入分配上的公平是社会经济正常运行，维持社会政治安定的必要条件。这种市场机制的局限同样需要国家运用收入政策和流利计划等来调节，以实现公平原则的要求。

第四，计划还负有反垄断和保护竞争，以及协调社会各利益集团之间关系的历史使命。在现代经济中，垄断的势力不断增长，在一定程度上阻碍了竞争，不利于经济发展。市场机制的作用解决不了反垄断问题。国家则可以通过计划限制垄断以维护竞争。另外，现代经济生活中工会、协会、社团等利益集团日益崛起，他们之间的矛盾冲突也会形成经济发展的阻力。国家利用计划机制可以协调和规范集团利益，促进经济的发展。

总而言之，在市场失灵或有局限的地方，计划就有了作用的领域。计划的必要性同市场的局限性和天然缺陷是联系在一起的。西方学者论计划，是要用计划去补充市场之不足。他们认为：在经济调节机制上，市场有效的地方，应让市场机制去充分作用，促进资源的合理配置和经济效率的提高；只有在市场失灵或存在局限的地方才需要计划。

二、计划的手段和方法

西方学者普遍认为，社会经济中实行计划调节是必要的。但在计划方式或手段上一般都反对社会主义国家过去普遍通行的指令性计划，而主张实行诱导性的社会经济计划。

他们认为命令性的计划不利于经济计划的实现。因为命令性计划不能适应消费者消费自由的需要，也不能适应不断变化的复杂的现代经济生活的需要。命令性计划在制订、修改和执行过程中都缺乏必要的灵活性和适应性，不能适应经济生活复杂、多变性的要求。另外，命令性计划缺乏民主过程，由专家和国家的计划机关制订，不利于人民对计划的理解和执行。命令性计划还会压抑微观经济单位的积极性和创造性，使命令性计划缺乏必要的动力结构。总之，命令性计划由于其上述固有弊端而不能作为通常的计划手段。

社会经济计划应采取诱导计划，实现计划和市场的结合。诱导性计划也叫指导性计划，是西方学者主张的主要计划手段或计划机制。在实行诱导性计划的计划机制中，市场制约着企业，国家则控制着市场，从而可实现国家所预定的计划目标。这种计划方式，计划目标不通过命令、指令等行政手段去下达，而是国家把计划目标作为信息性、参考性的经济指标公之于世，并且通过财政、金融、汇率等经济手段去改变企业经济活动的外部条件，诱导企业去完成或接近国家计划所预定的目标。这样计划通过市场而起作用，使生产者、消费者等经济活动主体从追求自身利益的角度去实现国家预定的计划目标，从而把私人经济的活动纳入国家计划的轨道。这种计划方式具有三个方面的特点：一是协商性。由于计划的制订和修改全过程都由社会各界代表反复协商形成，因而是一种社会契约，它使社会各方面的利益得到协调和体现，从而使计划的实施能够获得社会各界的广泛支持和密切合作。在法国和日本，计划的这一特点尤为明显。二是指导性。国家计划对企业没有强制性和约束力，一切生产和经营活动均由企业自主决策，国家不进行直接的干预。计划一般只指出经济发展的趋势和总目标，政府通过政策、经济立法和各种财政经济手段，指导和协调各种宏观经济活动，引导和促进计划的实现。三是预测性。计划的制订是以对经济发展的趋势、各种可能因素变化的预测作基础的，计划的指标也是预测性的。因此，社会经济计划的主要实现手段应当是这种诱导性计划。

最后，命令性计划只有在极特殊的条件下才是可取的计划手段。他们认为在因资源有限而且不易变动所引起的长期供不应求的垄断性生产行业，有时可以实行指令性计划。因为在资源不能流动的垄断性产业，物价的上升或下降对产品供给的刺激都不大，价格机制对供给的作用甚微。在那些即使价格变功能刺激供给，但也要经过长时期的经济波动才能实现供给增长的行业或部门，国家采取指令性计划或生产计划，或物资供应配额还是必要的。当然这只能是国民经济中重要的行业或产品，如能源、部分原材料行业。另外，在战争、重大经济危机等特殊情况下，指令性计划也有它发挥作用的地方。但应当明确，实行这些特定的命令性计划并非增加供给、缓和供求紧张的主要方法，而是一种应急的措施。解决供求问题的主要措施还是应用经济政策促进供给的增长，减少消费的增加，以平衡供求。

总而言之，西方学者认为诱导性计划是计划工作的基本方法，而命令性计划只是在特殊的时刻才采用的手段。这样，通过诱导方式计划，就使计划与市场两种经济运行的调节机制在计划方法上结合起来了。

三、对社会主义计划体制的分析

西方学者对传统的高度集中统一的计划体制作了大量的分析。

他们认为，传统的以高度集中统一为特征的社会主义计划体制有以下五个基本特征：（1）决策机构高度集中于中央，地方、企业和个人没有经济决策的权力；（2）计划机构的设置是下级服从上级的等级制纵向结构，下级对上级的计划决策无权过问；（3）计划方式是自上而下的指令性计划；（4）实行以数量控制为特征的实物计划制度；（5）在国有经济内部，货币只起计算手段的作用。价格既不是价值的代表，也不反映价值的要求，更不涉及人们的经济利益。因此，价格不是经济关系的反映，只是单纯的计划工具。具有全面推行这些特征的计划体制，使国民经济的运行完全依赖于行政力量的推动，从而使整个经济带有行政化经济的特点。

西方学者认为，这种高度集中的计划体制在一定的经济条件下具有其特殊的优越性。这种条件就是经济结构比较简单、经济落后的国家在它开始发展经济的特定阶段。在这个阶段，社会经济发展所追求的目标比较单纯，计划的时期也并不长，而且面临社会经济落后的危机感。在这种条件下，集中的计划体制对调节经济表现了它的优越性。

当经济落后国家在其发展经济的初始阶段，由于经济结构简单，信息量的把握易准确和完全，而且革命刚刚胜利，客观上管理人才的缺乏也使高度集中的计划体制具有客观的必然性。另外，这种体制能集中有限的人力、物力和财力于一些国民经济必需的重点建设项目上，为国民经济的发展奠定基础，因而常表现出集中计划体制的优越性，使国家在一定阶段、一定时期内促成国民经济的迅速增长和工业化的实现。因此，西方学者一般认为，高度集中的计划体制与社会经济发展的粗放阶段是相适应的。而一旦社会经济的发展越过粗放经济的阶段，这种高度集中的计划体制就暴露出它的各种弊端，成为阻碍经济发展或造成经济波动的体制因素。

西方学者认为，在经济结构日益复杂，社会经济信息量巨大的经济发展阶段，如果继续实行高度集中统一的计划体制，就会出现下述弊端。

第一，计划缺乏科学性和灵活性，难以适应复杂多变的经济生活需要。因为高度集中统一的计划其科学性依赖于完全而准确的信息量收集和及时的处理及传递。在社会经济复杂化的条件下，信息量的巨大和收集、处理、传递的纵向多层次，必定使信息失真，传递过程拉长，出现时滞，难以科学地反映经济生活的需要，使得在这种信息基础上建立的计划失去科学性。即便能保证信息完全、准确和及时，那也必定耗费巨大的社会成本，使这种计划在经济上并不合理，也完全不必要。另外，在集中僵化的纵向垂直计划体制中，纵向多层次的计划管理机构本身就缺乏灵活性，在计划的制订、修改和实施过程中，难以满足各地区、各部门和广大消费者的各种特殊需要。这种缺乏灵活性和适应性的计划体制必定不尊重消费者主权，不能适应复杂多变的经济生活的需要。用这种缺乏科学性与灵活性的计划调节经济运行，必定阻碍经济的良性发展。

第二，高度集中统一的计划体制使评价经济活动的标准非客观化，难以正确评价企业经济活动的成败和优劣，更难使这种评价与人们的经济利益相联系，使社会主义经济运行缺乏动力。因为社会主义计划体制中的价格既不是商品价值的反映，也不是市场竞争的产物，而是国家统一规定的。在这种价格制度下，不能有经济学意义上的价格。不合理的价格使利润、资金利润率等衡量经济活动效率的指标失去了客观性，也使正确评价企业经济活动成为不可能。国家既然不能正确评价企业经济活动的优劣，当然就谈不上奖惩分明，更不可能把企业经济活动的效率与经济利益相联系。因此，整个社会主义经济运行动力不足。

第三，集中统一的计划体制使经济运行过程中浪费严重、效率低下。首先，由于微观经济领域经济活动缺乏动力机制，企业完全听命于上级计划机关，没有生产经营的任何自主权，因而微观经济效率必定是低下的。其次，由于宏观计划的僵死性和缺乏科学性，必定形成计划工作的失误，使国民经济出现周期性剧烈的波动，使宏观经济中的浪费严重，效率不高。最后，就资源配置的合理性看，传统计划体制也不能做到。因为，传统计划体制中的价格不是市场竞争的产物，所以不能实现有效的经济计算。价格只是实现计划的手段，它不反映经济关系，不涉及人们的经济利益，因此，资源配置中以最小的劳动耗费获取最大的经济效益的问题就难以做到。资源配置中的浪费重复和不计投入等问题，造成了宏观经济运行的效率低下。

总之，在经济发展越出粗放阶段以后，如仍然运用集中统一的计划体制调节经济运行，就会因体制因素而使社会主义经济难以提高效率。因此，必须对传统的体制进行改革。

西方学者普遍认为，社会主义经济运行机制改革的方向是计划与市场的结合。他们认为计划和市场作为经济调节机制，各自的优点和局限都是客观的。那么现实的经济运行机制只能是计划和市场的结合，即用市场的优点去克服传统社会主义经济运行机制中的弊端，也要用计划去弥补完全的市场机制调节经济运行的缺陷和不足。无论是社会主义还是资本主义，都不能选择单纯的计划机制或完全的市场机制作为调节经济运行的现实制度。纯粹的市场机制是亚当·斯密的理想，现实中是不可能的。因为就是在"看不见的手"充分作用的自由竞争的资本主义经济中，国家运用计划手段在政治、法律、军事和对外经济生活中的作用也是明显的。纯粹的计划机制调节经济是马克思的理想，它依赖于商品经济的消亡等条件，而目前的现实中这一条件还不存在。就现实的经济调节机制而论，计划与市场在不同范围、不同程度、不同方式上的结合是各个国家的必然选择。就具体的计划与市场相结合的模式而言，西方学者认为有两种权式可供选择。

第一，是建立在指令性计划基础上的结合。其特点是：在高度集中的计划管理的同时适当引进市场，在某些方面实行计划和市场的相互替代，以求得计划的控制力和市场的效率性两方面的优点，这本质上是一种计划取向的经济机制。这种模式也叫作"看得见的手"，它强调在经济决策或调节方面分权。微观经济领域，基本上由市场调节，而宏观经济领域由国家根据计划进行调节。计划的作用不是取代市场，而是控制和克服市场的缺陷和盲目性，把市场的作用局限于一个框架内，在框架内保持经济的灵活性。

计划控制有关国民经济全局的重要问题。从现实中看改革中的社会主义国家大都采用这一模式。

第二，建立在竞争性市场决定资源配置基础上的计划机制，计划通过财政、货币、汇率和收入分配等政策影响或干预微观经济活动，以促进总量平衡与结构合理，从而保证国民经济的均衡发展，这本质上是一种市场取向的经济。法国、日本和其他几个西方国家，采用的就是这种计划机制。计划只是一种诱导性、预测性、参考性的中长期计划。在西方学者中，有不少人认为社会主义经济改革应该走这样的道路。

上述就是西方学者关于计划和市场相结合来改革社会主义计划体制的主要思想。

四、西方计划理论评价

怎样正确对待西方计划理论是我们必须注意的一个问题。就总体而言，西方计划理论有其科学的一面，也有其局限的地方。因为计划与市场是属于经济运行机制的范畴，它一般不涉及经济制度的本质和其他意识形态的内容。所以，西方学者的分析可以成为我们分析、研究传统社会主义计划体制和设计社会主义新的经济运行机制的思想来源之一。

第一，关于计划是一种经济调节机制或政策手段的思想，就为我们理解当今世界各国都不同程度地采用计划提供了帮助。因为有无计划并不表明社会经济制度的本质，只有所有制关系才是区分社会经济制度本质的标志。因此改革计划体制中采取计划取向还是市场取向的新体制都不涉及要不要坚持社会主义的问题，而只涉及怎样完善社会主义经济运行机制的问题。这对我们解放思想、加快经济体制改革的步伐无疑是有益的。从马克思主义经济学的角度，我们也可以看到，计划是社会化大生产的必然要求。因此，随着社会化大生产的发展，无论资本主义还是社会主义都必须对社会经济实行计划调节。近年来发展了的马克思主义经济学就把计划当作经济运行的调节机制，这无疑也表明现代西方经济思想是马克思主义经济学可以吸取的一种思想来源。

第二，西方计划理论中对计划必要性的分析也是客观而新颖的。它避开了社会经济制度的本质规定，从社会经济运行调节机制上看计划的必要性，认为计划有市场缺陷，弥补市场局限，引导和规范市场活动等方面的优越性，从而得出计划和市场相结合的机制优于完全的市场机制和单纯的计划机制的结论，这无疑为我们理解计划与市场结合的必然性提供了新的思路。马克思主义经济学的经典理论从社会化大生产的要求和生产资料公有制的建立来论证社会主义实行计划管理的必然性。发展了的马克思主义经济理论从社会分工和人们相对独立的经济利益的角度论证了商品经济和市场存在的必然性，从社会主义经济是公有制基础上有计划的商品经济的本质来论述计划与市场相结合的必然性。这种分析对计划和市场的结合必然只是抽象层次的分析。至于计划与市场怎样结合？这种结合怎么能够操作？上述马克思主义经济学没有做出回答。西方学者从经济运行的调节机制这个更为具体的层次说明了计划和市场的结合，认为在市场缺陷和局限的地方，计划有了用武之地。这对完善、补充和发展马克思主义经济学提供了理论的素材。这无疑对正在形成中的社会主义计划与市场的理论有很大的影响。也使计划与市场的结合进入了实际操作的阶段。还为我们更充分地认识计划与市场的作用、局限和两者的相互弥补提供了启示。总之，在计划与市场结合的必然性上，西方学者的见解是深刻的，也是实用的。

第三，从西方学者对计划方式和社会主义计划机制理论的分析中，我们也可以受到启发。因为他们跳出了我们的思维方式、理论传统和生活环境，对我们的计划体制和西方的计划体制进行了比较研究，得出了许多他们的结论。撇开他们对社会主义计划工作的曲解和污蔑，仍有许多切中我们旧体制时弊的深刻分析和中肯告诫。这些都可以作为我们对旧体制进行反思和对新体制进行设计的思想材料。比如，对集中计划体制在社会经济发展粗放阶段的优越性的肯定，对它在经济复杂阶段上缺乏动力、效率不高的批判，对指导性计划的优越性、指令性计划的弊端和必要性的分析，对我们清醒地认识我们的过去以及向西方学习计划工作都是有益的。

另一方面，我们也应当认识到西方计划理论的局限性。

第一，西方学者只字不提生产资料的所有制关系对计划机制作用的影响。实际上，在生产资料私有制下，人们经济利益的尖锐对立对计划的制定和实施都有不利的影响。而在社会主义公有制基础上，人们经济利益的矛盾不是不可调整的，这实际上是社会主义计划工作可以比资本主义做得更好的经济基础。他们对这一问题的有意回避就是不愿触及资本主义计划调节本身所面临的困难和矛盾，不愿承认资本主义搞计划解决不了周期性危机和社会生产的盲目性这一问题。

第二，在他们对社会主义计划体制的分析中也有曲解和污蔑之处。比如，社会主义计划缺乏民主性的问题。这只是过去高度集中体制的弊端，并非公有制的社会主义必然所有，完全可以通过改革来解决。因为公有制是计划民主性的经济条件。又如，动力不足、效率不高也不是社会主义所特有。通过改革，社会主义经济运行机制可以做到高效而灵活。

总而言之，对西方计划理论，我们要吸取其精华，去掉其糟粕，为我所用，为加速我国经济运行机制的改革服务。

对"苏南模式"若干问题的思考[*]

"苏南模式"是指江苏省南部农民率先实践的，以集体所有制经济为主体，以乡村工业为主导，以中心城市为依托，以市场经济为资源配置的主要方式，以县、乡两级政权为直接领导的一种社会经济发展模式。这种模式在推动经济发展，实现农村工业化和现代化的进程中获得了巨大的成功。尤其是改革开放以来，苏南更是如虎添翼，社会经济发展的速度不仅一直领先于全国，而且也高于"亚洲四小龙"，使苏南成为中国经济最富活力的地区之一。但由于"苏南模式"产生和发育于传统计划经济体制时期，因而不可避免地带有一些旧体制的痛疾，使之在现阶段市场经济体制逐步形成的条件下，面临一系列复杂而深刻的矛盾。如市场经济发展要求的所有制结构和产权制度与传统集体公有制度的矛盾；市场经济发展中产业结构的优化和现行政府职能的矛盾；市场经济发展要求的现代化大农业同当前苏南农业相对落后的矛盾等。这些矛盾的存在，使苏南难以适应现代市场经济发展的要求，继续为中国经济的发展做出历史贡献。而这些矛盾的解决，不仅要借助"外向型经济"实现生产力水平对"亚洲四小龙"的赶超，而且还必须从生产关系到经济管理体制都来一番变革，实现对"苏南模式"的再造。

一、所有制结构问题

社会主义市场经济理论的研究表明：发展社会主义市场经济，必

原载《北京林业大学学报（社科版）》1993 年。

须建立以生产资料公有制为主体、多种所有制并存的所有制结构。因为只有在生产资料所有制多元化的条件下，市场竞争才能有效展开，市场机制才能充分发挥其优化资源配置的作用。因此，"苏南模式"的再造，必须从建立公有制为主的多种所有制并存的所有制结构出发。

就所有制结构而言，中华人民共和国成立以来，苏南的所有制结构变动如表1所示。

表1　苏南所有制结构变化表　　　　　　　　单位：（%）

年份	全民所有制	集体所有制	私有制
1950	2	0	98
1978	68	32	0
1987	46.8	44.8	8.4
1992	28	65	7

注：表1根据《经济研究》1993年第二期第50页提供数据编制。

表1显示：公有制在苏南经济中一直占据绝对统治地位。1978年，公有制是100%。经过14年的改革开放，公有制仍占93%。14年来，苏南的所有制结构改革，主要是发展集体所有制，这也正是"苏南模式"的基本点。

上述所有制结构是否完全适应苏南生产力发展水平的要求呢？苏南虽是我国经济比较发达的地区，但生产力总水平还是不够高的。就工业设备而言，也只有50%的大中型骨干企业达到了20世纪70年代末、80年代初的水平。另外还有50%左右的设备是落后的。在餐饮、商业、服务、咨询等第三产业中，也有许多适合于私有制或公私合营的混合经济的生产力。也就是说，生产力的多层次和发展不平衡在苏南也是存在的。这要求苏南也应当搞以公有制为主、多种所有制并存的所有制结构。

从苏南现行所有制结构看，公有制比重偏离，难以为生产力更好发展提供空间。表现在苏南经济结构中，适合于私有制或公私混合所有制的某些第三产业比较落后。因此，苏南在所有制结构改革中，应该更加大胆地发展非公有制和混合所有制，以逐步使所有制结构与现时生产力发展的总水平相适应。在这方面，苏南在观念上应当更解放一些，在政策上应当更灵活一些，促进非公有制的较快发展。尤其是在发展"外向型经济"的过程中，应更多地发展"三资企业"，以促进混合经济的发展。从而创造出市场经济大发展要求的所有制关系多元化的条件。

另外，苏南的国有制应当保持一定的比重，而不应不断下降。因为苏南属中国生产力较发达地区，国家对宏观经济的强有力调控也必须以一定的国有制作为基础。外国有经济在交通运输、通信、能源、文化科学等基础设施和环境建设方面所负的责任，也使国有制的存在和发展具有重要作用。在发展国有经济方面，一是要有适当比重；二是进行结构调整，使之在适合于国有经济的行业和部门存在和运行；三是通过改革提高固有经济的效率。

二、集体公有制产权制度问题

社会主义市场经济理论的研究表明：发展市场经济，必须建立适应市场经济的产权制度。搞社会主义市场经济，其基本点就是坚持公有制的主体地位，那么建立公有制下明确的产权制度就成为发展社会主义市场经济的关键性条件。因为市场经济的一般原则要求企业从事正常的生产经营活动的基本前提是产权关系明确化。只有企业财产有了明确的归属，企业才会在产权主体的驱使和约束下，到市场上去追逐利润的最大化并以此自负盈亏。企业的经营行为是以一定的产权制度为基础的，商品交换的实质不过是一种产权交换，企业的市场经营行为执行的是产权主体的意旨。因此，发展社会主义市场经济，关键之一就是看生产资料的公有制中能否做到产权关系的明确化。用这一理论来分析"苏南模式"实际上就是看苏南的集体所有制能否真正实现产权关系的明确化。

"苏南模式"中的集体所有制不同于一般的集体所有制。通常的集体所有制，由集体集资、集体管理、集体分配，就产权关系而言，它的产权界区是十分明显的。财产就是这个集体内主要成员的。由内部选举代表经营，实行民主管理，自负盈亏而苏南的集体所有制不是上述通常意义的集体所有制。苏南的集体以乡村社区为内容，是一种乡村社区的社会所有制。盲从资金的筹集，生产要素的组织到整个企业的生产经营活动都由乡村政权组织直接参与和指挥。因此，乡村政权成为苏南集体所有制企业的实际组织者、决策者和经营者。苏南集体所有制实际上是一种带有浓厚地方国有色彩的"政企合一"的社区所有制。

在这种所有制中，企业财产的所有者名义上是全乡或全村劳动人民，但乡村各企业的财产则不由全体劳动者来占有、使用、支配和处置。乡村全体人民也难以分配到具体的、实在的、规程的责任、权利和义务，从而使乡村人民成为抽象的、空泛的所有者。而乡村企业财产实际的决策者、使用者和支配者则为乡村政权组织的领导人。他们名义上不是所有者，却是真正的产权代表。他们有权支配全乡村人民的财产，却没有能力和必要为财产的运行效果负经济职责。这种"政企合一"的企业制度中产权关系是十分模糊的，实质上是一种缩小了范围的全民所有制，是一种社区范围内的"人人所有，人人没有"的企业产权制度。这种产权制度是难以适应市场经济需要的，因为它既无来自产权主体的持久的推动力，也无来自所有权的约束力，其行为必定是不合理的。

为什么这种产权关系不明确的社区公有制在过去的实践中又表现出较大的活力呢？其实，苏南社区公有制及产权制度的活力是相对于传统计划经济体制或改革以来计划和市场并存的双重体制条件下的全民所有制企业而言的。因为社区公有制在财产上对外的界区是十分明确的，一个乡或村的财产，别的乡村或企业是不能支配、使用和调拨的。它的产权模糊，只在社区内，即乡村内，财产的最终所有权、实际占有权、使用权、经营权、收益权和处置权等一系列权利的分割和界线是不清楚的，究竟由谁来行使各种权利，并负相应的责任和获取收益是难以有人格化的代表来承担。而全民所有制企业制度，无论对外还是对内产权关系都是不清楚的。社区公有制由于财产对外界线的确定，只能在社区内吃"大锅饭"，不能吃国家的"大锅饭"，当然比全民所有制企业有了一定的经济约束和激励，由此决定必须自负盈亏。另外社区公有制的灵活性和有效性只是在传统计划经济体制或计划与市场双重体制并存的条件下，同国营经济运行相比较而言才存在的，在特殊的条件下，由于集体所有的范围大大小于全民所有，因而产权关系相对清楚，利益关系也相对直接，而且受计划经济体制的制约少，加之国家政策上的一些优惠，它确实表现出较大的活力。但是随着经济体制改革的全面深入和市场经济体制的建立，国有大中型企业的产权制度和经营机制必将彻底转换，随着国家对乡镇企业的各种优惠政策的取消，乡镇企业在经济体制上的优势就会失去。这种产权制度上的缺陷，在比较规范的市场经济中就难以同经济技术实力较强的国有经济和产权制度较优的其他非公有制经济相竞争。因此，苏南这种社区公有制必须改革，应建立起集体公有基础上产权关系明确的公有制产权制度，以适应市场经济的需要。

近年来，苏南地区为解决社区公有制固有的"政企合一"等弊端进行了不懈的努力。如对乡镇企业实行了以承包制为主要内容的一系列改革，但都未能解决区公有制内产权模糊、政企不分等主要瘤疾。相反，由于承包制强化了经营者的权利，又没有相应的所有权约束和产权制约，使乡镇企业中，经营者同乡村政权领导者及劳动者间的关系变得十分复杂。经营者独占产权的倾向更加突出，乡村政权对之难以进行有效约束，劳动者权益受损，所有者权益更为抽象和空泛，导致所有者、经营者、政权领导与劳动者的矛盾加剧。为了解决这些矛盾，一些乡村政权领导重新全面参与企业生产经营活动，再度形成"党政企合一"的企业管理制度，这实质上形成了旧体制的复归和强化。同时，也使乡村党政组织应有的职能难以发挥，使工作难以正常展开，宏观调控成为空谈。因此，社区公有制特有的产权模糊、政企合一的企业制度成为乡镇企业适应市场经济最大的制度性障碍。改革现行社区公有制，是再造"苏南模式"的基础性工作。

改革现行苏南社区公有制的基本形式是股份合作制。股份制作为一种财产的社会组织形式和企业经营管理制度体现了市场经济和社会化大生产的要求，成为现代社会普遍通行的产权制度。在苏南用股份制改造传统的社区集体公有制，就能塑造市场经济运行的微观基础，使"苏南模式"重获新生。并且由于"社区集体公有"本身就是社会主义的合作制度，不论是乡村在开办企业初期筹集的资金，还是企业建立后积累的财产，都是乡村的集体财产，都可以通过核定资产和入股而明确产权，加上个人股和社会股，就会形成适应市场经济要求的财产多元化而以集体公有为主的新的产权制度。因而用股份合作制改造传统社区集体公有制容易操作和易为人民群众所接受。从山东淄博周村实行股份合作制改造传统集体所有制的经验来看，股份合作制与原社区集体公有制相比，有以下四个方面的优点。

第一，产权明确。在股份合作制中，企业财产是全体股东的，股东成为企业财产最终所有权的承担者，它通过股东大会或股东代表大会行使自己的权利，并相应负责经营风险和获取经济利益。原来由社区人民投票的资金和原始资本，通过清产核资在股份制企业中成为集体公有股，乡镇企业在承包制后积累的企业资金成为企业股，另外还设个人股和社会股。这样财产的归属和人格化的代表都可以明确了。他们相应的责、权、利关系也就规范化了。

第二，可以实现"政企分离"。股份化后，股东大会或股东代表大会及其选聘的董事会取代政权组织行使企业的产权。使乡村政权组织从企业微观经济活动中解脱出来，成为一级真正的政权组织，行使对乡村经济发展进行规划、组织、协调、服务和运用经济、法律和必要的行政手段对经济进行宏观调控的职能，并搞好社会治安、文化、科教和社会基础设施的建设等工作，为企业正常的生产和经营活动创造外部条件。企业与政府的关系，便会由父子关系转变为登记注册、照章纳税的关系。

第三，可以建立科学有效的企业运行机制，使企业行为合理化。在股份制企业中，股东大会是最高权力机构，它通过选聘董事会决定企业的长远发展规划和重大决策，并且选聘企业经理人员进行日常生产经营活动，实现利润最大的经营目标。董事会又受股东大会和监事会的制约，形成层层制约，且责、权、利明确的企业制度。这必定使企业行为趋向合理，效益有所提高。

第四，进一步调动劳动者积极性。在股份合作制企业中，职工既是劳动者，又是所有者，既有股息分红，又有按劳取酬，他们必定会更关注企业的生产经营，更积极主动地工作。

总之，股份合作制具有的产权明确，政企分开等主要优点使它优于传统社区集体公有制，必将成为苏南产权制度改革的基本形式。

三、产业结构的合理化问题

根据产业经济学的研究：随着社会生产力和经济的发展，产业结构要从低级向高级演变。即从以第一产业为主，依次向以第二产业为主和以第三产业为主依次更替。这种产业结构的演进过程，本身就是工业化和经济发展的历史进程，同时也是宏观经济效益和微观经济效益都不断提高的过程。因此，政府应当顺应经济发展的这种客观要求，制订和实施产业政策，以推进产业结构的合理化演进，以求更好的经济效益和更优的经济发展速度，实现赶超先进国家的目标。这些理论也适用于对地区经济结构的分析。就一个地区而言，随工业化和经济的发展，产业结构也会向较高的水平变化。如一、二、三产业间协调发展，使经济发展的结构性效益得到发挥，发展就处于良性循环；反之，如果三大产业结构不协调，发展的效益和速度就难以统一，使发展减缓。

苏南地区是我国经济最发达的地区之一，也是近年来我国经济发展速度最快的地区之一。苏南农村经济工业化的进程早在 20 世纪 50 年代就已经开始，到 20 世纪 80 年代已进入全面工业化的发展阶段。改革开放以来，经济发展速度一直很快，1979—1992 年，苏南社会总产值年均递增 19.8%，国民生产总值年递增 16.5%，国民收入年递增 16.2%。那么苏南地区在经济发展中产业结构是否协调，经济效益是否很好呢？这是我们应当思考的问题。下面我们就用产业经济学通行的就业结构和产值结构来分析苏南地区的产业结构水平。

表 2　苏南地区就业结构表　　　　　　　　　　　　（万人）

年份	总就业人数	劳动力就业状况					
		第一产业	比重（%）	第二产业	比重（%）	第三产业	比重（%）
1980	618.30	377.23	55.6	226.91	33.45	74.16	10.95
1984	751.89	283.78	37.7	349.56	46.40	118.64	15.77
1989	781.75	225.71	28.8	408.47	52.25	147.57	18.95

注：表 2 根据《城乡协调发展研究》第 60 页资料编制。

如表2所示，苏南地区在20世纪80年代末，在第一产业中就业的劳动力占近30%，在第二产业中就业的劳动力占50%，而在第三产业中就业的劳动力还不足20%。这种就业结构表现的产业结构水平，只相当于美国19世纪中叶的水平，相当于日本1910—1920年的水平，只与国内平均水平相近。1989年国内在第三产业中的就业人数为劳动力总数的17.9%。我们前面分析过，苏南是我国生产力比较发达的地区，工业生产设备中有近一半达到国际20世纪70年代末、80年代初的水平。而它的产业结构水平却只接近国内平均水平，远远落后于发达国家。

下面就产值结构来分析苏南的产业结构水平，如表3所示。

表3　1992年苏南地区与全国及其他国家国内生产总值结构表

单位：（%）

	第一产业	第二产业	第三产业
苏南地区	6.2	75.8	18.0
中国	26.8	46.7	26.5
新加坡	0.4	38.3	61.3
韩国	10.8	43.3	45.9
泰国	15.9	34.8	49.3

注：表3根据《若干国家国民经济三次产业变动分析》第81~100页提供资料编制。

从表3可见，苏南地区的产业结构是以工业为主导的，处于工业化发展的重工业化阶段，农业产值已很低，相当于发达国家的水平。但第三产业非常落后，第二产业过度发展。当今工业发达国家，第三产业大都在60%以上。而苏南地区发达的工业和不发达的第三产业并存。第三产业产值水平，不仅远低于西方发达的工业化国家，而且也比一些发展中的资本主义国家落后得多，如韩国和泰国，甚至落后于我国的平均水平。因此，苏南产业结构不合理从产值结构上也是清晰可见的。突出的问题就是，苏南地区第三产业远远落后于第一产业，尤其是第二产业发展的需要。就业结构和产值结构的分析都表明了这一点。

上述不合理的产业结构给苏南经济在市场经济的浪潮中继续高速

发展造成了诸多的困难，使地区经济发展的整体效益不理想。第一，苏南地区能源、交通运输、通信业等基础设施的建设都远远落后于整个经济发展的需要，所形成的交通能源高度紧张、市政建设十分落后和人民生活环境恶化等各种弊端，成为经济发展的制约因素。第二，苏南地区金融、保险、咨询、科技等现代第三产业远远落后于农业生产和社会经济发展的需要，也制约着苏南经济的发展。第三，商业、餐饮、娱乐等生活服务行业也十分落后，远不能适应经济高速发展和人民生活水平不断提高的需要。总之，第三产业的严重滞后已经成为苏南经济持续发展的主要制约因素。因此，苏南地区一定要下决心，花大力气解决经济结构失调的问题。

解决上述结构失调，加速第三产业发展的问题，不仅需要人们更大胆地解放思想，更加自由充分地展开竞争，使资金、技术和人才更多地流入紧缺的第三产业部门和行业，而且更需要政府指导思想和经济管理职能的转变。从指导思想上把发展第三产业作为最重要的工作来抓。另外，还要从体制上解决各市（县）为政，地区分割，市（县）内经济结构雷同，而大区内经济结构失调等问题。从地区到市（县）领导都应把区域内产业政策的制订和实施作为经济调控的中心，并参与协调市（县）间经济结构的调整。这是苏南地区经济发展必须解决的大问题。单靠市场机制是难以使产业结构协调发展的，而必须借助政府强有力的干预。

四、农业发展问题

农业发展问题本应在产业结构合理化问题中探讨，但因它特殊的重要性，而在这里来分析。如前所述，苏南经济以工业为主，但这种乡村工业孕育于农业，它的原始资本来源于农业积累，工业发展起来后，又反哺农业，使苏南农业在经济效益比较低的情况下，也能得到一定的发展。"以工补农"即各乡村政府用乡镇企业上交社区集体经济的利润来补贴农业。它通过为农业发展建立较为完善的服务体系，进行农业基本建设，购买农业机械、水利设备等，为务工务农的劳动者提供相近的报酬等方式来实现对农业的补贴。据统计，仅1989年，苏南三市乡镇企业用于"以工补农"的资金就达 3.73 亿元,占当年全部实际使用利润总额的近 30%。

"以工补农"这种发展农业的特殊方式在原有体制下,为促进苏南地区农业持续稳定的发展做出过历史性的贡献。但是随着市场经济体制的完善和公有制产权制度的确立,原有"以工补农"的模式会日益遇到巨大的困难。第一,由于"以工补农"是工业企业利润的近 30% 左右要拿出来补贴农业,这势必使苏南工业发展的包袱十分沉重,工业发展资金积累不足,从而使工业发展后劲不足。另外,"以工补农"是"政企合一"的产物,它要依靠乡村政权按行政区划来推行。在企业实行股份制后,政企分开,原有乡村政府直接提取利润补贴农业的制度就无法实现了。第二,由于"以工补农",农业在苏南成为一种兼业或副业,这就削弱了农业向优质高产高效农业发展的动力。而且由于补贴农业的数额是由乡镇企业的利润多少来决定的,那么,乡镇企业发展的不平衡和不稳定必将使农业的发展受到影响。使苏南地区长期存在大工业和小农业并存的局面,农业远落后于工业。第三,农业落后于工业,成为工业发展的包袱和制约工业发展的因素,而且工业本身的发展还成为农业难以进一步现代化的限制性因素。因为农业落后,因而要"以工补农"。而"以工补农"一方面使工业发展包袱沉重;另一方面,工业发展争夺了大量高素质的劳动力,使农业呈现兼业化和副业化的趋势,使农业的优质高效和规模经营均受到限制。这样,因果互为循环,使工农业都难于良性发展。今后,随市场经济的发展,工、农两大产业间的比较利益将进一步拉大,农业发展的困难将会加剧。因此,必须从经济发展的全局考虑农业发展问题。除了强化农业为基础的观念,重视农业发展外,还必须采取适当措施,促进农业现代化的进程。

第一,在完善农村现有土地家庭联产承包制的基础上把农业推向市场,发展适应市场经济的大农场经济,使农业逐步走向独立发展的道路。苏州、无锡一些地区已经开始了农村土地规模经营的试点,兴办乡村农场,取得了较好的效益,使农业向专业化、商品化和现代化方向前进。但目前这种规模经营受到乡村土地所有制关系的制约和乡村政权组织的过度干预，规模还较小，不过百十亩或几百亩土地，因此效益还有限，还要受乡镇企业的各种补贴，而且发展较慢。到 1992 年年底，无锡才只有约 20% 的责任田实现了以村办农场为内容的农场化经营。而全部的口粮田和大部分责任田还是分散于各家各户的属于兼业或副业。但这也表明，规模经营的现代化农业生产组织形式已在苏南出现，它代表着苏南现代农业发展的方向。

第二，农业内部的产业结构应有大的调整，要根据市场经济的原则，以争取高收入作为农业发展的直接目标，大力发展优质、高产、高效农业。在当前农产品价格已经全部放开，农业指令性计划基本取消的条件下，农业按市场经济原则进行经营的条件已经具备。应当大力发展通过资金、技术和劳动的大量投入争取高产出和高效益。积极发展市场需要而又优质高产、高效益的产品。还要积极发展创汇农业，使农业在发展外向型经济中充分发挥作用。总之，要使农业成为一个有自我发展能力的产业。

第三，各级政府要承担起对农业支持和扶助的经济职能。也就是说，要把原来乡村政府直接提取乡镇企业利润补贴农业的"以工补农"转变为乡镇企业向地方政权组织纳税，而地方政府利用税收形成的经济实力对农业发展进行宏观调控。比如，为确保乡村人民生产的农场进行补贴或优惠贷款，引导农场经营者逐步接近政府要求的目标，同时各级政府应建立农业发展基金，确保农业的正常投入和技术改造。总之，在市场经济和工农业相互独立发展的条件下，各级政府应充分发挥扶持农业、引导农业、调控农业、保证农业良性发展的作用。

综上所述：苏南模式的再造，将随市场经济体制的建立而完成，而在再造过程中，上述问题是必须解决的重要经济问题。

对合作制若干理论问题的思考[*]

我国合作制发展中存在若干理论误区，这些误区使人们不能正确地认识合作制在市场经济中的地位和作用，使合作制实践中存在的若干问题不能及时而有效地解决。弄清这些理论问题是推进我国合作制发展的前提条件。

一、合作制的本质规定与实现形式问题

合作制从本质来讲有两层含义：一方面，它是劳动者为改善生活或生产条件，谋取和维护自身利益，在自愿互利基础上建立起来的经济组织；另一方面，它又是以劳动者联合为基础的经济关系，生产资料、资金等生产要素通过合作占有，为联合劳动提供物质前提。1966年国际合作社联盟第 23 届大会把上述精神概括为六条：一是自愿参加原则；二是民主管理原则；三是严格限制股金分红；四是经济成果按有利于劳动者的原则分配，用于发展合作社业务、兴办公共服务事业和对社员股份进行分红；五是对所有合作社社员进行合作社教育；六是加强合作社组织的国际合作。

上述合作制的本质在实践中表现为合作制的具体形式千差万别。从合作社的业务看，可以分为生产合作社、供销合作社、信用合作社、消费合作社、住宅合作社、运输合作社、保险合作社等；从合作的紧密程度去考察，可以分为农民专业协会、专业研究会和企业组织等；

———————

　＊ 本文为国家社会科学基金课题"中国农村合作制的理论和实践研究"（批准号：01EJL003）的阶段性研究成果之一。

　原载《中国农村经济》2004 年第 5 期。

从财产的组织形式上看，有企业型股份合作制、社区型股份合作制、项目型专业合作经济组织等；从合作制发展的区域特色去考察，早些年有温州模式、周村模式、阜阳模式，近些年又出现了邯郸模式、莱阳模式、宁津模式、安岳模式、江山模式等。它们有的是多种生产要素的联合体，部分遵循了合作制的原则，是合作社的初级形式。例如，在一些"公司＋农户"的合作经济模式中，公司既按股份制运作，获取大部分利润，也按合作制的原则对农民让利和服务；它们有的严格地遵循合作制的原则来运作，是比较成熟的合作经济组织，例如大部分专业合作经济组织以及各种形式的协会和研究会等。由于我国国土辽阔和国情的复杂，发展合作制的形式也就更为多种多样。特别是在合作制和股份制相结合的股份合作制中，股份制和合作制结合的程度与方式更是丰富多彩，使我国的合作制发展呈现出与世界上任何国家都不同的局面和趋势。

二、合作制与商业化问题

从理论上说，合作制同商业化并非是不可同时具有的。因为合作制和商业化是两个层面上的东西：合作制是指以劳动联合为基础的生产要素的联合，是生产要素的组织形式；商业化则是指合作制企业经营行为的市场化。在市场经济条件下，合作社不仅可以进行商业化的经营，而且必须商业化才有可能获得较大的发展，从而有利于合作制的巩固和扩大。合作制本质规定中有不以商业化或利润最大化为目标的内容，但那是指合作社对其社员的业务不是以利润最大化为目标，它要通过对社员的让利和服务实现其自助的价值观念，但是，这并不是说合作社的企业对外就不讲究经济核算和追求利润。合作组织在市场经济的环境中存在和发展，对内是合作制，对外却是市场经济中的经济行为主体，必须通过市场化的运作来获取利润。从合作制诞生以来的发展历程看，它的成功就在于把合作化和市场化有机地结合起来了。在其内部的财产关系和运作目标上，它坚持合作制，而在对外的竞争和经营上，它又是市场经济中的企业，必须按照市场化的原则运作。

近年来，西方国家和我国发达地区合作制就有向市场化方向发展的强烈冲动，并创造出优秀的业绩。就合作制内部看，它遵循合作制的原则；就对外的经济关系和发展而言，它又只是市场经济中的一个企业。这就是说，合作社对内各种业务的目的不是赚钱，也不按照资本原则管理和分配收益，它执行的是按照交易量分配和民主管理的制度；但在对外经营上它又要坚持商业化原则。有些合作经济组织还举办股份制企业，完全按照股份经济的原则经营，并把其一部分盈利作为合作经济事业的经费来源之一；有些合作经济组织还利用商业化运作的经济成果来支持合作社的发展，例如，我国一些地区的供销合作社就是这样，它们将市场化经营所获取的利润的一部分用于支农和为农民服务，或返还给农民。实践中也存在一些合作社由于固守合作制不营利的原则，最后导致解体或转变为股份制。一般说来，规模小、地处不发达地区、业务比较单一的合作社，往往商业化倾向不明显，主要强调合作制的原则；而规模较大、业务比较复杂、地处发达地区的合作社，除了保持其合作制的内核以外，还能进行商业化经营。而且，合作制企业也可以通过承包、租赁和聘请总经理等方式，从事完全的商业化生产与经营活动。

三、合作制的产权特征与管理体制创新问题

合作制作为一种可以运作的产权制度，具有俱乐部产权的性质，表现出以下特征：第一，俱乐部产权的有限排他性。俱乐部排斥俱乐部成员以外的其他人享有其产权，而其产权对俱乐部内部成员则是共享产权，或者说只有通过交费等方式加入社团成为其一员，才能获得相应的产权。与公共产权相比较，它存在排他性；但同私有产权比较，它的排他性只是对外的，对内则不具有排他性。第二，俱乐部产权的不可分割性。即这种产权在内部成员之间是完全不可分割的，或者说是完全重合的，每个成员都可以利用俱乐部的财产来为自己服务，但每一个成员都无权声称这份财产是属于他的。第三，俱乐部产权转让的限制性。即每个成员只有在取得其他成员或他们的代理人同意的条件下，才可能将社团组织的产权转让给他人。而且转让时必须首先向

社团内部的成员转让，这就使产权转让变得比较困难。由于俱乐部产权的这些特征，它的有效性所依赖的条件是比较苛刻的，在实践中可行的范围十分有限，这也是合作制虽然起步较早，但发展至今依然不是社会占主体地位的产权形式的原因。但是，应当明确，这种产权特征并不是合作制的缺陷，而只是它的特色。这表明，合作制不是像股份制那样以公司产权的形式出现，并广泛适用于社会经济各个领域的产权形式。

俱乐部产权性质使得合作制在经营管理与运作机制上也极为特殊，其表现就是合作制是劳动者管理与控制型经济，由全体劳动者（也是资本所有者）组成的社员大会对经济组织具有最高控制权。规模较大的合作社，可以由社员代表大会把企业的控制权委托给代理人掌握，实行与资本联合型的股份制近似的管理运作机制。从组织结构看，股份制公司和合作社都由最高权力机构和日常经营管理机构组成，不过，股份制公司的最高权力机构是股东大会，合作制组织的最高权力机构是社员大会。在股份制生产经营的各种决策中贯彻的是资本控制原则，实行"一股一票"的管理决策机制；而在合作制的各种决策中贯彻的是劳动控制原则，实行"一人一票"的决策机制，而且合作社控制其成员在资本持有额度上的差距，具有"均等持股"的理念，进而控制社员之间在收入分配上的差距，保持成员之间在经济上的平等地位和大体相同的收益。同时，合作制非常重视对成员进行思想观念的教育和灌输，把合作制思想和经营机制的强化作为其重要的任务之一。这种运作机制和管理模式都使合作制在发展的初期或规模不大时会获得较大的成功，而当资本扩张以后，产权制度和经营管理机制上的局限性就开始出现，从而阻碍合作制在更广泛的领域实行。

为了推进合作制的发展，就必须创新经营管理机制，把委托—代理制度引入合作经济。在委托—代理关系中，组织的最高权力机构仍然是社员大会或社员代表大会，而企业的经营控制权则交给职业经理去掌握。最高权力机构进行重大决策，经理人员在获取企业控制权后按照商业化原则进行经营和管理。因此，合作制可以借鉴公司制企业的委托—代理制度和经营机制来适应市场经济的要求并获得发展。从企业的组织结构来看，合作制企业的模式也要有所突破，要采取"倒控股制"进行企业制度的创新。所谓"倒控股制"，就是由下级合作社对上一级的联社控股，即具有较大规模和管理优势的基层合作社作为核心企业对上一级联合企业控股，并对企业进行商业化的运作和公司式的经营管理，实现合作社经济中的委托—代理关系的科学化。同时，对合作制内部继续贯彻合作制原则，合作社内部的民主管理可以通过社员代表大会进行。

四、合作社的融资与资本运营问题

合作社的资本结构是指合作经济在发展中的资本来源和筹资手段的构成。合作社基本的增资方式有三：一是扩大社员队伍，二是增加每股本金的数量，三是用盈余中的公积金再投资。这就使合作经济组织内部的融资十分有限。正因为如此，人们通常认为，合作经济是小规模的经济组织，生命力较弱，无法与股份经济相比拟。其实，合作经济组织一旦作为企业来运作，就可以借助资本市场来筹资以改善资本结构。也就是说，合作社同社会上其他经济组织一样可以用自己的资产作后盾进行融资。比如，企业债券、特种股票和银行贷款等都是合作经济可以采取的融资方式。合作经济不仅可以通过内部集资和公积金再投资等方式筹集资本，而且也可以通过货币市场和资本市场筹集资本。合作制与股份制的不同，主要不在于融资方式和资本结构上，而在于其内部的治理结构和运作机制上。因此，在市场经济条件下发展合作，必然面临着资本结构的创新和融资手段多样化的问题。

根据国内外合作经济发展的实践，合作经济组织融资和资本运作可以有三种情况：一是传统合作制模式；二是高度利用资本市场融资并商业化运作的模式；三是合作制原则与资本市场紧密结合的模式。下面分别阐述。

第一种是高度合作化和低度商业化相结合的传统合作制。它规模较小，资本有限，经营也比较专业。例如，我国当前正在广泛发展的农村专业合作经济组织更多地强调合作制的资本均等原则和民主管理原则的落实。这里以重庆市兴起的"两社两化"运动为例来说明。近年来，在供销社系统的发动和组织下，重庆市农村出现了一大批专业合作社和综合服务社。这些由农民自愿入股、入社建立起来的农村新型合作经济组织，通过开展农业产业化和商品经营连锁化，在助农增收、开拓农村市场方面成效显著。2002 年，"两社"（专业合作社、综合服务社）通过农业产业化和商品经营连锁化，帮助农民增加收入 4881 万元，上缴税收 487 万元，增加就业岗位 6090 个，成为推进农业产业化的社会化的组织形式。

第二种是高度市场化和低度合作化相结合的现代合作制模式。它规模很大，资本充足，经营多样化，利用股份制和资本市场融资较多。例如，浙江省供销合作总社所属的兴合集团，2002 年即被列入全国500 强的大企业，就是低度合作制与高度商业化相结合的实例。这种大型企业集团资本结构比较复杂，其原始资本是供销合作社的社员集资入股形成的。在国家的扶持下，通过供销合作社成功的商业化经营，它成为浙江最大的企业之一。在 20 世纪 90 年代末期，基层合作社组织已经进行了股份制改造，成为股份制的企业，而集团公司不仅保留着合作制的框架和机制，而且还强调用合作社商业化经营的成果实现对农业的扶持和服务。从发展的观点看，其财产组织形式股份化和资本运作商业化的趋势比较明显。

第三种是高度合作制与高度商业化相结合的现代合作制模式。例如，荷兰的 Rabo bank 就走过了从合作制到商业化，再向合作制回归的路子。❶ Rabo bank 是 1972 年由两家信用社合并后建立的大型信用合作社，由 400 家享有高度自主权的基层信用社组成，社员超过 70 万人，个人和企业客户近 900 万人。截至 2000 年年底，其总资产达到 3420 亿欧元，在世界上 37 个国家设立了 140 个分支机构，自有资本超过 130亿欧元，集团总股本约 180 亿欧元。它们自己认为合作制是其成功的基本原因。因为合作制使 Rabo bank 不必向股东支付红利，进而可以把盈余计入公积金，并进行再投资，使自有资本充足，可以进行正常的经营。在 20 世纪 90 年代，Rabo bank 的商业化运营非常成功，成为一

---

❶ ［荷］Benoît Tremblay Daniel Cotè. 合作制还是商业化［J］. 金融研究，2002（1）.

家"金融超市",占有荷兰85%的农业和涉及农业的融资市场、40%的企业信贷市场、25%的抵押贷款市场和15%的大企业贷款市场。在新世纪,Rabo bank又重新界定了经营战略:一是立足农业,二是强化合作制。从2000年开始,Rabo bank面向基层信用社和雇员发行面值25欧元、比10年期荷兰国债利率高1个百分点的投资证券。到2001年已经吸收新社员21万人,并计划到2003年使社员总数达到100万人。Rabo bank的基本理念是:销售金融产品和服务绝非信用合作社唯一的目标;信用社与社员的客户关系是一种资产,也是信用社的主要竞争优势。

上述三种模式在中国合作制发展中都可以采用,而且随着合作制的兴起,必将会出现合作制与商业化结合的更多的模式。

五、政府在合作经济发展中的作用问题

政府在合作经济发展中应起什么作用?如何发挥政府的作用?这是当前必须重视和解决的重要问题。马克思主义经济学认为,合作经济是从资本主义走向社会主义的桥梁,尤其是在经济落后国家的农村,必须通过合作制,资本主义私有制才能逐步过渡到社会主义公有制。恩格斯在《法德农民问题》一文中对合作制中政府的作用有非常明确的论述。他指出:"当我们掌握了国家权力的时候,我们绝不会用暴力去剥夺小农(无论有无报偿,都是一样),像我们将不得不如此对待大土地占有者那样。我们对小农的任务,首先是把他们的私人生产和私人占有变为合作社的生产和占有,但不是采用暴力,而是通过示范和为此提供社会帮助。"❶ 恩格斯还讲到了提供社会帮助的具体措施,例如国家银行的金融支持和财政的直接投资等。这里的示范是指国家兴办大规模的农场以体现大生产的优势,而国家对农民兴办的合作社则提供财政和金融方面的各项支持。在现代市场经济条件下,前者已无多大意义,而国家对合作经济的帮助和扶持却显得格外重要。因为在市场经济条件下,农业是弱势产业,需要国家的各种扶持;同时,合

---

❶ 马克思恩格斯选集(第四卷)[M]. 人民出版社,1972:310.

作经济同股份经济相比，在集资、管理和运作等方面不具备优势，就更需要政府的扶持和帮助。在现代市场经济条件下，政府对农村合作经济组织的帮助不仅要体现在必要的财政资金投入和金融优惠上，更要体现在对合作经济的法律地位的确认与保护，对合作经济组织的宏观管理的到位与协调机构的设置，对合作制的理论研究和宣传的正确引导，对合作经济所需人才的培养和造就等诸多方面上。而在实际生活中，我国还没有建立起对全国的合作经济进行宏观调控的政府管理机构，对合作经济的指导和调节分散在人民银行、供销合作总社和农业部的一些业务司局。政出多门、相互矛盾等问题必然出现，扶持政策也五花八门，随意性极强，使用的效率也不高。由于政府行为的历史惯性，对合作社的帮助和扶持始终处于从属地位，而干预、指导和强制往往成为主流，从而使合作经济发展的外部环境欠佳。在推进合作经济发展的进程中，必须强化政府对合作经济的支持和调控，把微观上对合作经济的资金支持、政策优惠和宏观上为合作经济运行提供良好的外部条件结合起来。

六、对发展合作制若干疑问的回答

除了上述问题以外，我国在合作经济的实践中还存在一些比较具体的理论问题，使合作制的适用性受到了限制。这些问题主要包括以下五个方面。

第一，合作制在我国的适用空间和制度潜力问题。合作制在我国至少存在两个方面的适用空间：首先，它是实现中国农业产业化和社会化的经济组织形式；其次，它是我国城乡中小型公有制企业改制的一种选择。就前者而言，随着农村生产社会化和市场经济的发展，一家一户的小农经济越来越不能适应社会的需要，客观上要求社会化的经济组织出现，以实现家庭经济与市场经济的结合。合作经济就是这样的社会化的经济组织，它在农村的三大产业中都有广阔的发展前景，尤其是在农产品的供销和金融活动中更具有突出的优势，在农业产业化的进程中也扮演着不可或缺的角色；在农村现代化的进程中，它对增加农民收入，减少中间剥削，维持农村社会稳定等都起着积极的作用。这种新型合作经济的制度优势究竟有多大？根据历史唯物主义原理，一种生产关系的具体形式的优势取决于它所适用的生产力空间。合作制适用于把小规模、分散经营的生产力联合起来形成较大规模的经济形式，在农业、流通、金融等特殊行业有发展的优势和潜力。如果超越这一空间，它就无优势可言，因而它不可能取代股份制等经济形式在国民经济中的作用。

就后者而论，规范的合作制适用于中小型公有制企业的改制。中小型公有制企业的改革形式还有承包制、租赁制、出售等。在实践中究竟采取哪种形式取决于一系列的条件，尤其是集体所有制企业的改制在相当程度上取决于集体所有制成员的选择。当然，合作制企业是小型公有制企业改制的一种比较好的形式，它有确保劳动者的利益和就业等优势，应当也可以成为小型公有制企业的主要形式。由于小型公有制企业在我国以公有制为主体的基本经济制度中占有相当多的数量，因而它在我国的企业改革中具有较大的作用空间。在城市经济中，大量的与人民群众相关的生产和生活服务业都可以搞合作，它内部不存在雇佣劳动和剩余价值的剥削，有利于扩大就业和维持社会公平。

第二，阻碍劳动力流动是否是合作制的缺陷问题。理论界普遍认为，合作制会阻碍劳动力的流动，这实际上是一个误解。首先，市场经济要求的劳动力的流动并非在所有企业都要存在。个体经济已经被历史证明是和市场经济相吻合的经济组织形式，它是以劳动者不流动为条件的。合作制企业通常是适应于中小型企业的组织制度，劳动力的不流动在一定条件下正是它的优势所在。劳动力的不流动正是因为所有者和劳动者统一，自己为自己劳动，这样才能够充分调动劳动者和所有者的积极性和创造性，这在它适用的范围内是优势而非劣势。其次，如果合作经济的规模扩大了，它还可以借助股份制的集资和组织结构优势，引进委托—代理制等，在合作经济外部使用雇佣劳动，不能流动的只是合作制企业内部的成员。最后，在供销和信用等专业性合作社中，社员并非合作社的工作人员，只是他们的少部分财产和专业性业务与合作社发生联系，并相应地参与管理和分享收益，对他们更谈不上阻碍劳动者的流动问题。

第三，无法吸引大量资金是否是合作制的缺陷问题。理论界通常认为，合作制由于吸引资金有限不会有大的发展前途，这也是一种不正确的观念。首先，合作制的本质就是要限制外部资金进入企业并分割企业利润，这种企业制度的基本点是劳动者的劳动联合，以制约资本对劳动的剥削。正是限制了外部资金的流入和对企业利润的分享，才为内部人努力工作并分享其成果奠定了基础。如果允许大量外部资金进入企业并分享其收益，它就不是合作制而是股份制企业了。把合作制的特点当作缺陷来批评显然是不科学的。其次，现代合作制的发展已经在相当大的程度上解决了较大规模融资的问题。一方面，合作社可以通过扩大规模，吸引更多的成员通过交纳股金而扩大资金；另一方面，合作社可以以自身资产为担保在银行和资本市场融资。由于合作经济组织有成员的大力支持，它的业务量巨大而稳定，这是合作经济的优势所在。合作经济要根据自己的利益与目标决定是否扩大融资以及怎样融资，这并不说明合作经济无法大量融资，只是在融资方式上与股份制具有不同的特色而已。

第四，合作经济组织经营者是否应该持大股问题。对于这个问题理论界争论颇多。实际上，合作经济组织的经营者不应持大股，因为合作制的基本特征之一就是均衡持股，经营者持大股显然不符合合作制的基本原则。经营者持有对本企业生产经营决策起支配作用的股份，就完全支配了企业，企业实际上就变成了股份制。当然，均衡持股并非平均持股，在合作制企业内部，职工依据其对企业发展所做的贡献，持股数量有些差别是正常的。但是，如果这种差别违背了合作制的基本原则，就只能在实践中导致劳动合作流于形式，资本合作成为现实。因为在经营者持有较大比重股权的时候，生产经营的决策权就会掌握在少数大股东手里，民主监督和民主管理就不可能存在。我国合作经济中最大的问题恰恰就在于经营者持大股，改变了合作制的性质和运行规则，企业治理的紊乱也就必然接踵而至。这就是说，由于经营者持有企业的大部分股份，企业就不再是合作制，而转变成了股份制；或者说，企业不按劳动者管理和控制的原则行事，而是按照资本管理和控制的原则行事。把股份制当成合作制治理，当然不可能解决合作制应当解决的问题。

第五，合作经济组织是否要设立国家股问题。根据合作制的基本原则，合作制企业不应当设立国家股。因为合作制或者是适用于中小型公有制企业改制的一种企业制度，或者是城乡劳动者出于自身利益而联合起来的小规模的经济组织形式，其突出的特点是所有者、经营者和劳动者统一，共同劳动和民主管理相结合。而国有制一般是通过股份制中的国家控股来实现国家对国民经济的主导作用，具体讲是通过对某些大型企业的参股实现其对企业发展的影响。在小型企业中搞国有制已经被过去的实践证明是效率不高而且不必要的。在国有中小型企业的改制中，应当把原来的国有资产按照一定的程序卖给企业职工个人和集体。具体的操作可以借鉴国外一些企业实行职工股份制的经验。只有在发达国家大规模的金融合作社中，由于它的商业化趋势十分明显，出于金融稳定的考虑，才有国家少量参股的现象，但在中国，目前远不是提倡国家参股的时候。

现代西方合作经济理论述评[*]

合作经济问题是经济学研究的内容之一，现代西方经济学中有不少文献是研究合作经济的。比较有影响的代表人物有：Bonus、Akerlof、Alchian、Demsetz、Hart 等。了解他们对合作经济的分析，对于我们正确认识合作经济的本质及其在中国的发展是有意义的。本文试图对现代西方经济学的合作经济理论进行评述，并从理论和实际相结合的角度，阐明对中国发展合作经济的思考。

一、现代西方合作经济理论简介

西方合作经济理论研究的最新进展主要是说明了合作制为什么要存在、合作制在哪些领域具有突出的优势、合作制为什么不能成为普遍的社会经济组织等。

（一）合作社的内涵以及存在的原因

西方学者认为，合作社是许多人共同拥有或管理的企业或组织，即 Cooperative，它"由那些将共同分享其全部利益的人创立、拥有和经营的从事某种经济活动的一种自愿组织"。这种组织存在的目的不是为了赚取利润，而是为全体社员的利益而运作。合作社可以从事生产、融资或销售。合作社的基本类型有四种：生产合作社；消费合作社；信用合作社；住宅合作社。合作社的原则的基本内容有六条：一是自

---

* 本文作者：廖运凤、徐振宇。原载《林业经济》2007 年第 11 期。

愿参加，公开招募股份；二是民主管理，一人一票；三是限制股金分红；四是经济成果按有利于合作社成员的原则分配；五是对合作社成员进行合作社教育；六是坚强合作社组织的国际合作。

西方国家合作社长期在精制机械、家具制造、皮革、缝纫、手工艺品制造等工业部门存在，在建筑业的劳务承揽和运输业的公共服务等部门占有相当的份额，在从事农产品加工和销售的农业销售领域获得了巨大的成功，成为世界农业体系中最重要的商业组织形式之一。对这些行业合作社能够生存发展并获得成功的原因，西方学者们分别从局部信息、市场力量、人力资本几个方面进行了分析。

第一，减少信息成本理论。Bonus 和 Akerlof 是这一理论的代表人物，他们分析了农村合作金融存在和成功的案例，认为分散的小农场主组成合作社，通过承担对合作社的无限责任具有了可信赖性，能够获得局部信息，从而能安全地评估各需要贷款的农场主的可靠性，即他的家庭背景、教育程度，甚至他的健康。而城市商业银行，由于农场业务规模小，要详细地收集和评价局部信息是不可能的（或成本太高），仅仅为了正确评估贷款风险而深入了解农场主的个人背景得不偿失，因此，小农场主就被理性地认为没有资格申请银行贷款。在农村具有垄断地位的放债人索取的高利率必须反映更新信息的高成本，"高利率"在很大程度上也是高信息成本造成的。但高利率就意味着不可能存在两个以上的放债人，这就使得他的客户更加依赖他。这个难题是通过信用合作社利用贷款申请人拥有的详细的局部信息解决的。早期农村信用合作社成功的秘密就是利用了商业银行支付不起局部信息资源的费用的弱点。认为金融合作社能更好地解决农业和中小企业的融资问题。Bonus 是这一理论的主要代表，其他学者还进一步指出：要降低风险，合作社的业务必须仅限于向其成员开放，经营区域必须尽可能地小，不能超过它生存下去所需的规模，因为要获得关于成员的准确信息，关于他们的财产和他们的经济状况即其资信的准确信息只有在附近地区才可能。这强调了信息资产的重要性，同时也回答了为什么合作社的规模一般都不能太大的问题。

第二，规模经济与市场力量理论。这种理论认为合作社因具有规模经济和市场力量两种优势可以存在和发展。一是合作社通过合作工厂生产成员们所需要的物品，可以帮助成员们获得生产上的规模经济。二是如果合作社成员通过合作经济组织买卖而不是自己直接进行交易，他们的市场地位将会得到改善，即合作能使他们在与垄断力量交易时取得较好的交易条件，甚至能形成自己的市场力量。

第三，人力资本理论。在一些人力资本相对占优势的行业合作社比较盛行。因为在这些行业是无所谓资本雇佣劳动还是劳动雇佣资本的。也就是说，合作社是一种很难被区分为劳动雇佣资本还是资本雇佣劳动的经济组织形式。在这种性质的行业，劳动雇佣资本的形式合作社往往容易出现。比如，在农业、会计师事务所、律师事务所、诊所等人力资本具有重要作用的行业，合作社往往比较盛行。Alchian、Demsetz 和 Bonus 都持这样的观点。

（二）合作社为什么不能成为普遍的经济组织形式

第一，集体选择和监督无效理论。Hnery、Hansmann、Alchian 和 Demsetz 是这一理论的代表人物，他们首先强调集体选择的成本以及达成管理决策的困难，认为：劳动管理型的合作制企业难以达成集体决议，因为工人的目标比资本的提供者的目标更趋向于不一致。也就是说，资本的提供者几乎无一例外地支持利润和企业现值最大化，而工人们则在努力、收入风险、工作保护、安全及工作地点的其他特征等诸多方面存在着高度分散化的意见。这样合作制要达成管理决策成本要高得多，就使得它们在与资本管理型企业的竞争中处于不利地位。其次，他们认为，合作社在团队生产和在资产维护方面存在"搭便车"的机会主义行为，这在实践中难以解决，因此认为合作社之少见可以通过集体选择的困难和监督无效率来解释。

第二，财富约束和信贷市场上的道德风险及逆向选择理论。Hansmann（1988）和 Gintis（1989）是这一理论的代表人物。他们首先强调财富约束造成了合作经济难于广泛流行的原因。其基本观点为：首先，因为参与合作社的通常都是穷人，所以很难在创立自己的企业时顺利融资。其次，穷人在信贷市场的配给机制中处于不利地位，往往难以得到足够配给资金。其主要原因是道德风险问题和逆向选择问题。Stiglitz 是这一理论的主要代表人物。道德风险指的是工人借款人在贷款合同签订后可能实施那些让贷款人承担成本的非合约行为。例如，借款人可能选择风险过高的项目。因为增加的收益将主要被作为剩余索取者的借款人所占有，而增加的损失则主要由贷款人承担，假定借款人能够宣布破产或者由于很少的个人财产而只有偿还损失的有限个人责任。由于工人的人力资本是不可让渡的，而且工人们总是能够从失败的投资项目中轻易脱身。而实物和金融资本能够在不同所有者之间轻易转让。所谓逆向选择是指贷款人难以通过事前的观察分辨出何种类型的主体应当申请何种贷款或贷款金额。特别是既不可能决定一个特定的借款人是否想为一个安全的投资项目融资，更不可能决定借款人偿还的可能性将有多大。因而往往对贷款人采取信贷配给。但是由于信贷配给，一些借款人就不能为好的投资项目融资。这就导致高质量借款人用各种不同方式发出有关他们的信号。借款人发信号的方式就往往是他们自己也进行投资，以作为向贷款人或外部投资者传递他们自己对项目价值的信心的一种方式。而作为合作社成员的穷人即使有合适的投资项目，但只有很少的个人财富时，这一方法难以使用，也会导致他们难以在信贷市场上得到足够的配给资金。

第三，风险厌恶说。这一理论强调工人对风险的厌恶，其基本观点为：工人一般比投资者对风险更为厌恶。因为工人难以在不同的企业中分散风险，或许也因为他们根本就没有多少财富。一方面，因为工人们是风险厌恶者，所以，他们需要保险。但是一旦投保，工人们将不再有适当的激励去发挥个人的努力，或者做出谨慎的管理决策，因为产生的任何损失将由保险部门承担。在其他条件不变的情况下，工人们越是厌恶风险，他们就将在最优合约下拥有更多的保险，且保险人而不是工人们越有可能掌握企业的控制权。另一个风险厌恶说认为，为了获得贷款，借款人也必须购买为企业融资的股份，结论是由于风险厌恶使得工人难以掌握控制权。Meade（1972）和 Putter man（1993）等人持这样的观点。

第四，组织生命循环说。这一理论认为，成功的劳动管理型企业经过一个组织生命周期后倾向于退化为资本管理型。其关键论点在于，在赚钱的合作制企业里，在引入新员工时，在职成员偏好于给予他们市场工资，而不是把他们作为能平等分享企业利润的"完全"成员引入。也就是说，即使资金不成问题，但获得利润的愿望往往会变得压倒一切，以致很多合作社都变成了股份公司。Hajime Miyazaki（1984）和 Avner Ben - Ner（1984、1988）持这样的观点。

第五，企业家租金挤占说。Marglin（1974，1982）和 Putterman（1982）是这一理论的代表人物。他们认为，企业家创建资本操纵型企业比创建劳动管理型企业能获得更多的租金。在劳动管理型企业中，创新者不得不与同事们分享随之而来的利润。然而在资本操纵型企业中，雇员们只能够得到工资，所有租金都将流入企业家（所有者）的腰包。也就是说，在有限理性的假设下，创新收益的集中使资本操纵型企业更有优势，而劳动管理型企业难以就收益分配进行谈判，而且当个人收益被广泛分享时，它将会变得太小以至于根本难以引起社员个人创新的兴趣。

第六，宏观经济外部性假说。这一假说认为，合作制企业由于宏观经济原因处于不利地位。因为劳动管理型企业在需求下降时不解雇工人，所以工人们更倾向于通过收入而不是解雇来消化需求的波动。当衰退非常严重而且很长久，甚至可能危及企业的生存，不裁员对于企业意味着非常高的成本。而资本操纵型企业在经济周期期间只保持名义工资不变，这样需求的减少就要通过裁员来消化，因而是更具有优势的经济。Levine 和 Tyson（1990）持这样的观点。

上述各种理论都认为，合作社不能作为一种普遍有效的经济组织形式存在，并把合作社看成为一种"共同决定"的产权制度，也就是产权经济学认为的"残缺的产权制度"。

二、现代西方合作经济理论的贡献

（一）西方合作经济理论论述了合作经济的内涵和必要性

西方合作经济理论研究的合作制是市场经济条件下，拥有生产资料的私有者之间的合作生产和经营。因而在资本主义制度中，它不是一种"过渡经济"，也不是一种要被其他更先进的所有制形式取代的暂时的经济形式。而是与市场经济相伴随的，作为股份制补充形式而长期共存的一种企业财产的组织形式。它与股份制的根本区别是：前者是资本控制型企业，后者是劳动控制型企业。前者是资本主义市场经济中占主导地位普遍通行的企业组织，而后者是资本主义市场经济中起辅助作用的在特殊行业和领域存在的企业组织。他们认为，合作制由于财富的约束和监督管理的低效等原因难于成为社会经济的普遍组织形式。但是强调了合作经济的必要性，由于局部信息、人力资本和市场力量等原因，合作制在农业等行业有着特别的优势。这里对合作制存在的原因、成功的原因的分析是比较充分和符合经济发展的事实的。这一理论基本可以解释西方合作经济发展的历史与现实。另外，现代西方合作经济理论运用了现代经济学的大量成果来说明合作经济问题。运用了局部信息理论、人力资本、市场势力等经济学的最新成果对合作经济存在的原因与股份制经济的区别等做了比较深入的分析。尤其是讲清楚了合作经济与市场经济的关系，以及合作经济在市场经济中的作用，使合作经济同股份制经济一样成为与市场经济相适应的社会经济组织形式之一。

（二）西方合作经济理论指明了合作经济适合发展的领域

西方合作经济理论认为，合作社不是社会经济各个领域普遍存在的经济组织，而只是在一些特别领域有效的经济组织。这对经济学理论的发展是有贡献的。在经济学史上，马克思主义和近代空想社会主义都对合作经济进行了分析。经典马克思主义对合作制是持强烈的拥护态度的，认为它能够消除资本对劳动的剥削，是公有制的历史起点。马克思和恩格斯认为，合作制主要是从资本主义到社会主义过渡时期的经济组织形式，是把个体农民引导到社会主义公有制的有效途径，认为合作社经济的发展必须依靠无产阶级国家的支持和扶助。既然作为资本主义私有制向社会主义公有制的过渡形式，它同商品经济的关系就是可以共存的。但怎么共存，怎么过渡，却都没有做具体的论述。

另外，马克思在论及合作经济的时候，往往是把它作为一种劳动者共同占有生产资料基础上的联合劳动的组织形式。列宁谈到的合作制就是生产资料国有制条件下集体劳动的组织形式。因此，列宁认为这种合作制就是"社会主义"。苏联的集体农庄就是土地等大型农业机具设备国有条件下的农业劳动组织。不是私人生产资料的合作生产和经营。斯大林则把合作经济的具体形式确立为"集体农庄"，建立了苏联以土地和大型农机具等生产资料国有条件下的集体农庄制度。这种制度实际上是社会主义公有制的形式，即集体公有制，不是马克思和恩格斯讲的合作经济，更不是西方存在和发展起来的以私人的生产资料为基础的劳动控制型的企业组织。近代空想社会主义者也是合作经济制度的热情支持者，把合作经济作为消除资本主义剥削、实现人人平等的社会制度的"良方"，并积极倡导"公社"制度的实践。但无论是马克思主义还是近代空想社会主义都没有深究合作经济存在的根源；没有探讨它的适用范围；更没有从企业产权制度的角度对合作制企业的运行做严格的经济学意义的研究。这就使得以前的合作经济理论研究比较肤浅，难以解释合作经济的实践。尤其是社会主义的合作经济在实践中的普遍失败更使不少人谈合作经济而"色变"，从而使得合作经济理论研究和实践探索在改革开放以来始终处于低潮。

三、现代西方合作经济理论的局限性

尽管现代西方合作经济理论对合作社的内涵、存在的原因以及不能普遍适用于社会经济的各个领域等问题均做了颇具经济学色彩的分析，但西方学者对合作社问题的研究仍然很不够，这表现在以下三个方面。

（一）主调是论述合作制的缺陷和不能普遍化的根源

这一理论对于解释合作经济的现实有的方面不具现实性，尤其是难以解释中国和世界其他地区合作社经济的必要性与发展趋势。前文从六个方面论述了合作社的缺陷，并说明它不能成为社会经济的普遍形式，而只从三个方面论证了它存在的理由和他在特殊领域的优势。

尤其是用道德风险和机会主义行为准则来说明穷人组成合作社难以有效融资问题并不符合实际。因为凡是团队生产其实都存在"搭便车"的机会主义倾向，这在德姆塞茨等的团队生产假说里就有明确的论述，所以才构建了古典企业的产权结构来解决问题。斯蒂格利茨的信贷资金配给理论里也有说明不仅穷人，而且富人在信贷市场上同样也存在道德风险，使利率机制进行着逆向的选择。私人产权制度和公司产权制度中普遍存在的问题不能成为论述合作社不流行与不成功的原因。

（二）对合作社和商业化的关系分析不够

这使合作社随市场经济的发展和进化没有得到解释。西方合作经济理论研究的主流认为，合作经济是不以营利为目的，而以全体合作经济成员的共同利益作为生产经营的目的，它在比较有限的领域和规模条件下具有经济优势，因而可以获得成功和发展。但在西方的实际经济生活中，合作社在诸多领域都在发展，尤其在农业、运输业、金融业、商业、住宅建设和消费等领域都有着广泛的发展，而且不仅有规模较小的大量合作社的存在，也有一些规模巨大的合作社和合作工厂存在。而且许多合作社在发展壮大以后，还有效地引入"委托—代理"制度并进行商业化的生产和经营，加上合作社社员的支持及合作社精神的力量，使得合作社获得了巨大的成功。如美国的威尔逊钢铁公司、荷兰的 Rabo bank 都是突出的例证。西方合作经济理论却没有论述这类问题，因而对合作社经济的前景和发展趋势均做出了悲观的结论，这一理论认为它发展规模大了，就会转变为股份制，或者以失败而告终。

（三）对合作社成功的理论探讨不够

西方合作经济理论主要从局部信息、经济规模、市场力量和人力资本等因素来讨论合作制存在的原因。而除了上述原因外，合作社经济消除了剥削（劳动者是为自己的利益而奋斗）、合作社精神和民主管理，以及政府积极而有效的扶持等，都是合作社成功的重要因素，而对这些西方合作经济理论却少有涉及。

四、中国合作经济的发展对西方理论的借鉴

西方合作经济理论的贡献对我国合作经济的发展具有积极的作用，其缺陷对我国合作经济理论研究的突破有启示作用。所以对现代西方合作经济理论进行系统研究，对促进我国合作经济的发展是有实践意义的。

（一）西方合作经济理论研究的贡献对于我国发展合作经济的积极作用

第一，西方合作经济理论对合作经济的内涵和必要性的论述对于说明我国发展合作经济的客观必然性是有启示作用的。首先，是西方合作经济理论对发展合作经济必要性的分析丰富了我国合作经济理论的研究。我国在合作经济研究中往往从实际的需要来谈发展合作经济的必要。比如，谈到为什么要发展合作经济时通常讲是解决"大生产和小市场"的矛盾的需要，是扶贫济困的需要，是农业产业化发展的需要。有的也从市场经济的发展带来了一系列的矛盾和摩擦，产生了在市场竞争中的弱者，他们需要通过合作经济获得生存和发展来论述发展合作经济的必要。然而却没有从经济学理论的角度，像西方学者那样从市场力量、规模经济和人力资本等角度分析其存在的必然。使得发展合作经济必要性的研究比较肤浅，不足以说服人。而西方合作经济理论的上述论述则从经济学的角度分析了发展合作经济的必要性，弥补了我国合作经济理论研究的不足。

第二，是西方合作经济内涵的论述为引导我国合作经济的发展提供了启示。如果说发展合作经济是必然的，那么发展什么样的合作经济呢？在合作经济发展的历史进程中有西方国家的合作经济、有苏联及东欧国家的集体农庄经济，还有我国在过渡时期发展过的"初级农业合作社"和高级农业合作社以及城镇的合作工厂；也有计划经济时期所发展过的农村集体经济和城镇集体经济；还有现在我国各地存在的各种股份合作制、合作社等。那么我们今天积极鼓励发展的应是哪种合作经济呢？如果发展的还是过去我们在计划经济体制中发展的合作经济，那就没有必要了，因为它已经被实践证明是没有生命力的。

如果是发展过渡时期的合作社经济，而我国早已结束过渡时期而进入社会主义的初级阶段。我国现阶段要大力发展的合作社就是当前不少同志称之为"新型合作经济"的，在西方存在已久的与市场经济相融合的合作经济。即与市场经济相伴随的，以私有财产为基础的，采用股份制形式的合作经济。我国历史上保持私人股份并参与分红的"初级社"与其有相似性。在我国的经济生活中，这种合作经济组织就是我们通常讲的以财产私有为基础的"股份合作制"。这样就可以避免在发展合作经济的旗帜下出现过去的乡镇政府主导下的"集体经济"和实际由政府控制的"供销合作社""信用合作社"等形式的重现。这就是说，新时期我们要发展的合作经济就是西方市场经济中所存在的那种合作经济。按这个标准对实践中广泛发展的合作经济进行引导，就可以保证合作经济的生命力。

第三，西方合作经济理论关于合作经济适用领域的论述有利于我们在发展合作经济中的区域选择和产业选择，从而防止合作经济的"泛化"。也就是说，西方学者认为，合作经济在市场经济体制下只能在农业、金融业、商业、服务业等人力资本占主体的行业和领域才适合发展，才有优势并获得成功。这虽然不是合作经济适用的全部领域，但至少是大部分领域。这就指出了合作经济发展不可以适用于社会经济的所有领域。我们在发展合作经济的实践中，就应大体在这些行业和领域大力促进合作社的发展。而在股份制适合的领域和行业，合作经济的发展注定会遇到各方面的困难而向股份制转变。

（二）西方合作经济理论的局限为合作经济理论的创新提供了方向

合作经济的理论研究中应向哪个方面去努力并获得突破，应当在了解和熟悉西方合作经济理论之后，这也正是我们研究西方合作经济理论的初衷。也就是说，我们的研究要继承西方经济学研究的成果。弥补西方合作经济理论研究的不足，解决西方理论没有涉及或研究薄弱的问题，并结合中国发展合作经济的国情，对西方合作经济理论进行改造，推进合作经济学的发展。根据这样的思路，中国合作经济理论的探索需要在下述方面进行探索。

第一，中国发展合作经济的必要性的理论探索。除了西方理论讲的诸多方面以外，笔者认为中国加快发展合作经济的理由还有如下三点。一是构建和谐社会的需要。市场经济的发展和股份制的广泛流行，会加大人们收入分配的差距，甚至出现财富占有和收入分配上的两极分化，影响社会的和谐与文明进步。而市场经济中处于弱势的人们可以通过发展合作经济，达到减少剥削，增加合作经济成员收入的目的。并缩小财富占有和分配上两极分化的趋势，减少社会的不和谐状态。二是发展劳动密集型产业的需要。中国的比较优势是廉价的优质劳动力，发展劳动密集型产业是将经济发展的潜在优势转化为现实优势的基本途径。而在劳动密集型产业的发展中，人力资本居于主导的趋势十分明显，他们是适合于发展合作经济的。如农业、流通业、金融和大部分的服务业都可以发展合作经济。三是发展合作经济有利于扩大就业和增加收入，缓解生产过剩和社会需求相对不足的矛盾。当前，资本和劳动与摩擦和对立已经成为中国社会矛盾的重要方面，发展合作经济可以有效地缓解这一矛盾，增加就业和收入，甚至还可以扩大需求，减少过剩，增加国民收入和社会经济的总福利。

第二，合作经济成功的原因探索需要有所突破。合作经济在中国可以更成功的原因除了西方学者分析的局部信息、人力资本、经济规模和自愿原则以外，我认为还有如下理由：一是消除资本剥削的部分可以由劳动者分享，提高合作社成员的积极性；二是民主管理的机制的真正贯彻可以调动合作社成员的积极性和创造性。合作经济的成功必须要有民主管理原则的落实，为此，必须在发展合作经济的实践中，建立民主管理的有效机制和渠道。这一方面是合作制产权制度的要求，另一方面也是加强对管理者经营决策科学性的渠道；三是合作经济的理念和精神的宣传和维护；四是合作经济的宏观管理的到位和政府的支持。合作经济就其发展的初衷来看，是弱者自救，就其发展过程来看，成功比股份制面临更多的约束和限制。因此，政府有扶持和帮助其成长壮大的责任。

第三，合作经济发展壮大与商业化的关系需要深入的探讨。首先是合作经济要不要商业化的问题。笔者认为，合作经济要有效利用商业化来发展自己。但是合作经济的商业化是对外的，对内则以合作社成员的利益最大化为目标。而且，合作社对外的经济活动追求利润，是为了赚取利润来发展壮大合作经济，因而归根到底是为了社员的利益，同合作社的宗旨不矛盾。其次，合作社必须运用商业化经营的工具来加快自己的发展，以期更好地实现与市场经济的融合，在市场经济中获得发展。如经营管理上的"委托—代理制"的实行；又比如利用资本市场来进行筹资，也就是说，合作社同社会上其他经济组织一样可以用自己的资产作后盾进行融资，可以采取企业债券、特种股票和银行贷款等为合作经济融通资金，从而使合作社在较大的规模时有足够的经营管理人才和足够的资本，提高其进行商业化运作的能力，以增强同股份制及其他经济形式竞争时的竞争力。

参考资料

[1] 廖运凤. 对合作制若干理论问题的思考［J］. 中国农村经济，2004（5）.

[2] 廖运凤，等. 研究报告"中国农村合作制的理论和实践研究". 2004.

[3] Benoït Tremblay Daniel Côtè. 合作制还是商业化［J］. 金融研究，2002（1）.

[4] 吟棠. 合作社：农业中的现代企业制度［M］. 江西人民出版社，2002.

[5] Cook&Iliopoulos. 集体行动中的不明确产权：美国农业合作社的案例［M］// 克劳德·梅纳尔. 制度、契约与组织——从新制度经济学角度的透视，2003.

[6] Barr, Nicholas & Estrin, Saul. 各种类型的生产企业［M］//J. 卡布尔. 产业经济学前沿问题. 中国税务出版社，北京腾图电子出版社，2000.

[7] Bonus. 作为一个企业的合作联合会：一份交易经济学的研究［M］//埃瑞克·G. 菲吕博顿 & 鲁道夫·瑞切特. 新制度经济学. 上海财经大学出版社，1998：206 - 241.

[8] 哈罗德·德姆塞茨. 企业经济学［M］. 中国社会科学出版社，1999.

供销合作社制度变迁的经济学分析[*]

——新制度经济学的视角

中华人民共和国成立以来，我国供销合作社的制度的历史变迁经历了由合作制转变为集体所有制，然后进一步蜕变为国有制；再由国有制向集体所有制转变，最终回归合作制的历史过程。为什么供销合作社的体制变迁会走过这样曲折的道路，可以从新制度经济学的角度进行解释。

一、供销合作社制度变迁的需求分析

根据制度经济学制度变迁理论，制度变迁要从需求和供给两个方面去分析。制度变迁理论认为，新制度的产生一定要有经济生活对新制度的需求。这种需求内生于人们对"潜在利润"的追求，而这种潜在利润由于现存制度框架中存在经济规模偏小、外部性、风险以及市场不完善等无法获取，因此需要改变现存制度，从而把潜在利润变成现实利润。中国供销社在改革开放后的制度变迁完全遵循了这一原理。制度创新的基本动因在于在经济生活中出现了制度创新的需求，制度创新主体发现了潜在利润的存在，并通过制度创新使潜在的利润变成了现实的利润。

20 世纪 50 年代建立的中国供销合作社经过与高度集中的计划经济体制的融合，已经没有合作社制度的内容与实质，成为高度集中的计

---

* 本文系 2006 年中华供销合作总社招标课题"供销社历史变迁和制度创新研究"的研究成果之一。

原载《北京工商大学学报（社科版）》2009 年第 4 期。

划经济体制的重要组成部分，尤其是在由合作制转变为"第二国营商业"以后，成为国有商业体系在农村流通领域里的延伸，是计划控制农村经济的重要渠道。农村的重要物资由它收购，农村所需要的生产资料由它统一供应。在这种高度集中的垄断地位下，它所形成的利润实际上是计划利润，也是中国通过"剪刀差"实现工业积累的基本方式。20世纪的最后20年，以"统购统销"为内容的供销垄断计划体制的逐步解体，使得原来由供销社获取的利润由多种所有制的多种流通渠道所分解。要在新的条件下获取利润就必须进行制度创新。具体分析的话，新时期供销社制度创新的需求表现在下述三个方面。

第一，旧体制下的供销社系统出现了连续的大面积亏损。供销合作社的改革起始于20世纪80年代初，开始把改革的目标锁定在集体经济性质上。而把准国营的供销社改为集体经济的道路并不通畅，因为集体经济也同样存在难以与市场经济相融合的弊端，加上农村流通领域多种所有制的发展，公有制经济的供销日益不能适应市场经济的激烈竞争，到20世纪90年代开始出现大量亏损。据统计，1994年全系统亏损额为40亿元，1998年亏损额达到156亿元，1999年亏损额为134亿元。这说明不进行实质性的制度创新，供销社体将难以生存。

第二，农村流通经济组织严重不足，农民"买难卖难"问题日益加剧。随着原有供销社的日益解体，以公司企业和私营经济为主体的农村流通组织为追求利润最大化从事农村流通事业，难以有效兼顾农民和公司利益，致使农村的买难卖难问题日益严重，而且"坑农害农事件"频繁发生。农村小生产和大市场的矛盾日益加剧，供销环节成为制约农村商品经济发展和农民走向富裕的"瓶颈"。这一问题的解决迫切需要进行农村供销系统的制度创新，即重建与市场经济相适应的农村供销经济组织。这表明，把农民通过供销组织起来适应市场经济的发展产生了供销社制度创新的需求。

第三，生产力发展与现代流通方式的变革也对供销社制度创新提出了需求。20世纪中期以来，新技术革命蓬勃发展，生产的社会化程度不断提高，流通方式发生了革命性变化，以连锁经营为主的现代流通方式兴起，要求中国农村流通领域必须进行制度创新，为创新的流通方式开辟道路。而原有供销社的制度远不能适应农村流通现代化发展的需要。

二、供销合作社制度变迁的供给分析

新制度经济学认为，制度需求在合适的经济条件下会转变为新制度的供给，而这些条件就是影响制度供给的若干因素，如宪法制度、新制度产生和运转的成本、社会科学知识的积累、上层决策者的净利益和现存制度安排等。中国供销社制度变迁中的制度供给也受到上述因素的影响而颇具特色。

（一）供销社制度变迁中制度供给的滞后

供销社制度创新中制度供给存在明显的时滞，这种农村流通体制改革的滞后严重影响了农村改革的整体进程和效益，贻误了改革的最佳时机，使供销社在市场经济中的生存与发展面临重重困难。其实，供销社改革的最好时机是 20 世纪 80 年代。因为 20 世纪 80 年代初，家庭经营承包制度造就了中国农业分散化的经营格局，与市场经济相适应的现代流通组织就应当成为分散的家庭农业的组织者和领导者。如果供销社适时进行以合作制为内涵的制度创新，就会在促进中国农村经济发展的同时壮大自己。但不幸的是当时供销社制度变迁却停留在恢复集体所有制性质的阶段上，只有到了 21 世纪初才提出了合作制改革的目标。这种制度创新的滞后使供销社的改革与发展面临诸多的挑战。因为在改革的最好时机模糊了正确的改革方向，使优质资产损失了，人才队伍流失了，完善的流通网络残缺了，良好的信誉消失了，供销社改革和发展的物质基础大大被削弱了。

供销社制度供给滞后的原因主要有以下三个方面。

第一，社会科学发展与研究水平的限制难以按照合作制思路进行供销社制度创新。当时的中国，主流的意识形态缺乏对现代合作经济的理论研究和实践经验的吸收。对合作经济问题的研究仅仅停留在马克思主义经济学的合作经济理论的水平上，对合作经济实践的把握也主要是对社会主义国家集体经济的实践。对与市场经济相融合的西方合作经济理论和实践缺乏足够的研究和重视。而且由于家庭经营承包制的倡导和成功,人们往往把合作经济和传统农村集体经济混为一谈,使合作社制度难以成为供销社制度创新的选择。

第二,受供销合作社既得利益的约束难以按合作制思路进行供销社制度创新。因为在计划经济体制的形成和运转过程中,供销社通过农民集资、国家投资和各种政府优惠形成了庞大的优质资产,并控制着中国农村的流通渠道。在特定政策环境下,凭借对这些资产的垄断经营获得了较大的经济利益。这种既得利益使供销合作社不愿把分享利益机制的合作制引入供销社的改革。

第三,受到现存制度安排的制约难以按合作制思路进行供销社制度创新。在供销社与国有商业几分几合的制度变迁中,国有商业的机制、理念、思维方式渗透到供销社的各个层级和方方面面。因此,按照改革国有商业企业的原则和办法改革供销社成为思维和行为的惯性,使供销社制度创新的特殊性被忽略了。实践中的许多供销社改革的文件和办法都套用了国有商业改革,尤其是国有企业改革,几乎完全是按国有企业改革的模式在运作。

(二) 供销社制度变迁的非均衡分析

上面的分析表明,中国供销社制度创新的供求处于非均衡状态。这种非均衡既有制度安排的非均衡,也有制度结构的非均衡。这种非均衡的表现就是各方面对制度现状都不满意。在供销社制度变迁中,既有各级联合社对基层社和企业改革的不满意,也存在基层社和企业对各级联合社制度创新的不满意。具体分析的话,有以下几个方面的非均衡性状态。

第一,制度创新的供给不能满足制度创新的需求。20世纪80年代中国农村实行承包制以来,对供销社制度创新的需求就十分强烈。农村改革的深化与发展呼唤着农村流通制度的创新,包括流通组织体系的创新、流通管理体制的创新和流通方式的创新。而制度创新的供给要不滞后;要不方向模糊;要不办法不适用;要不改革成本筹集困难;要不思想观念落后。使供销社的制度创新呈现供给不足的局面。比如,供销社改革的合作制方向已经在总社一级非常明确，各项改革的文件和各层次的培训也不断强调。可是由于合作制改革办法的缺乏或不适用，还由于改革成本的筹集在各级地方政府和企业，使得改革难以按合作制原则进行。改革的结果往往使供销社的企业变成了私营企业或公司制企业。再比如，联合社的改革，也没有经过改革转变成为真正的合作经济基层社的联合社，或者是合作经济基层组织的行业协会，而是特殊的政府机构。这深刻地说明，供销社制度创新的制度供给不能满足需求，存在制度供给不足的非均衡。

第二，制度供给的过剩不能满足制度创新的需求。所谓供给过剩是指供销社系统还存在许多已经不适应市场经济发展要求的制度安排，这些制度安排的存在，在很大程度上阻碍了新制度的生长。比如，供销合作社原系统职工的国有企业员工的身份制度、原供销合作社系统的政策性亏损、原有供销社资本金的来源、供销合作社的领导制度、中华供销合作总社以及各级联合社的职能与作用、总社与地方政府的关系等原有制度都成为制约制度创新的因素。当前供销社制度创新的主体名义上是政府机构，即供销合作总社和它的各级联合社。他们名义上是社团组织，但他们的经费来自财政，在利益上与基层社及其企业没有多大联系，而且还部分行使着政府部门的职能。他们作为制度供给的主体具有强制性制度变迁的特征。往往是由上级部门根据对下面情况的了解，制定出新的制度，并依靠各级行政力量推行。这种条块分割的联合社体制成为制度创新的最大障碍。有的地方政府思想观念比较现代，懂得供销合作社在"三农"工作中的地位和作用，就会赋予供销社联合社更多的职能，给予更多的经费，那里的供销社工作就因此充满生机与活力，以合作社为目标的制度创新进展就顺利。相反，有的地方由于地方政府首脑的思想认识问题或财政方面的困难，供销社的制度创新就处于自发状态，供销合作社的改革就沿着非合作制的方向进行，最后是供销合作社的消亡。

解决上述供销社制度创新中制度供求非均衡的方向是理顺供销社各级联合社与地方政府的关系，用新的制度创新解决供销社总社与其各级联合社的关系。并在地方政府为主导的基础上，制定鼓励供销社向合作社方向改革的政策体系。

三、供销社制度变迁中制度供给主体角色的转换分析

在对我国制度变迁的分析中，黄少安❶和金祥荣❷的理论适用于分析供销社制度的变迁。黄少安认为我国参与制度设定和变迁的主体是多元的，这些主体在制度变迁过程中的角色会发生变化，有时甚至是可逆的。有时地方政府在其区域里常常是其所需要的制度的强制供给者和制度创新的主角。

（一）计划经济时期中央政府主导的供销社制度变迁

在供销社的制度变迁中，制度变迁的主体是政府（中央、地方政府）、各级供销社干部职工、农民，每个主体都有自身的利益诉求，在制度变迁的不同阶段，他们的角色在不停地变化，由此推动供销社制度的创新与演进。

在计划经济体制下，中央政府具有绝对的话语权，是制度变迁的"主角"。供销社是政府发展经济和保障供给的重要手段，中央政府可依据政治经济形势的变化，任意对供销社的体制进行变更。地方政府、各级供销社干部职工只能是政府意志的执行者，农民更是没有丝毫的话语权，只是制度的被动接受者。改革开放前之所以由合作制向集体所有制转变，再由集体所有制向国家所有制转变，一是受到宪法秩序的约束，因为当时的宪法制度是要建立公有制的计划经济制度，而合作制在当时是半社会主义性质，它必须要转变成为真正社会主义性质的集体所有制。二是受到政府决策部门净利益的影响，因为当时国家的主要任务是实现工业化，而在中国特殊的国情下，必须用牺牲农业的工农产品"剪刀差"的办法来为发展工业积累资金。这条工业化道路的实现必须依赖"统购统销"的物资供应体制来保证。而对农村流

---

❶ 黄少安. 制度变迁主体角色转换假说及其对中国制度变革的解释 [J]. 经济研究，1999 (1).

❷ 金祥荣. 多种制度变迁方式并存和渐进转换的改革道路 [J]. 浙江大学学报（人文社会科学版），2000 (4).

通领域的控制则必须依赖供销社，所以供销社要向国家所有制转变，而成为农村的国营商业，即"准国有经济"或"第二国营商业"。可以说，供销社在改革开放前的制度供给基本上是政府根据当时的社会科学发展水平、宪法秩序和统治者的净利益进行的制度选择，有其客观的必然性。这种中央政府作为制度创新主体所做出的各种制度选择，更多地考虑了中央政府的思想意识偏好和净利益，把合作制的供销社变成集体所有制，再变成国有制的计划经济时期的制度变迁，具有中央政府主导和强制性的特色，它一方面由于损害农民社员和供销社系统利益而牺牲了农村经济的发展。但另一方面却保证了整个计划经济体制的统一运转，实现了工业化战略。

（二）改革开放后地方政府主导的强制性供销社制度变迁

随着改革开放的深入，计划经济逐步向市场经济过渡，中央政府放权让利，地方政府对本地区改革的话语权越来越大。在这种形势下，供销社系统没有了垂直管理的权限，地方供销社的领导由地方政府任命，使得地方政府对供销社改革具有了决定性作用，成为制度变迁的"主角"，中央政府则转变成为"配角"，中央政府关于供销社改革的文件措施变成了号召性说法，地方政府往往从自身利益出发选择性地落实。有的地方为了自身的施政目标，出台了许多与中央政策相关的措施，使得各地供销社的制度变迁呈现出多样化的复杂局面。在中央明确表示供销社保持合作制的情况下，仍有许多地方政府在供销社的改革中，强行实施改革国有经济和集体经济的方法，使供销社改革背离了合作制的目标，制度变迁的结果是供销合作社的消亡。有的地方政府则在改革中充分认识到新型合作经济在解决"三农问题"中的独特作用，运用地方政权的力量，推出了供销社改革的合作制改革方案，给予了供销社改革更多的关注、更多的政策倾斜和更大的自由选择空间。使这些地方的供销社在制度创新的浪潮中蓬勃发展，为活跃农村流通和改善农民生活做出了卓越的贡献。如黑龙江省大庆市、河南省林州市、浙江省温州市和山东省营南市。由此也不难理解，在20世纪90年代中期，中央关于供销社改革的五号文件提出了大量很好的政策目标，可结果却是连续九年的巨额亏损，以及此起彼伏的股金风波。

上述分析表明，地方政府在供销社的制度创新中作用日益明显。因此，地方政府及其主要领导人对合作经济的认识水平和支持力度对供销社的改革意义重大。

（三）供销社的干部职工主导的供销社制度变迁

在社会主义市场经济体制初步建立后，供销社所掌握的垄断资源逐步丧失，政府职能开始转变，各级政府不再强行主导供销社改革，制度创新中更多的是担当一种"图章"的角色，也就是在供销社利益相关者的游说下，对制度创新结果进行认定。此时，供销社的主要资源、决策权、经营权、受益权实质上是被供销社的干部职工所控制。这时供销社改革的动力主要是摆脱困境和寻求发展。也有相当多的经营者希望通过改革来固化既得利益，甚至谋求新的利益。如果不顾及其利益地提出办"农民自己的合作社"，就难以得到响应。在这种条件下，供销社职工成为制度变迁的主角，他们对合作制的认识水平和运作能力就在相当程度上决定着供销社的改革走向和改制后的发展。

（四）农民在供销社制度变迁中的作用

农民从来就没有获得过供销社体制创新的话语权，在计划经济体制下，农民没有生产经营自主权，只能被动接受政府的制度安排。在市场经济条件下，市场放开，农民可以有多种途径选择自己的服务者，也就是说，农民有了"用脚投票"的权力。正是农民这种"用脚投票"的权力，才是供销社返回合作制的原动力。供销社的优势在农村、服务对象是农民，如果被农民抛弃，无异于失去了生存的机会。各级供销社在改革的浪潮中日益受到各方面利益集团的冲击，求生存与发展的欲望尤其强烈，通过合作制改革以求生存成为必然选择，所以各级供销合作社联合社往往把推进供销社的合作制改革作为重要使命，中国供销合作社的制度创新目标开始锁定在合作制上。

另外，在供销社的历史变迁中，作为农民合作经济组织的供销社已经不复存在。农民的供销活动依然处于无组织状态，增加了农民参与市场经济活动的交易成本。为了降低交易成本，中国农村广泛地产生了农民专业合作经济组织，其中许多都是从事供销活动的。他们的存在和发展已充分表明，供销社如果不把合作制当作改革的目标就将被真正的自发产生的农民合作经济组织所替代。正是这种真正的农民合作经济组织的发展对供销社的生存与发展提出了挑战，逼迫供销社采取"四项改造"等制度创新，向农民开放，从而使农民在制度创新中的作用日益明显。

四、供销合作社制度变迁的方式分析

新制度经济学把制度变迁的方式划分为诱致性和强制性两种。金祥荣把制度变迁划分为供给主导型、准需求诱致型和需求诱致型三种方式，并认为就全国来说，应走供给主导型、准需求诱致型和需求诱致型等多种制度变迁方式并存和渐进转换的改革道路。在市场经济条件下，制度创新中解放思想的摩擦成本等于零的制度创新就是需求诱致性制度变迁。当解放思想的摩擦成本大于零的需求诱致型制度创新被称为准需求诱致型制度变迁方式。这种理论适用于分析中国供销社制度创新的方式。

从对供销合作社制度变迁历史的分析中可见，在计划经济时期供销社实施的基本上是政府主导的强制性制度变迁。无论是中华人民共和国成立初期的供销合作社系统的建立和运作，还是1958年的所有制升级；不论是1962年的有国有制商业向集体所有制商业的变动，还是1970年同国有商业的合并，都是中央政府的行为结果，制度变迁是强制性实施的。主要服从于整个国家经济发展战略和经济体制变迁的需要，是计划经济体制变动的组成部分。

改革开放以来，我国供销社制度的变迁则主要采取的是准需求诱致型制度创新。就供销社的制度来看，受思想解放的因素影响极大。因为中国在计划经济时期所兴办的集体经济（当时也称"合作经济"）导致了普遍的效率低下和农村贫困。因此要在市场经济的条件下发展"新型合作经济"，并以这种新型合作经济改造供销社系统，需要重新认识合作经济，包括对过去合作经济历史经验的总结与反思，以及对市场经济中新型合作经济的接纳。这种新型合作经济既与国际合作社联盟倡导的与世界各国的合作社相融，又具有中国特色。从全系统的角度需要较高的思想解放的摩擦成本。也正是因为在我国的广大地区这种摩擦成本的差异才使我国供销社系统的制度变迁呈现多种模式并存的局面，并总体滞后于整个经济体制改革的进程。从区域经济特色看，我国供销社制度创新模式至少有以下几种：河北省以供销社联合社为主导的农联会引领农民专业合作社发展的模式；重庆市"两社一化"模式；河南省和山东省以构建农村商品流通网络为特色的模式；黑龙江省以政府的支持为特色的引领农民专业合作社的发展的模式；浙江省温州市以"农信担保公司"为提供金融服务为特色的模式等。这些模式的产生和健康发展实际上是在这些地区特殊的政治、经济和社会条件下，供销社思想解放的摩擦成本最低的制度创新方式，都是市场经济条件下满足潜在利润获取的制度创新的需求中思想解放成本最低的制度创新。

上述制度创新方式决定了各地在制度创新选择上的差异。各个地区历史上合作制的思想传统文化理念有着较大的差异，旧体制下供销社的作用、信用和经营水平也很不相同。因此，各地在改革供销社旧制度中所选择的路径也就不同，从而形成了我国供销社改革虽然在同样的中央政策指导下，却呈现出极不相同的改革模式的原因。用这一思想也可以解释供销社改革的失败，即改革的结果使合作经济消亡了，供销合作社变成了公司制或私有制经济。其原因也在于合作社制度变迁的思想解放成本很高，高到使这种制度创新成为不经济的选择。这些地区的合作经济将会以农民的自主创新方式在合适的条件下产生。

综上所述，不管是政府主导的强制性制度变迁，还是供销社干部职工主导的准需求诱致型制度变迁，在当代中国都具有客观必然性。当然政府主导的强制性制度变迁在时间上较为迅速，制度创新的成本也较低。但由于政府考虑自身的净利益和官僚主义的存在，容易导致制度变迁不但难以推动经济发展的进程，反而会贻误经济发展的最好时机，有时还会导致"坏的"制度以创新或改革的名义强制性地被推行，甚至长期存在。我国供销社在计划经济时期的制度变迁就是这样，它是在政府强制性下实现的制度变化，使合作制的内涵退出供销社而蜕变为"准国有商业"。而且政府主导的对供销社所有制的升级或降级，都没有把新型合作经济作为供销社改革的明确目标。而准需求诱致型制度变迁尽管有一定的时滞，思想解放等摩擦成本较高，但由于是半自发的根植于市场经济发展的需要，因而在一定程度上正好弥补了强制性制度变迁的不足。所以，我国供销社在制度变迁中将两种方式的结合对供销社的制度变迁总体是有益的。

参考资料

［1］卢现祥. 新制度经济学［M］. 武汉大学出版社，2004.

［2］黄少安. 制度变迁主体角色转换假说及其对中国制度变革的解释［J］. 经济研究，1999（1）.

［3］金祥荣. 多种制度变迁方式并存和渐进转换的改革道路［J］. 浙江大学学报（人文社会科学版），2000（4）.

农业产业化组织形式：
国外相关研究及其评述[*]

加强农业产业化组织形式的研究，可以为农村经济组织的创新提供思路，从而为相关的扶持政策提供理论依据，并有助于更高效地探索具有中国特色的农业现代化道路。为此，有必要梳理、评述国外相关文献关于农业产业化组织形式的研究成果，以此可作为创新中国农业产业化组织形式的借鉴。

一、国外学者有关农业产业化组织形式的研究综述

发达国家对农业产业化组织形式的研究，一般都是在"纵向一体化"或"纵向协调"的范式下加以探讨的。实际上，自 20 世纪 80 年代以来，欧洲、北美的农业产业化组织普遍出现了"纵向一体化"程度不断提高的趋势。按照农业关联企业与农民结合的不同方式和不同程度，农业产业化组织或称为纵向协调的方式，大致可分为三种形式：（1）农业关联企业与农场结合在一起，形成经济实体，构成农工商综合体（Agribusiness）。（2）合同制或称为合同农业（Contract farming）。农业关联企业与农场主签订合同，在明确双方各自承担的责任和义务的条件下，把产供销统一起来，原有工商企业和农场仍保持各自独立

---

  * 该文系北京市哲学社会科学规划项目与北京市教育委员会社科计划重点项目"农业产业化组织形式与扶持政策效率研究——以北京郊区县为例"（SZ201010011006）和教育部人文社科基金项目（11YJCZH205）的研究成果之一。

  本文作者：徐振宇、廖运凤。原载《林业经济》2014 年第 8 期。

的实体不变，即所谓的"合同农业"（国内亦译为"订单农业"）。
（3）农民组成合作社（Cooperatives），直接参与农业纵向一体化的进程之中，成为一体化的主体成分，"农民自己将农场生产的一些部门交给了一体化的合作组织"，使农民的合作社自身成为"龙头"企业（张晓山，2006）。

（一）国外农工商综合体的发展

在很多国家，尤其是在一些地广人稀的发达国家，农工商综合体（公司制一体化生产企业）这种组织形式长期以来都比较重要——尤其是在某些农产品（如商品蛋、新鲜蔬菜）的生产经营中，参见表1。因此，一些学者曾对这种组织模式寄予厚望。不过，这种组织形式既没有如当初有人预料的那样迅速成为农业的主要经营方式，也没有从农业地平线上消失（参见郭红东，2005）。

表1　美国农产品中合同制和公司制一体化占农场总产出的比重

产品	合同生产		公司制一体化生产		全部	
	1970	1990	1970	1990	1970	1990
畜产品						
肉用仔鸡	92	92	7	8	99	100
火鸡	60	65	12	28	72	93
种蛋	70	70	30	30	100	100
商品蛋	35	43	20	50	55	93
加工用牛奶	95	95	0	0	95	95
生猪	1	18	1	3	2	21
饲料肉牛	18	12	7	4	25	16
绵羊/羔羊	7	7	12	33	19	40
大田作物						
粮食谷物	2	7	1	1	3	8
饲料作物	1	7	1	1	2	8
棉花	11	12	1	1	12	13
专门作物						
加工蔬菜	85	83	10	15	95	98
新鲜蔬菜	21	25	30	40	51	65
马铃薯	45	55	25	40	70	95

产品	合同生产		公司制一体化生产		全部	
	1970	1990	1970	1990	1970	1990
柑橘类水果	55	65	30	35	85	100
其他水果和核果	20	40	20	25	40	65
占农场总产出的比例（%）	28.2	30.5	5.3	7.6	33.5	38.1

资料来源：转引自郭红东（2005）。

（二）国外合同农业及其相关研究的进展

作为一种重要的农业产业化组织形式，近几十年，合同农业的地位日益重要。所谓合同农业，简而言之，是指农户按照与客户签订的合同来安排生产经营的农产品产销模式。通过合同，形成一种利益共享、风险共担的机制，有利于保持农产品生产经营的稳定，并促进农产品流通效率提升。作为农民和农业综合企业（包括农产品加工、物流与销售企业）的纽带，合同农业受到了各国的政策制定者、理论研究者和发展计划制订者越来越多的关注。在全球范围内出现了大量介绍和研究合同农业的出版物，成百上千的期刊文章、会议论文、专著和其他报告上都涉及合同农业问题，包括合同农业技术、经济和社会层面。

合同农业有着相当悠久的历史。在非洲国家，早在殖民地时期，咖啡、茶叶等传统的大宗出口产品的生产中就广泛采用了合同农业机制。在19世纪，美国农场主就开始采用合同农业机制生产甜菜等作物。日本殖民统治时期的中国台湾，糖业生产中也曾广泛采用合同农业机制（Carlos，2005）。当前，合同农业机制不仅在发达国家普遍采用，而且在发展中国家也逐渐流行，可以按不同方法划分成不同类别。[1] 在发达国

---

❶ 按照国际粮农组织的划分（参见 Eaton 和 Shepherd，2001），可划分为五种类型：集中模式（The centralized model）、核心种植园模式（The nucleus estate model）、多方参与模式（The multipartite model）、非正式模式（The informal model）、中间人模式（The intermediary model）。按 Minot（1986）的划分，可分为三种类型：市场约定（market specification），即生产者和购买者约定依据生产什么（产品和质量）及义务是什么（时间、位置和数量）来进行交易；资源提供（resource providing），即在前一种类型的基础上附加了投入的供应。除了具体要求生产的产品和市场条件，附加了关键性生产投入的供应，经常这种投入会在成本中扣除；生产管理（production management），即生产者在生产管理合同约束下，同意遵照科技的指导（即如何去生产）。

家，20 世纪 80 年代末期，合同农业在农业总增加值中的比重已达到 15%（Glover，1990）。在 20 世纪 80 年代早期，西欧各国就通过农业支持体系鼓励采用合同农业机制。在德国，牛奶行业已普遍采用了合同农业机制，而在家禽和糖加工业中，合同农业的份额已接近 38%（Rehber，2000）。在美国的一些产业中，合同农业已成为主要的协调机制。就整体而言，合同农业在美国农业生产占有的份额呈持续上升之势（参见 Perry 等，1996；MacDonald 和 Korb，2008）。在南美洲、亚洲和非洲，合同农业也开始得到越来越多的认同。巴西约 75% 的家禽生产采用了合同农业机制。以正大集团为代表的泰国合同农业也已有 30 多年的历史；在越南，50% 的茶和 40% 的大米是通过合同由跨国公司收购的；在中国、印度和一些非洲国家，合同农业也正变得日益流行（Carlos，2005）。

在过去的十多年间，虽然合同农业占美国农业总产值的比重不断增长，但采用合同农业的农场所占比例却一直维持在 10% 左右，参见表 2。不仅美国和西方国家的农业实践已表明，合同农业的发展主要与经营规模较大的农户有关，而且发展中国家的农业实践也表明，合同农业越发展，就越是将较小经营规模的农户排斥在外，这是因为大公司与小规模农户的交易成本太高（参见 Singh，2000）。

表 2　美国合同农业的增长情况表（1991—2005）

年代	1991	2001	2003	2005
采用合同农业的农场所占比例（%）	10	11	10	11
合同农业占美国农业增加值的比例（%）	28	36	39	41

资料来源：参见 MacDonald 和 Korb（2008）。

根据美国农业部公布的数据，2003 年美国合同农业销售额在各具体产品中比率分别为：家禽与蛋类达到 88%，水果达到 68%，生猪达到 57%，牛奶达到 51%，蔬菜达到 43%，稻米也接近 40%。另外，肉牛、玉米、大豆的这一比例也分别达到 29%、14% 和 14%。

（三）国外合作社与合作社研究的进展

西方农业合作社理论研究大致可分为两个阶段：第一阶段为 20 世纪 40—70 年代，可认为是应用新古典经济学研究农业合作社的阶段。

第二阶段为 20 世纪 80 年代至今，以新制度经济学为主的理论和方法，例如交易费用理论、产权理论、委托代理理论、博弈论等不断涌现并进入合作社的理论领域。

合作社（Cooperative）一般被定义为"由那些将共同分享其全部利益的人创立、拥有和经营的从事某种经济活动的一种自愿组织"。这种组织形式，对于各国尤其是发达国家农业的重要性由来已久，向来就受到学界和政界的高度关注，并经历了一个从理性主义到现实主义的发展历程。早在 19 世纪，欧美各国出现了大量有关合作和合作社的思想。对于欧洲各国而言，在 19 世纪三四十年代，"劳动的组合"和"合作"等概念开始在各国流行，大多数学者对合作和合作社都充满信心和高度乐观，最著名的代表人物就是穆勒（John Stuart Mill）。与此同时，美国也出现了合作运动和合作思想，但此种思想"并不符合 19世纪美国生活的基本潮流"。❶ 进入 20 世纪之后，有关合作社的研究更为务实。随着各国农业人口的不断减少和农业商品化程度的不断提高，工商企业集中、垄断的趋势不断加强，农业在激烈的市场竞争中日益处于弱势地位，需要加强合作。

第二次世界大战以后，各国的农业合作社获得了迅速发展，❷ 国外学者也进行了大量研究。大多数学者运用新古典经济学理论分析，Enke（1945）、Emelianoff（1942）、Phillips（1953）、Helmberger & Hoos（1962）、Bateman、Edwards & LeVay（1979）、Sexton（1986）认为，合作社就是厂商。如果合作社使合作社生产者剩余和成员消费剩

---

❶ 美国学者布莱克（1994，上册，第404页）对此有一段评论：对空想社会主义的广泛兴趣，是美国理想主义在浪漫时代的典型表现：成功的实现那么少，表明这种做法是不顺应 19 世纪美国生活的基本潮流的。新边疆的开拓和经济迅速增长有利于无情的个人主义而不利于无私的合作。

❷ 1969 年，美国农民合作社成员达到 640 万，而当时全美国的农户还不到 200 万，显然，大多数农户至少参加了一个、往往同时参加了几个合作社，全美农产品的 36% 是由农民合作社生产的；以色列的农村经济中，"公共经济"的比重更是高达 80%，而公共经济中的主要成分是各种合作社。西欧、北欧的农民合作社则更为发达：德国无疑是一个"合作运动紧紧控制了农民社会"的国家，合作社对农民的作用"比所有关于农业与关税的法律加在一起都要多"（转引自秦晖，1998，第 243—244 页）。联邦德国 1966—1967 年有 77% 的农户是合作社社员；法国参加各种合作社的农户占农户总数的 80% 以上；丹麦几乎每个农民都是合作社社员，有着"农业合作社王国"之称（参见刘运梼，1991，第 77 页）。

余最大化，那么合作社成员和社会福利都将最大化。Emelianoff
（1942）是第一个使用新古典框架将合作社作为一种独立厂商之间一种
纵向一体化的行为来进行研究的经济学家。他认为，农业合作社本身
是在按照成本进行运营，并不产生利润或者承担损失，只有合作社的
社员农场产生了利润或者承担了亏损，因此，合作社既不是一个营利
性的组织，也不是一个厂商。Emelianoff 的观点被 Robotka（1947）发
展并且被 Phillips（1953）进一步发展为一个合作社产出和定价模型。
在这个模型中，他将"合作社"定义为：多个独立厂商之间的一种共
同所有的运营计划，并且假定所有成员除了合作社不与其他任何市场
主体进行交易。他认为，离开了独立厂商之间这种计划，合作社便失
去了生命力。他的理由是既然合作社成立的目的是为社员服务，那么
这一现象便可以视为多个厂商之间的一种协调计划。当成员农场的边
际成本与合作社边际成本之和等于合作社边际收益时，每个成员便可
以实现利润最大化，当每个成员实现生产均衡时，联合工厂的最优规
模也是可以达到的。

一些西方学者运用新古典经济学理论分析，例如，Alchian & Dme-
setz（1972）、Jensen & Meckling（1979）、Fama & Jensen（1983）认
为，合作组织不可能有效率，因为在合作组织中，所有者只是对产权
进行含糊的界定，存在不公平的问题。Kyriakopoulos（1994）认为，传
统农业合作社的产权结构、融资、控制及供应链管理都是以生产为导
向的。而现代农业合作社是以市场为导向的，为了更好地获得和处理
市场信息，市场知识必须引入合作社的价值链中来，因此，需要一定
数量的外部成员加入合作社中并进入理事会和管理层，参与合作社的
经营管理。

同时，交易费用理论也被合作组织的研究者广泛地接受。Levay 和
Staatz（1974）运用交易费用理论分析了合作社组建的主要动因，认为
只有降低交易费用时农业合作社才会出现。Hendrikse 和 Veerman
（1976）以营销合作社为例，从交易费用的视角分析认为，只有当农产
品加工阶段的资产专用性程度比农业生产阶段的资产专用性程度低时，
合作社才是有效率的经济组织。Royer（1984）认为，与投资者导向企

业 IOF 相比，合作社能降低由资产专用性引起的交易成本，因为合作社为农民所有，它不会不履行与农民社员之间的协议。

另外，还有一些学者从代理理论角度来探讨农业合作社的存在和发展。Eliers 和 Hanf（1998）运用委托代理理论提出了农业合作社的最优契约设计的问题，以及在农业营销合作社中谁是委托者，谁是代理人的问题。他们认为，委托代理理论为研究合作社的激励问题提供了一个有效的工具。该理论推导出了下列问题的解决方案：经理人可以作为委托人或是代理人且向农民提供契约；农民也可以作为委托人或是代理人向合作社提供契约。Philippe Bontems 和 Murray Fultony（2005）通过建立一个代理人和委托人之间的谈判模型来分析合作社和 IOF 企业的信息交换和信息执行的成本问题，得出的结论是合作社由于社员与企业之间、社员与社员之间的冲突要远远小于 IOF 企业，使得合作社分配信息的成本小到足以抵销在融资等方面相比于 IOF 企业的不足，所以合作社足以同 IOF 企业竞争，当然这种合作社一致性优势还受到合作社内部资源和剩余分配的影响。

近二三十年来，西方的农业生产化在产业组织、现代技术等方面都有了深刻的变化，并且面临着巨大的挑战，同样合作社的发展也正处于一个"十字路口"。一些经济学家对其发展持乐观态度，认为合作社可以通过制度调整来积极应对环境变化。对于欧美地区近年来大量出现的所谓"新一代"合作社，学界也进行了相关研究（Nilsson，1997）。根据美国农业部官方网站的报道：合作社得以存在有六条基本理由：增强讨价还价的能力；降低成本；获得特有的产品或服务；拓展现有市场并开拓新的市场机会；改善产品或服务的质量；增加收入。Bonus（1998）则将合作社存在的原因归结为两个重要方面，一是减少信息成本，二是保护成员的准租金不被剥夺。

但是，仍然有一大批主流学者对合作社发展持悲观态度，认为合作的发展会更加困难。其主要观点包括以下三种。

一种是监督效率低下说。卡雷默（1983）认为：合作社有倾向于在社员中实行平均主义的倾向。例如，共同的福利和相关培训和技术服务，这种再分配的形式对正常的激励产生了扭曲，使得个人努力与否不能在所得中完全体现出来，因此会产生"搭便车"的现象。阿尔钦和德姆塞茨（1974）认为，在IOF企业中，企业管理者的剩余索取权和剩余控制权相匹配，可以有效地监督劳动者的产出水平，但是在LMF企业中，由于工人更加关心的是自己的福利而不是产出，所以不能有效地解决劳动的监督问题。

二是企业家才能租金限制说。罗伯茨（1982）认为，在IOF企业条件下，由于存在一个股权交易市场，企业家可以通过转让原始股权获得"创业租金"，但是，LMF缺少一个成员资格市场，使得LMF的创立者很难将自己的企业家才能充分套现，而必须与后来者分享这一收益，这种机制使得对企业家的回馈不足，LMF企业将过于依赖领导者的追求成员共同利益的高尚的意识形态，而这种依赖显然不是可以期待的。

三是风险承担能力低下说。米德（1972）认为，风险承担能力弱是LMF企业的一个重要缺点。因为其工人不能同时为几个企业工作而分担风险，而IOF企业的股东可以将鸡蛋放在不同的篮子里，增强了御险能力。所以，同IOF相比，他们承担企业剩余波动的能力比较弱，尤其是在资本密集型行业里，雇员承担的风险因为企业的行业性质而增加。同时也由于工人是风险厌恶的，所以限制了其掌握企业的控制权。艾瑞克（1979）认为：因为合作社一般不愿意投资于时间长、回报慢的项目，所以有所谓目光短浅所导致的"视野问题"，原因是因为社员无法在资本市场上出售他们的剩余索取权，因此他们无法向IOF那样以投资于未来高回报项目同时以当前的收益实现投资的未来价值。

二、国外学者对农产品产业化组织形式的评述

（一）家庭农场是绝大多数国家农业产业化组织的微观基础

农民是农业产业化的主体，从全球范围来看，农业经营主体自身的组织形式大体上可分为三种类型：家庭式、合伙制和工厂式。然后，无论是美国和欧洲的大农业，还是日本、印度的小农业；无论是通过合作社，还是通过合同，还是通过现货或期货市场，由于农业这一行

业的特殊性（如受制于区域，气象上的不可测度性，经验决策与相机现场决策的重要性，监督、评价的困难等），❶ 都决定了农业中很难出现大型的、充分一体化的农业企业，家庭农场往往成为绝对主流的农业企业组织形式。正因为如此，各国的农业产业化都是以家庭农场为组织微观基础的，农民（而非涉农公司）是农业产业化的主体。

（二）关于合作社的组织形式

这是西方发达国家农业产业化的重要形式，但它之所以能够充分发挥作用，需要以下三个条件。一是合作组织的多样性和变革性，表明各种不同的国情会导致不同的合作社模式，而且合作社需要随时代的发展而变化。二是合作组织的自愿性和自律性。就发达国家的合作社的演进轨迹来看，凡成功者都是自发形成的，是真正贯彻了"自愿联合、民主管理"等基本原则的合作社。三是合作社运行得比较成功的发展中国家，"自发自愿"也是其基本特征。

（三）关于合同农业

不应过分寄希望于大型工商企业通过合同发挥对小农户的"带动"作用。实际上，在很多国家，合同农业的发展与小规模农业经营者基本无关。根据 MacDonald 和 Korb（2008）对美国农业的研究，美国合同农业的采用率与农场的经营规模❷正相关，即越是经营规模较大的农场主越有可能采用合同制，而那些经营规模越小的农户采用合同制的比例就越低。过去几十年来，由于美国农场规模不断扩大，合同农业在美国农业中所占份额也在不断扩大。在 2005 年，虽然通过合同农业模式进行生产的农产品产值已占全美农业产值的 40.7%，但仅有 11% 的美国农场采取了合同农业的组织模式（参见 MacDonald 和 Korb，2008）。也就是说，绝大多数（高达 89%）美国农场主都没有采用合同农业这种组织模式。

---

❶ 对于农业的行业特殊性与农业中难以出现大型的、充分一体化农业企业之间的关系，Bonus（1998）有非常深入的分析。

❷ 该规模不是按农场耕地面积，而是根据农场的销售额。

（四）关于组织形式的多样性

纵观各国农业的发展，不难发现，各国农业产业化组织形式具有多样性。即使在同一个国家（如美国），不同的农产品，其流行的组织形式也往往有着相当大的差别。比如在美国，有些农产品（如肉用仔鸡、种蛋、加工用牛奶、柑橘类水果等）几乎百分之百地依靠合同和公司制一体化模式，有些农产品则基本上不依赖于合同和公司制一体化模式（如粮食谷物、饲料作物等）。❶ 在不同国家和不同地区，这种差别必然更大。另外，从表1不难发现一个基本事实，1970—1990年，美国实行合同农业的农产品产出占全部农产品的比重由28.2%提高到了30.5%，而农工商一体化企业的农产品产出占全部农产品的比重由5.3%提高到7.6%。因此，在1990年，即使在美国这样一个农业高度现代化的国家，经由合同农业和农工商一体化企业来生产的农产品产出占全部农产品的比重还不到40%。❷ 换言之，超过50%的美国农产品仍然是通过现货市场（spot market）进行交易的（参见 MacDonald 和 Korb，2008）。这一事实提醒我们，在合同农业和农工商一体化企业之外，显然还存在其他重要的组织形式。❸

三、中国农业产业化进程对西方经验的借鉴

中国农业的特殊性和复杂性决定了不可能照搬照抄任何国家（包括发达国家）的模式和经验。对于西方经验，可以借鉴的有以下四个方面。

（一）充分重视农业产业化组织形式的多样性

农业的复杂决定了其组织化形式一定是多样化的。在中国这样一个发展不均衡的农业大国，农业化组织形式的多样性和丰富性更是不容置疑。因此，中国农业不仅要学习和借鉴国外农业产业化发展组织

---

❶ 就合同农业最适合的品种而言，美国的合同农业主要集中在牲畜、禽、蛋、奶等领域，而对于粮食等传统大宗农产品，则很少采用合同农业这种组织模式。然而，国内对合同农业的研究（尤其是早期）似乎过多地集中在应对所谓的"卖粮难"等问题上。

❷ 近20年来，这一比例虽然有所上升，但仍然不超过50%。

❸ 显然，合作社就是其中非常重要的一种。

形式的经验，对多种国外形式在中国的发展给予足够的重视，而且还要对实践和基层由民众、企业、合作组织自己创造出来的组织形式给予尊重和鼓励，并在总结和提炼的基础上，支持中国特色的组织形式，尤其要支持对国外组织形式的变革和突破。

（二）注重合作社的作用并给予其充分的政策支持

中国分散的小农业决定了它在市场经济发展的困局，而组织起来的交易费用较低和对农民本身最为有利的组织形式就是合作社制度。但是，合作社思想的滞后、合作社企业家和志愿者的缺乏等因素，以及中国农业的小规模性本身，又决定了它在发展中所必然遇到的种种困难，政府强有力的支持成为其健康发展的重要推力。政策支持是最有效率的支持方式。其中，尊重合作社发展的自愿性原则显得尤其重要。

（三）重新审视公司制和合同农业在农业产业化中的地位和作用

在过去相当长的时期内，中国在学习西方农业产业化组织形式时偏向重视公司制和合同农业，具体体现就是把国家支农的人力、物力及财力大都放在了对"龙头"企业的扶持上，形成了以"公司加农户"为主的组织形式，但并未见到明显的带动效果。再回顾国外经验，公司与合同农业只是国外某些国家、某些区域的特殊的组织形式而已，而且它所适合的基本上是美国、加拿大两国那样的大农业，和我国的国情相差甚远。国外很多国家合同农业和公司制农业所占的比重都较小，尤其是小农业盛行的国家，其用武之地更是非常有限。因此，有必要重新审视这一农业产业化组织形式的政策和效用。

（四）林业选择产业化形式的特殊性

林业因其在大农业中的特殊性，更要注重选择适合林业特色的产业化组织形式，合作社在林业发展中具有重要的地位和作用。合同制形式可能只有在林产品加工等行业才可能有发展的空间和余地。而农工商一体化的来和企业形式可以在林业发展中发挥重要作用。而且需要探索适合中国林业特色的产业化组织形式，还需要专家学者们深入实际，去总结林业产业化发展中的特殊形式和提出特殊政策，去促进林业产业化的发展进程。

参考资料

［1］Bonus. 作为一个企业的合作联合会：一份交易经济学的研究［M］//埃瑞克·G. 菲吕博顿，鲁道夫·瑞切特. 新制度经济学. 上海：上海财经大学出版社，1998.

［2］布莱克. 美国社会与思想史［M］. 北京：商务印书馆，1994.

［3］陈吉元. 关于农业产业化的几点看法［J］. 浙江学刊，1996（5）.

［4］郭红东. 农业龙头企业与农户订单安排及履约机制研究［M］. 北京：中国农业出版社，2005.

［5］刘运梓. 资本主义国家农业经济概论［M］. 北京：中国计划出版社，1991.

［6］秦晖. 合作制与"传统集体主义"的二律背反［M］//天平集. 北京：新华出版社，1998：234 - 243.

［7］张晓山. 创新农业基本经营制度发展现代农业［J］. 农业经济问题，2006（8）.

［8］张照新. 农业产业化：组织形式的选择［J］. 农业经济，1997（12）.

［9］Carlos Arthur B. da Silva. The Growing Role of Contract Farming in Agri - food Systems Development：Drivers，Theory and Practice，Agricultural Management，Marketing and Finance Service，FAO，Rome，2005.

［10］Eaton，C. and Shepherd. A. Contract Farming：Partnerships for Growth［M］//FAO Agricultural Services Bulletin. Rome，2001.

［11］Glover，D.，Contract Farming and Outgrower Schemes in East and Southern Africa［J］. Journal of Agricultural Economics，1990，41（3）：303 - 316.

［12］Hobbs，J. E. and L. M. Young. Vertical Linkages in Agri - Food Supply Chains in Canada and the United States，Research and Analysis Directorate，Strategic Policy Branch，Agriculture and Agri - Food Canada，2001.

［13］Kirsten，J. and Sartorius，K. I. Linking Agribusiness and Small Farmers in Developing Countries：Is There a New Role for Contract Farming?［J］. Development Southern Africa，2002（10）.

[14] MacDonald, J. and Korb P. Agricultural Contracting Update [M] //Economic Information Bulletin (35). The United States Department of Agriculture, April, www. ers. usda. gov. , 2005.

[15] Nilsson J. New Generation Farmer Co – operatives [J]. ICA Review, 1997 (1): 32 – 38.

[16] Perry, J. , D. Banker, M. Morehart and J. Johnson, Farmer's Use of Marketing and Production Contracts, USDA, Farm Business Economic Branch, ERS, AER 747, January, 1996.

[17] Ramaswami, B. , Birthal P. S. , and Joshi, P. K. Efficiency and Distribution in Contract Farming: the Case of Indian Poultry Growers [D]. International Food Policy Research Institute, MTID Discussion Papers, 2006.

[18] Rehber, E. , Vertical Coordination in the Agro – Food Industry and Contract Farming: A Comparative Study of Turkey and the USA. Food Marketing Policy Center. University of Connecticut. Research Report, 2000 (2).

[19] Singh, S. , Theory and Practice of Contract Farming: A Review [J]. Journal of Social and Economic Development, 2000, 3 (2): 228 – 246.

二、合作制的实践与供销合作社改革分析

论我国股份合作制发展面临的主要问题[*]

股份合作制是在中国经济体制改革浪潮中产生和发展起来的企业制度，它融合了合作制和股份制两种制度的特征，并结合了中国的具体国情，和承包制一样是中国人民的伟大创造。正因为它是一种崭新的制度，所以在其发展的进程中遇到了一系列的问题，分析和研究这些问题对推进股份合作制的健康发展无疑有着重要意义。

一、股份合作制的性质不明确问题

股份合作制是企业改革中出现的新生事物，但随着实践的发展，它遇到了诸如怎样才能健康发展，如何与股份制、合作制等企业形式相区别等重大问题。这就要求从理论上搞清股份合作制的性质问题。

1. 股份合作制是股份制还是合作制？

这是股份合作制在实践中必须解决的问题，只有弄清楚这一问题，股份合作制企业的规范才能有章可循。目前我国理论界对这一问题有四种看法：一是认为股份合作制企业就是股份制企业，它具有股份制企业产权清晰、权责明确，政企分开和管理科学的一般特征，同时也拥有股份制企业的治理结构和企业经营机制。如果说它和通常的股份制企业有所不同的话，就是它的规模较小，类似于有限责任公司，并吸收了合作制中注重劳动者利益的原则和一些做法。二是认为股份合作制的基本性质是合作制，它应当依据国际通行的合作社原则和中国的实际情况进行规范。它不同于一般合作制的地方在于吸收了股份制

＊ 原载《管理现代化》1999 年第 4 期。

能够广泛吸收社会资金和治理结构等因素；三是认为股份合作制是一种不同于股份制和合作制的新型的独立的企业制度。它既吸收了股份制能够广泛集资和科学的企业治理结构等优点，又具备了合作制有利于劳动者利益的长处，还结合了中国社会主义初级阶段生产力发展的实际，因而成为具有中国特色的新型企业制度。强调它既不同于股份制又不同于合作制的制度特征，并认为用这种制度来规范企业改革会给我国的企业改革带来发展的无限生机和巨大潜力。第四种观点认为，股份合作制具有股份制和合作制的双重性，是股份制和合作制的结合和统一。但它是中国经济体制改革进程中在一定时期和一定条件下企业改革所采取的一种过渡性的经济形式。随着经济体制改革的深化和社会经济的发展，它或者转变为股份制，或者转变为合作制。即较大规模的股份合作制企业在其发展过程中将走向有限责任公司，有的甚至可以发展成为规模较大的股份有限公司，并且公开上市，另外大多数规模较小的股份合作制企业则逐步演变为真正的合作制企业。

笔者认为，股份合作制企业的性质就是合作制，应当按照合作制的原则来对我国当前进行的国有小型企业和城乡集体所有制企业改革进行规范。作为股份合作制企业中占主导地位的企业制度应当是合作制。因为，股份合作制企业作为一种企业制度混合了合作制和股份制两种企业制度的特征，但毫无疑问，在一个具体的企业中，总有一种制度是起支配作用的基本制度。在现实的企业改革操作中，不可能出现股份制因素和合作制因素各占50%的企业，如硬要那样做的话，必定出现企业实际运行的困难，甚至无法运转。因此实际经济生活中存在的股份合作制企业，要么以股份制为主，要么以合作制为主。以股份制为主的企业，其基本特征是资本联合，企业的生产经营、企业治理和收益分配都以资本的意志和利益为基本出发点。以合作制为主的企业，其基本特征是劳动联合，企业的生产和分配以及企业治理都以劳动者的意志和利益为基本的出发点。而我国的股份合作制在实践中主要是乡镇企业改革的模式，进而推进到国有小型企业的改制之中。大中型企业的改革，由于其规模、行业以及在国民经济中的地位，一般采取股份制的改革，并通过公有制的控股实现其对国民经济的领导和支配。小型企业改革可以采取的形式很多，诸如股份制（主要是有限责任公司）、承包制、租赁制、合作制等。在实践中，合作制由于其性质、特征与中国企业改革的目标和中国的实际情况相吻合得到了较大的发展。尽管在实际操作中它往往吸收了一些股份制的做法，但基本的一面仍然是社会主义经济条件下的合作制，即基本上坚持了企业职工全员相对均衡持股，按劳分配为主和职工民主管理的原则。

2. 股份合作制姓"公"还是姓"私"？这个问题涉及的是股份合作制的社会属性，在我国的理论界也有不同的看法。一是认为股份合作制企业是社会主义公有制的实现形式之一。也就是说，公有制的形式不仅有传统的国有制、集体所有制，还有股份合作制等新形式。而且股份合作制是一种真正的集体公有制。因为传统的集体所有制企业由于其政企不分的特征，实际上形成了一种社区公有制，类似于国有经济。加上管理体制和方式上的向国有制靠近，更难以体现集体公有制的要求，因而在经济生活中有"二国营"之称。股份合作制企业，实现了集体内每个职工拥有产权条件下的劳动者的联合劳动与经营管理。这正是马克思主义经典作家所描绘的社会主义公有制的形式，即在共同占有生产资料前提下的个人所有制或真正的社会所有制。二是认为公有制企业通过出售公有资产进行股份合作制改造，实际上是公有财产的私有化过程。因为通过改造，企业资产已经量化到个人，不再有公有的财产。至于出售公有资产所获得的资金如何使用，是不是公有，已经与企业的所有制性质没有直接联系了。并由此认为不能把股份合作制作为国有小型企业改革的模式。

笔者认为以合作制为基本内容的股份合作制在我国社会主义初级阶段的条件下就是公有制的具体实现形式之一，这是由我国企业改革的目标和基本条件来决定的。我国的股份合作制企业主要是在农村的经济改革中发展起来，并逐步向城市扩展的，而且主要是中小企业，尤其是小型企业普遍适用的企业改革形式。众所周知，我国的企业改革是要找寻到适应市场经济体制要求的公有制企业的实现形式。一般说来产权明晰是基本的一点。传统公有制企业由于产权关系的不明确使经济运行的效率低下，难以和市场经济相融合。合作制在采用股份制的股权形式时，使得产权关系进一步明确化，可以适应市场经济对企业制度的要求。比如，把企业财产划分为若干股份，由职工集团、职工个人及少量虽处于外部但却与企业有着密切关系的外部人持有。这样就使原来模糊不清的产权关系明确化了。在这里，职工集体、个人和外部股东都成为企业的产权主体。由于存在不可分割的职工集体股权，因而公有制可以继续存在。另外又引入了职工个人股和外部股权，使得企业的产权主体实现了多元化，又在一定程度上改变了原有纯粹公有制企业制度的运作方式和效率。而只要企业职工集体股和职工个人股占有了较大的比重，企业内部就是以劳动的联合为基础，就会实行按劳分配为主和一人一票的决策制度。因而这种企业制度就是适合中国社会主义初级阶段国情的集体公有制。它不同于传统集体公有制，因为加进了职工个人股权和外部法人股及个人股，具有了混合所有制的特征；它也不同于资本主义国家中存在的职工股份制和以流通与消费为主要内容的合作社经济。因为在那里职工股份制中并不存在集体的公共产权，只是企业内部的封闭的私有产权的联合。就资本主义经济中存在的典型的合作经济来看，也不存在不可分割的公共产权，只有劳动者在劳动的联合为主体条件下的资本联合。因此，我国目前的合作制就是现阶段适合小型企业的公有制的实现形式之一。而且在目前可以成为小型企业改制的主要模式。小型企业在我国的企业总数中占了多数，具有涉及面广、牵涉职工数量大等特点，在国民经济中处于十分重要的地位。在这些企业中通过新型合作制坚持了公有制，就在很大程度上坚持了公有制的主体地位，考虑到大中型企业可以通过股份制实现公有制控股和国有制的主导作用，社会主义公有制与市场经济相融合的改革目标就可以实现。同时，这样的改革由于保持了公有制的主体地位，可以因此避免大规模的失业和收入分配的两极分化等社会问题的出现。

通过上面的分析，我们可以得到结论：股份合作制企业，在保有不可分割的集体财产和职工共同持股为主体的前提下，是社会主义公有制实现的新形式。因为如果仅有劳动者共同持股，这类似于资本主义经济中存在的职工股份制，而非以公有制为主要内容的我国小型公有制企业改革模式。如果把保有职工集体不可分割的公有财产权作为股份合作制企业是否具有公有制性质的条件之一，就需要说明一个问题，即集体职工股是否产权关系模糊。许多人认为，传统集体所有制之所以要改为股份合作制企业就是因为集体所有制企业的产权不清，由行政权代替了所有权，实际上是"二国营"。这实际上是把过去实践中集体所有制企业管理体制上的问题混同于集体所有制本身的产权问题了。集体所有制的产权是明确的，就是这个集体的全体职工，他们对企业的公共财产具有不可分割的产权，通过集体股的设立可以使其产权获得独立化的表现。问题的关键是集体股权由谁来行使，这是不符合集体股权的性质和股份合作制企业的运作方式的。集体股权的行使者应当是全体职工。当企业规模较小时，职工集体股权应由全体职工来行使，而当企业具有一定规模时，职工集体股权应当由职工代表大会来行使。在股份合作制企业中，很小企业的集体股权应由全体职工（也就是全体股东）行使，较大一些规模的企业，集体股权应有职工代表大会（股东代表会）行使。股份合作制企业真正的规范化运作，集体股权的设立对企业及其职工只有利而无弊，它是职工共同利益的基础，也是职工共同利益的体现，还是确保职工地位和对企业实行民主管理的经济基础。

二、股份合作制实践的不规范问题

股份合作制企业在其实践中最大的问题就是操作上的不规范。这种不规范主要表现为指导股份合作制改革的政策法规的不规范、政府对股份合作制改革指导的不合理和企业改制后企业治理结构的不到位、股份合作制企业内部股权设置的不规则上。而这几个方面都关系着股份合作制在我国能否健康发展。

1. 指导股份合作制实践的政策法规不规范

我国的股份合作制改革涉及城乡集体所有制企业的改制和个体私营企业的发展方向，在实际操作中，应当有一部科学可行的法律或相当于法律的政策文件来指导和规范。可是在现实的经济生活中，还没有一部关于股份合作制企业的法律。《公司法》规范的是公司企业的行为，它不可能用来规范股份合作制企业的行为。我国当前轰轰烈烈展开的股份合作制实践的指导性文件是 1990 年农业部颁布的《农民股份合作制企业暂行规定》和《农民股份合作制企业示范章程》，以及 1992 年颁布的《关于推行和完善乡镇企业股份合作制的通知》。这些文件在我国股份合作制企业的建立和发展中起到了积极的作用，但是这些文件本身也的确存在着理论和政策上的缺陷与不足。

这种缺陷与不足，就其基本问题来看是各个文件规定的具体政策有的是依据股份制的原则；有的是依据合作制的原则；有的是依据股份有限公司的规定；有的则是依据了有限责任公司的规则。因而使得这些在实践中操作性很强的政策之间存在着十分明显的矛盾。比如，《暂行规定》中没有规定董事会的权力，但在《示范章程》中又对董事会的权力做出了明确的规定。这些权力是：执行股东大会决议；推选董事长；聘任和解聘企业的厂长、经理，并决定厂长、经理的报酬和待遇；代表企业所有者与厂长、经理签订承包经营合同；审议批准本企业年度计划、财务决策、决定企业的利润分配；监督企业经营者正确行使职权。这些规定混淆了股东大会和董事会的权力范围，把属于股东大会的审议批准企业年度计划、财务决策和利润分配的权力交给了董事会，实际操作中会产生股东大会形同虚设的问题。在这里，《暂行规定》所依据的是有限责任公司的组织原则，它一般规模小，通常不设董事会，股东大会就行使了董事会的权力，而《示范章程》却是依据股份有限公司的原则规定的。又比如上述文件都没有监事会的设立和权力的规定，这种制度安排实际上把对董事会的监督权全部交给了股东大会。还比如《暂行规定》指定股份合作制企业的法人代表是厂长（经理），就是依据合作制的原则确定的。因为在股份制企业中，法人代表在股份有限公司中是董事长，在不设董事会的有限责任公司中是由股东大会选举的厂长（经理）担任。可见股份制企业中法人代表由董事长还是厂长（经理）出任不能作硬性规定，只能依据公司企业的具体组织形式而定，但在合作制企业中只能是厂长（经理）。另外，对股份合作制企业分配结构的规定依据了合作制的原则，它确定企业税后利润的 60% 用于企业扩大再生产（其中 50% 作为企业全体

职工不可分割的公共积累，其余 50% 作为企业股东的集体财产），40%
用于股金分红（一般不许超过税后利润的 20%）、集体福利和职工奖
金等。这些分配上的规定不符合《公司法》的要求，显然不是按股份
制原则制定的。实际目的是控制股金分红和设立企业集体股，以限制
个人资本利益，维护劳动者的利益。这是依据合作制的原则确立的。
在实际的操作中，执行这些规定就会使企业成为真正的合作制；不执
行这些规定，就会使税后利润的分配实际上按照股份制的原则进行，
使企业成为真正的股份制。存在这样一些根本性制度缺陷的指导性文
件，当然难以使我国的股份合作制企业走上健康发展的道路。

2. 股份合作制改革操作不规范

由于上述全国统一规则本身的缺陷和不足，各级地方政府为了加
快股份合作制企业的发展，纷纷制定了各地区的股份合作制改造的规
则和政策。但由于没有中央统一的强有力政策指导和法律约束，以及
对股份合作制企业性质的把握不定，地方性的政策法规也表现出极大
的无序性和差异，诸如职工能否退股，股权怎样设置，产权如何界定，
利润怎样分配等都是各行其是，相去甚远。但是基本上还是要么按照
股份制原则进行股份合作制企业的实践，要么就是按照合作制的原则
进行股份合作制企业的实践。在这些差异极大的地方性政策法规的指
导下，我国的股份合作制改革实践呈现出纷纭复杂的局面，实质上处
于无序状态。往往是分不清合作制和股份制。有的只有股份合作制企
业的形式，实际上是私营企业；有的完全是按照职工股份制原则组建
和运作的，以资本联合为基本形态，劳动合作流于形式。概括地说，
这些实际操作中的不规范主要表现在以下三个方面。

（1）股份合作制改革中政府行为不合理。我国的股份合作制经济
虽然起源于农民群众的创造，但它的广泛推行却与政府的肯定、支持
和指导分不开。因此，从某种意义上讲，股份合作制改革也是政府积
极倡导下的企业制度创新。政府的行为直接决定着股份合作制企业的
成效。从实践中看，各地政府在推行股份合作制中普遍存在"无为"
和"越位"的错误行为。所谓"无为"指的是对股份合作制的发展采
取放任自流式或障碍式的行为方式。放任自流式是指对股份合作制这

一制度创新保持冷漠，放任自流，任其发展。障碍式是指设置障碍，寻找理由或强调困难，限制本地区股份合作制企业的发展。所谓"越位"可以从宏观和微观两个角度去分析。宏观越位是指政府运用在计划经济体制下惯用的行政推动和命令式的方式去加快股份合作制企业的发展，往往采取下达指标、布置任务，大呼隆等办法，追求"轰动效应"。微观越位是指政府机构直接经办具体的股份合作制企业，直接插手企业领导班子，派遣干部，任命领导。这使得股份合作制企业在改制中就已经行政化了，改制后仍按过去的行为方式运转，政企不分仍然存在。股份合作制企业的治理结构和经营机制难以转换。

（2）股份合作制企业的治理结构不到位。我国的股份合作制在其实践的过程中一般都按照规章制度的要求建立了股东会、董事会和企业的领导班子。但是这种治理结构往往只是形式，如果仔细地考察企业的运作，就会明显地感受到这些机构形同虚设，名不符实。一般说来，股份合作制企业的股东大会和董事会，有的还有监事会，通常不起什么作用，实际掌握企业领导权的往往是与行政机构存在密切关系的企业经营管理人员。企业只是从形式上成为股份合作制企业，而依然按照原来的经营机制运作。产生这种情况的原因不外乎三个方面：一是股份合作制企业的股权设置不合理。这种不合理或者由于职工集体股权比重过大，而职工代表大会和股东会不能正常行使股东权力，应由股东掌握的权力却由企业经理人员掌握了；或者由于经理人员本身持有大股，具有控股地位，直接操纵股东会和董事会，职工个人股比重小，起不到参与企业生产经营决策的作用。二是旧体制的惯性作用。在改革的过程中，由于企业所有权和经营权的逐步分离，弱化了所有权的控制，强化了经营权对企业的控制。这种由企业经理人员组成的内部人控制企业状况在一个相当长的时期内存在过，由于惯性的作用也会在一定时期内使得股东会、董事会等难以发挥作用。三是由于政府不恰当的干预，强化了经营者的权力。表现为有的政府领导直接插手企业领导班子的安排，使得经理人员只向行政机关和领导负责，而不把企业的真正主人放在眼里，民主监督和民主管理只是《章程》上说的空话。

（3）股份合作制操作中股权设置不规范问题普遍存在。股权设置的不规范指的是在进行股份合作制改革中，各个不同的企业在股权设置上往往差距很大，有的企业对内设有职工集体股、职工个人股，对外设有社会法人股、社会个人股；有的企业不设内部的集体职工股。就是设有职工集体股权的企业，职工集体股权占有的比重也很不一样，有的职工股权比重较大，有的职工股权比重很小。就职工内部个人股来看也有很大差别，有的企业经理持股比例过大，使得企业运作基本上按照私有制为基础的有限责任公司运作；有的企业职工持股过于不均衡，违背了合作制的基本原则；有的企业职工个人股比重过大，股东大会和职工代表大会又在短时间内发挥不了实质性作用，致使企业治理结构混乱。就是在一些职工集体股比重较大，但是股东大会起不了作用的企业，企业治理结构也是不符合股份合作制企业的内在要求的。因此，股权设置上采取规范性措施对股份合作制经济的发展也是必要的。

这种实践中的不规范，从根本上说是由股份合作制性质的不确定和政策法规上的不统一、不完善造成的。性质不确定就难以定政策，政策不统一实际操作就难以规范，各级政府必定凭借自己制定的政策或者过去指挥经济的习惯做法去干预股份合作制的实践，使得股份合作制企业本身的内在机制起不了作用。上述问题的存在使得我国的股份合作制企业难以得到健康和规范的发展。必须在实践的基础上，通过理论上的统一认识和政策法规上的统一规范，来推动我国的股份合作制企业的发展，使之为中国的企业改革做出应有的贡献。

按照合作制原则规范股份合作制的实践[*]

一、股份合作制的基本性质是合作制

1. 股份合作制是股份制还是合作制？这是股份合作制实践中必须解决的问题，只有弄清楚这一问题，股份合作制企业的规范才能有章可循。目前我国理论界对这一问题的看法很不一致。

笔者认为，我国改革中出现的股份合作制就其基本性质而言是市场经济条件下社会主义合作经济的新形式，应当按照合作制的原则来对我国当前进行的国有小型企业和城乡集体所有制企业的改革进行规范。因为股份合作制企业作为一种企业制度虽然混合了合作制和股份制两种企业制度的特征，但毫无疑问的是，在一个具体的企业中，总有一种制度是起支配作用的基本制度，要么以股份制为主，要么以合作制为主。以股份制为主的企业，它的运作主要依据资本联合的原则；以合作制为主的企业一般主要按照合作制的原则运行。以股份制为主的企业的基本特征是资本联合，企业的生产经营、企业治理和收益分配都以资本的意志和利益为基本的出发点；以合作制为主的企业的基本特征是劳动联合，企业的生产、分配及治理都是以劳动者的意志和利益为基本出发点的。而我国的股份合作制在实践中主要是乡镇企业改革的模式，进而推进到国有小型企业的改制之中。小型企业改革由于其规模和行业以及在国民经济中的地位的限制则往往采用合作制。尽管在实际的运作中吸收了一些股份制的做法，但基本的一面仍然是

---

* 原载《国有资产研究》2000 年第 2 期。

合作制。因为在具体的企业运行中，只能按照一种基本的企业制度规则来进行；否则，就会出现两种制度规则的矛盾和冲突，增加企业运作的费用，降低企业运行的效率。

2. 股份合作制姓"公"还姓"私"？这个问题涉及的是股份合作制的社会属性，在我国的理论界也有不同的看法。

笔者认为，以合作制为基本内容的股份合作制在我国社会主义初级阶段的条件下就是公有制的具体实现形式之一，这是由我国企业改革的目标和基本条件来决定的。我国的股份合作制企业主要是在农村的经济改革中发展起来，并逐步向城市扩展的，而且主要是小型企业普遍适用的企业改革形式。众所周知，我国的企业改革是要找寻到适应市场经济体制要求的公有制企业的实现形式。一般说来，产权明晰是基本的要求。传统公有制企业由于产权关系的不明确使经济运行的效率低下难以和市场经济相融合。合作制在采用股份制的股权形式时，使得产权关系进一步明确化，可以适应市场经济对企业制度的要求。比如把原有企业财产划分为若干股份，由职工集体、职工个人及少量虽处于外部但却与企业有着密切关系的外部人持有。这样就使原来模糊不清的产权关系明确化了。这里，职工集体、个人和外部股东都成为企业的产权主体。由于存在不可分割的职工集体股权，因而公有制可以继续存在。另外又引入了职工个人股和外部股权，使得企业的产权主体实现了多元化，又在一定程度上改变了原有纯粹公有制企业制度的运作方式和效率。但只要企业职工集体股权和职工个人股权占有一定比重，企业内部就会以劳动的联合为基础，并实行按劳分配为主和"一人一票"的决策制度。因而这种企业制度就是适合中国社会主义初级阶段国情的公有制形式。它不同于传统公有制，因为加进了职工个人股权、外部法人股和个人股权，具有了混合所有制的特征；它也不同于资本主义国家中存在的职工股份制和以流通与消费为主要内容的合作社经济。因为在那里职工股份制并存在集体的公共产权，只是企业内部的封闭的私有产权的联合。就资本主义经济中存在的典型的合作经济来看，也不存在不可分割的公共产权，只有劳动者在劳动的联合为主体条件下的资本联合。因此，这样的合作制就是现阶段适合小型企业的公有制实现形式之一。而且在目前可以成为小型企业改制的主要模式。

3. 股份合作制企业的基本特征。股份合作制企业是一种融合了股份制与合作制两种企业制度而以合作制为主的新型合作制经济。它必然兼有了这两种制度的特征而又以合作制企业特征为主要内涵。首先，它具有资本联合和劳动联合相结合而以劳动联合为主的特征。这种特征表现在它的资本结构上是以职工全员入股和存在一定比例的职工集体股权为条件，而且职工股东成为企业股东的主体，实行职工均衡持股的原则。在这种股权结构中，职工既是所有者，又是劳动者，从而实现了资本与劳动的直接结合，避免了以私有制为基础的股份制企业中劳动与资本间接结合、劳动者受剥削的状况。在这种劳动联合为主的前提下，它又吸收了股份制资本联合的优势，企业资本采取了股份结构的形式，并且吸纳社会资金入股，以壮大企业的经济实力，稳定与社会各个方面的经济联系，使企业获得了相对稳定的经营条件和外部关系。同时由于以内部股权结构为主，避免了外部股东对企业生产经营决策的决定性作用。其次，股份合作制企业在经营管理的决策中实行合作民主的原则，即在企业的重大决策中实行职工股东"一人一票"的制度。也就是说，表决权附属于职工的股东地位，而与持股额大小无关。这种民主原则把选举和监督管理者的权力交给了被管理者，即职工股东大会或股东代表会直接选举和监督企业的经营管理人员，具有民主和自治的特征。最后，企业盈利依据按劳分配和按资分配相结合而按劳分配为主的原则进行。这就是说，企业的职工除了领取劳动报酬和资本收益以外，还有劳动分红的收入。而且，企业盈利除了进行积累和扩大再生产的需要以外进行的分红，要以按劳分配为主，或者说要适当限制按资分配。

通过上面的分析，我们可以得到结论：股份合作制企业在保有不可分割的集体财产和职工共同均衡持股为主体的前提下是社会主义公有制的新形式。这样来看，如果仅有了劳动者共同持股，这类似于资本主义经济中存在的职工股份制，而非市场经济条件下我国小型公有制企业改革模式的股份合作制。

二、按照合作制的原则规范股份合作制的实践

1. 在实践中按照合作制性质对名为股份合作制的企业进行清理。在现实经济生活中，我国城乡大量存在的股份合作制企业中有些实际上并非真正的股份合作制企业。它们中有一部分是私有制为基础的合伙企业，往往是由两个或两个以上的个体户以资金、技术、实物入股，职工并不持股，股东参与经营管理或劳动，按股份分享收益，这种企业虽然也是通过股份形式实现联营的，但并不包含任何劳动合作的因素，应当划入私营合伙企业的范畴。有的企业虽挂有股份合作制的牌子，但却是有限责任公司，它们往往是由几个股东共同出资设立，注册资本已经达到《公司法》规定的有限责任公司的最低限额；并且实行雇工经营，应当从股份合作制企业中划出。有的属于股份有限公司的企业，注册资本超过 1000 万元，设有国家股、企业法人股、集体股和个人股，已经是符合《公司法》规范的股份有限公司，但由于存在不可分割的企业集体股，就划入了股份合作制企业的范畴，这类企业在由较大规模的乡镇企业改造而成的股份合作制企业中数量很多，应当把它们从股份合作制中划出。另外，各种法人之间的联合企业或企业集团以及中外合资、中外合作企业也不应列入股份合作制企业的范畴。

2. 按照新型合作制经济的要求制定全国统一的指导股份合作制企业实践的政策法规。从长远来看，应当制定和实施《股份合作制企业法》来规范股份合作制企业的实践。从近期看，可以由国家有关部门联合制定和实施有关股份合作制企业组建的有关规定或条例，把股份合作制纳入新型社会主义合作经济的轨道。它主要应规定股份合作制企业的性质、股权设置、分配机制、企业治理结构和管理体制等重大原则和规范。只有这样，股份合作制企业的健康发展才有了制度的保证，股份合作制企业在实践中的诸多不规范问题才能逐步得到解决。

3. 科学引导股份合作制实践的健康发展。为了确保正确的政策法规的有效贯彻，各级政府应当承担起对股份合作制实践进行宏观指导的职责。一是要进行关于股份合作制企业在各地的实施细则的制定，

特别是有关股权设置、企业治理结构和管理体制等要有具体而可行的办法，而不能只作原则的规定。二是要组织股份合作制企业改制的各种培训工作，宣传和学习股份合作制企业的有关方针、政策和法规，为股份合作制企业的规范运作奠定基础。三是对股份合作制的实际操作进行监督指导。主要目的是防止国有资产和集体财产的流失，确保公有财产在改制操作中不至于流入私人的腰包，保护广大劳动者的利益不受损害。

三、对规范股份合作制实践相关问题的回答

1. 股份合作制企业适用空间和制度潜力问题。经过规范的股份合作制企业只是作为小型公有制企业改革的一种形式而存在，它有确保公有制的存在和劳动者的利益与就业等优势，应当也可以成为小型公有制企业的主要形式。由于小型公有制企业在我国的公有制为主体的基本经济制度中占有相当多的数量，因而在我国的企业改革还是有较大的作用面的，这种新型合作经济的制度优势有多大？根据经济学原理，一种企业制度的优势是取决于它所适用的生产力空间的。由于它适用于小规模企业的生产力，如果这种制度超越于这一空间，它就无优势可言。

2. 有人认为，股份合作制如果按照合作制的原则来规范，就会阻碍劳动力的流动而不利于生产力的发展和企业本身的发展。这实际上是一个误解。因为市场经济要求的劳动力的流动并非在所有的企业都要存在。个体经济已经被历史证明可以和市场经济相吻合，它同样是以劳动者不流动为条件的。股份合作制经济本身就是一种适应于小型企业的制度，劳动力的不流动在一定的条件下正是它的优势之所在。因为劳动力的不流动正是所有者和劳动者的统一，自己为自己劳动，才能充分调动劳动者和所有者的积极性和创造性，这在它适用的范围内是优势而非劣势。

3. 有人认为，按照合作制原则规范股份合作制实践，就无法吸引大量的外部资金流入企业，从而不利于企业的发展与壮大。其实就合作制的本质而论，就是要限制外部资金进入企业并分享其利润。因为

这种企业制度的基本点是劳动者的劳动联合，以制约资本对劳动的剥削。正是因为限制了外部资金的流入和对企业利润的分享，才为内部人积极努力地工作并分享其成果奠定了基础。如果允许大量外部资金进入企业并分享其收益，它就不是合作制而是股份制了。把合作制的特点当作缺陷来批评显然是不科学的。

4. 集体职工股是否产权关系模糊。许多人认为，传统集体所有制之所以要改为股份合作制企业，就是因为集体所有制企业的产权不清，由行政权代替了所有权。这实际上是把过去实践中集体所有制企业管理体制上的问题混同于集体所有制本身的产权问题了。集体所有制的产权是明确的，就是这个集体的全体职工，他们对企业的公共财产具有不可分割的产权，通过集体股的设立可以使其产权获得独立化的表现。问题的关键是集体股权由谁来行使，在现实经济生活中，由于旧体制和相应的行为模式的支配，集体股权往往由行政主管部门任命和企业经理人员行使。这是不符合集体股权的性质和股份合作制企业的运作方式的。集体股权的行使者应当是全体职工，应由全体职工或职工代表会来行使集体股权。股份合作制企业真正的规范化运作，集体股权的设立对企业及其职工只有利而无弊，它是职工共同利益的基础，也是职工共同利益的体现，还是确保职工地位的经济基础。

5. 股份合作制企业经营者是否应当持有大股？根据我们上面的分析，股份合作制企业作为社会主义经济中小型公有制企业的存在形式，它基本的性质是以公有制为主体的合作经济，均衡持股是其基本特征。经营者持大股显然不符合股份合作制企业的基本原则。经营者持有对企业生产经营决策起支配作用的股份，就完全支配了企业，它实行的是股份制的原则。当然均衡持股并非平均持股，在股份合作制企业内部，职工依据其对企业发展所做的贡献持股数量有些差别是可以的，但这种差别如果违背了股份合作制企业的基本原则，就只能在实践中导致劳动合作流于形式，资本合作成为现实。因为在经营者持有较大比重的股权时，生产经营的决策权就掌握在少数大股东手里，民主监督和民主管理就不可能存在。

6. 股份合作制企业是否要设立国家股？这是在股份合作制实践中

要解决的问题。笔者认为，股份合作制企业中不应设立国家股。因为依据我们上述的分析，股份合作制是适用于小型公有制企业改制的企业制度。而国有制一般说来不需要通过小型企业来实现。它一般通过股份制中的控股来实现对国民经济发展的主导作用，通过对某些股份制企业的参股实现其对这些企业发展的影响作用。在小型企业中，搞国有制经济已经被过去的实践证明是低效率而且不必要的。在国有小型企业的改制中，应当把原来的国有资产按照一定的程序卖给企业的职工个人和职工集体。具体的操作问题，国外一些企业实行职工股份制的经验是可以借鉴的。

我国合作制实践所面临的
主要问题与对策分析[*]

一、合作发展中的宏观体制问题与对策分析

促进我国合作经济的发展，必须建立有效运作的宏观管理体制和政策法规体系。在当前，政府对合作经济组织的指导和政策扶持是我国合作经济能否健康发展的基本制约因素。

笔者认为，解决这一关系我国合作经济发展前途和命运的关键性问题，需要从下面三个方面入手。

1. 建立全国统一的合作经济管理与协调部门。这种统一的机构负责对合作经济的管理、协调与指导，可以健全全国性合作经济组织体系。首先，可以考虑以原来的供销合作总社为基础，把农业部管理合作经济的机构和人民银行管理城乡合作金融的机构并入供销合作总社，新组建合作经济部或合作经济总社。其次，应在全国合作经济基层组织的基础上成立全国合作社联盟，供销合作社、农业部和全国总工会等组织机构可以成为联盟建立的组织工作的载体。而且联盟的组建应当遵循自下而上的原则和民办的性质，避免过度的政府干预和行政色彩。

2. 制定全国统一的合作制政策法规。我国的合作制实践在过去相当长的时期内缺乏统一的政策法规指导，这是合作制实践产生诸多问题的基本原因。我国至今没有《合作社法》，没有给合作社以明确的法律地位和法律规范，因而各类合作经济组织，无法确定其合法地位和

———————————

* 原载《中国合作经济》2005 年第 2 期。

法人资格，难以保障其正常的经营活动和合法权益。这一问题，过去因为存在理论上如何确定合作制性质的困难而难以解决。现在，关于合作制性质的争论正在逐步统一。应当由国家有关机构制定出统一规范合作经济实践的政策法规。从长远来看，可以通过制定和实施《合作社法》来规范合作经济的实践。从近期看，可以由国家有关部门联合制定并实施有关合作经济组织组建的规定或条例，并把实际经济生活中存在的股份合作制也纳入新型合作经济的轨道。它主要规定合作制企业的性质、股权设置、分配机制、企业治理结构和管理体制等重大原则和规范。制定和实施《合作社法》会使我国经济组织的法规体系趋于完善，也会使各类经济组织的运作有章可循。同时，这种法规的颁布和实施，规范了政府的行为，使得政府对合作经济组织的过度干预问题得到解决，合作制企业的治理结构和经营管理按照新型合作经济的原则和制度进行。

3. 制定扶持合作经济的政策体系。首先，政府的宏观调控机构应在财政、税收、信贷和农业生产资料经营、流通等方面给予合作经济组织以政策支持，为发展合作经济创造良好的政策环境。对城乡大量存在的合作经济组织，要在登记注册、贷款优惠和经营项目上给予更多的方便和支持。在税收方面要给予合作经济各种减免，尤其是在合作经济组织组建和发展的初期，这种税收优惠是十分重要的。特别是对农村存在的农民专业合作经济组织更要强化支持的力度，在财政支农预算中，要安排一定资金用于支持农民专业合作组织的发展。对农民专业合作组织向其成员提供技术服务或劳动所取得的收入，应按照国家税务总局的有关规定，免征所得税。其次，政府管理合作经济机构要加强对合作经济的各项服务。

二、合作社的内部机制存在的问题与对策探讨

（一）合作经济组织内部存在的主要问题

从合作制发展的微观层面看，存在以下主要问题，它阻碍了合作经济在我国的迅速发展。

1. 合作制经济的股权设置不规范问题

股权设置的不规范一方面是指小型国有企业和农村乡镇集体企业在利用合作制的改制中，不同企业在股权设置上往往存在很大的差别：有的对内设有职工集体股、职工个人股，对外设有社会法人股、社会个人股；有的企业内部不设职工集体股，就是设有职工集体股的企业，职工集体股权所占的比重也有很大差别，有的比重较大，有的比重较小。就职工内部的个人股来看，差距也十分明显，有的企业经理持股比例过大，使得企业运作基本上按照私有制为基础的有限责任公司进行；有的企业职工持股过于不均衡，违背了合作制的基本原则；有的企业职工个人股比重过大，股东大会和职工代表大会又在短时间内发挥不了实质性的作用，合作制民主管理的原则无法落实。股权设置的不规范另一方面表现在新组建的合作经济组织中。有的经理人员持了大股，实际上是私人企业带上了合作制的帽子，尤其是在农村中由专业户和"龙头"企业牵头的合作经济组织中，这一点十分明显；有的错误地理解均衡持股的含义，基本上是平均持股，经理和主要技术骨干在股权上与一般成员差不多，不利于发挥经理和骨干人员的积极性；有的原供销合作社占有了较大的股份，并控股企业，而供销合作社没有改制或改制不彻底，使合作经济组织的运作按照旧供销合作社的机制和惯性进行，表现不出合作经济的特色和优越性。

2. 合作制企业的治理机构不到位的问题

按照有关规定，合作经济要坚持职工民主管理，职工享有平等的权利；企业实行社员大会制度，社员大会是企业的最高权力机构，实行"一人一票"的表决方式，企业的重大投资、利润分配方案、年度预决算方案等重大决策必须经职工股东大会批准；由社员大会选聘总经理，总经理向社员大会报告工作；社员大会负责对总经理及其他管理人员的工作进行监督。但在实践中，有的不设社员大会或职工代表大会，实际领导权往往掌握在与国家行政机构存在密切关系的管理人员手中，企业只是从形式上成为合作制企业。有的尽管建立了社员大会或职工代表大会，但却不能行使其职权，经济组织的经营决策等项基本权利仍然掌握在少数经理人员手中。合作制经济组织最基本的特征——民主管理没有得到落实，或仅仅流于形式，劳动者治理企业的思想得不到实现。探究这种情况的原因有两方面：一是股份合作制企业的股权设置不合理。这种不合理或者由于职工集体股权比重过大，而职工代表大会和股东会不能正常行使股东权力，应由股东掌握的权力由企业经理人员掌握了；或者由于经理人员本身持有大股，具有控股地位，从而直接操纵股东会和董事会。二是由合作经济组织成员的素质所决定。"一人一票"的表决方式难以形成科学有效的决策。实行合作制的企业，职工的思想观念、知识水平、决策能力、创新意识等基本素质普遍较低，所以当面对一些重要的经营决策，一般持股职工往往不能做出正确的选择和判断。而通过"一人一票"的民主表决又经常使得一些本来是非常正确的决策议案遭到否决，不利于资本的筹集和节约，从而极大地制约企业的发展。

3. 合作制内部的利益分配机制和利益互补机制不顺畅

根据国内外合作经济发展的经验，合作社内部的运行机制除了民主管理以外，至少还应当包括利益互补机制和利益分配机制。就分配机制而言，存在的主要问题是：一是合作经济组织内实行的按劳分配与按资分配两种分配方式之间存在着较大的利益矛盾。在企业经营者持大股的情况下，经营者倾向于压低一般职工的工资奖金性分配或保持职工工资的长期不变，以便留出较大的可分配利润用于按资分配，即忽略按劳分配，强化按资分配。二是有些合作经济存在只顾眼前利益，忽略长远利益的趋势，在企业成果的分配中往往不按规定在税后利润中提取法定的公积金和公益金，存在明显的分光吃光的现象，经营上的短期行为突出。

就利益互补机制而论，合作组织承担的多项服务功能之间没有形成能够相互抵消和消除亏损或赤字的机制。比如就农村合作经济组织来看，一般应有三种服务功能：一是农业信用和保险服务；二是农业技术推广指导服务；三是农产品和农业生产资料购销服务。我国的合作经济组织，大多数规模不大，加上体制等政策方面的限制，一般都难以做到大规模、多样化经营，使合作经济的利益互补机制无法形成。

（二）解决合作经济组织内部运行机制的基本思路

首先，应完善合作制发展的外部条件。主要是要制定统一规范的政策法规，对合作制的健康发展进行必要而正确的政府指导和扶持。尤其是在股权设置方面，一定要有统一的关于合作经济组织（包括股份合作制经济）的规范，坚持均等持股的原则，并有可操作的具体规定。合作经济组织内部的股权设置看似是一个微观的问题，其实是宏观的法律与政策规范问题。起码要有一个关于经济组织内部各个成员之间股权差距范围或区间的规定。当然，这种规范也可以是地方性的统一规则。这种规则可以随经济组织的发展而有所变化。其次，是要在合作经济组织内部建立健全科学的治理结构和合理的经营管理制度。就完善合作经济的内部运行机制而言，主要应通过制定合作经济组织的章程，如《合作制企业章程》《合作社规章》《农民专业协会章程》等内部制度的建立和健全来规范其运行。具体地说有以下五个方面：一是要通过健全社员大会（股东大会）强化其权利，约束经理人员的行为。尤其是在社区型的合作经济中，要建立起"政企分离"的制度，保证经济组织的运行脱离政权机构的指挥。规模较大的合作制经济组织要建自下而上控股的股权结构，保证实行合作制的运作规则。二是要通过对合作经济组织成员的教育，提高其素质，明确自己的权利、义务与职责，做到正确行使合作经济成员的权利。三是要简化合作经济的内部结构，一般不要照搬股份制企业的治理结构模式，应建立起与企业规模、管理水平和行业特征相适应的企业治理结构。四是建立健全合作经济组织内部的利益分配机制和利益互补机制，核心是贯彻合作制关于劳动者主权的分配模式，控制和限制资本的分红。在公有制占有较大比重的股份合作制经济中，要突出按劳分配在收益分配中的比重，充分调动劳动者的积极性和创造性。同时，要努力扩大经营范围，尤其要重视赢利性项目的经营，做到用赢利的项目所获得的利润对不赢利和少赢利的项目进行补偿，建立利益互补机制。五是建立和实施民主管理机制。核心问题是解决"举手机制"，确保合作经济成员的主体地位。为此，必须做到以下三点：（1）要有民主的选举制度。一人一票，合作组织的理事会和监事会成员，都要由会员民主选举产生。（2）要民主决策，充分发挥农民在合作组织中的主人公地位和作用，主要是要通过召开全体社员代表大会来民主讨论和决策重大问题，确保年终收益分配的合理性。（3）提高财务管理的民主程度，财务要公开，监督审计要透明，社员要有独立发表自己看法的权力，通过表决来形成全体社员的统一意见。

美国政府对农业合作社的扶持研究综述[*]

政府的扶持是各国合作社健康发展的重要条件。我国的合作社发展尤其需要政府的大力扶持。怎样扶持合作社的发展是重要的课题。本文介绍了美国等国政府对合作社进行扶持的具体做法，对我国政府建立对合作社的扶持体系具有重要的启示。

一、通过成文法规范合作社的性质和内部制度进行认定

美国基本的公司法通常不是联邦法而是州法，美国每个州都有四种一般性的企业组织的成文法，即合作社法、非营利性机构法、合伙企业法和商事公司法，来对应这几种组织形式。美国加利福尼亚州的《合作社法》规定："除与本部分的规定不一致外，依本部分成立的社团享有州立法给予公司的所有权利、权力及特殊待遇。"被誉为美国合作社宪章的"Capper – Volstead"法案主要有两大贡献：一是对农民协会的社员资格做出了严格的界定，规定只有直接从事农业生产的个人，包括农民、种植园主、农场主、奶制品生产者及水果种植者才能成为社员；二是对农民协会在组织形式上提出了三条严格要求。首先，不管社员的股本多少，每人只有 1 票表决权；其次，对社员股本分红的年红利率不得超过 8%；最后，协会与非社员交易的价值量不得超过与社员交易的价值量。

其他西方国家法典中也对合作社的性质和目标作了规定：2004 年

---

* 本文作者：廖运凤、宋皓宇。原载《合作经济》2010 年第 11 期。

的《意大利民法典》第 2511 条规定："合作社是以互助为目的的资本可变的公司。"第 2519 条规定，《民法典》第六章关于"合作社和相互保险社"未规定的事宜，有关股份公司的规定均适用于合作社。该文件还规定，成员不足 20 人或资产不超过 100 万欧元的合作社，可以适用有限责任公司的规定。这表明意大利立法机关认为合作社在很大程度上是营利性质的企业。第 2526 条规定，合作社可以按照股份有限公司的规定发行金融工具，并且可以赋予持有人管理权和转让权。第 2530 条规定，经合作社董事会批准成员持有合作社的份额或股份可以转让。

1994 年的《俄罗斯民法典》第 111 条第 4 项规定：除法律和合作社章程有另外规定，成员之间互相可以自由转让部分或全部股份，经合作社同意，成员可以将部分股份转让给成员以外的他人，但是，其他成员享有优先的购买权。《瑞士债法典》第 843 条第 1 款规定："合作社章程或协议可以取消成员退社的权利，但禁止退社的权利不应当超过五年。"第 849 条第 3 款规定："以合同形式转让成员资格的，合作社章程中可以规定，有合同证明时即可完成成员资格的让与。"第 898 条规定："章程可以授权大会或董事会将其全部或部分管理权及代表权交由一位或者多位经理或者董事行使，而该经理或董事不必为合作社的成员。"

日本《农业协同组织法》实行进退会自愿和自由，凡是想利用农场事业、愿意参加农协的任何人，可自愿向农协申请入股参加；会员退出农协，只要在事业年度前 2 个月提出申请便可退出，并退还全部股金。

综上所述，西方和日本等国都是根据本国的不同情况，通过法律对合作社的性质和内部制度进行了认定。

二、通过立法对合作社进行政策扶持

美国国会通过的卡帕—沃尔斯坦德法（1922），承认农业生产者在自愿基础上，为共同利益结成协会的权利，并为他们提供有限的反托拉斯豁免权。1926 年的美国《合作社销售法》进一步为合作社提供了反托拉斯豁免的条款。该法允许农户和联邦农户合作社体系的不同层级之间交换价格和其他市场信息，还在美国农业部中设立了专门的部门，负责指导研究、收集统计数据、提供技术援助、开发教育资料以及帮助生产者对组织新的合作社产生兴趣，目的都是帮助农户通过集体行动改善收入。1937 年的《农业营销协定法》批准了农民通过合作社组织起来，增强行业自律。使得合作社能够通过提供法律力量来建立销售秩序。比如，通过上述法规统一牛奶价格和进行管理仓储，通过合作社法律研究促销项目，从而有秩序地进入市场。另一项重要的立法是《农业公平交易法》，它承认了农民自愿地共同加入合作社组织的需要，并宣称对于此权利的干预是违反公共利益的。法律建立了交易者在交易农产品中公平交易的六项标准。这样国会不仅肯定了多年来对于农民集体行动的政策支持，而且还批准了生产者可以通过他们的协会商议定价的行为。

在税收优惠方面，按照国内的收入所得税法，对于从合作社交易中获得的收益只交纳一次税金，或是在合作社层面，或是在惠顾者层面，这种单独征税意味着合作社业务的盈余如果分配给他们的惠顾者，则可以不纳税。此外，农业产品营销合作社和农业生产合作社还可以根据联邦税收条例第 521 条，在与非农场主进行交易时的所得也不必缴纳公司所得税的豁免待遇，相反公司企业则要在利润生成的时候缴纳公司所得税，股东在取得股息时要再纳个人所得税，这些规则的基础是承认合作社经营原则是向用户—所有者按照成本价提供服务。

除了税收优惠以外，从 1916 年开始，美国联邦政府还通过提供特别信用补贴的方式对农产品营销合作社进行扶持。鼓励贷款担保和补助金项目，鼓励生产者进入创造农产品增加值的业务领域。在 1996 年的《联邦农业促进和改革法》中，关于美国农业部的商业和产业贷款担保项目，就包括生产者在新的农产品加工型合作社中购买股份。2000 年《风险管理保护法》中的一项条款提供了给农业生产者开发农产品加工市场的补助金，许多是通过合作社来组织的，它帮助农业生产者支付可行性研究和商业计划的成本，提供起步时所需要的流动资本。2002 年，《农场安全与农村投资法案》授权开展"农村创新中心项目"。该"中心"得到了 10 批次的补助为农民提供农业技术和农场业务发展援助，使农业生产者能生产出高附加值的农产品。

三、利用高等教育体系推进农业产、学、研一体化发展

赠地学院是美国由美国国会指定，得益于莫雷尔法的高等教育机构。1862 年，美国国会通过了《莫雷尔法案》，规定美国各州凡有国会议员 1 名，拨联邦土地 3 万英亩，用这些土地的收益维持、资助至少一所学院。《莫雷尔法》通过将联邦政府拥有的土地赠予各州来兴办、资助教育机构。根据《莫雷尔法案》第 40 条，这些大学的宗旨在于教授农学、军事战术和机械工艺，使得劳工阶级子弟能获得实用的大学教育。赠地学院给社会带给了极大的经济效益。1890 年，又颁布第二次《赠地法案》，继续向各州赠地学院提供资助，到 19 世纪末，赠地学院发展到 69 所。这些学院后来多半发展为州立大学，成为美国高等教育的重要力量，为美国的经济腾飞做出了重大贡献。赠地大学有最好的农业科技和商业教育经验。通过这些大学与社区的合作项目来确保社区的高质量教学。通过赠地学院为欠发达的农村社区建立可持续发展的增收项目，在高失业率的目标地区通过建立与高校和社区组织的伙伴关系而达到长远经济发展的目的，提高这些地区人们的财富创造能力，帮助和引导这些地区经济和社会发展。赠地学院与农业社区合作的具体项目如下：赞助商务会议和研讨会；给农村企业提供金融帮助；提供技术援助；帮助社区利用国家和地方的资源或公共资金；协助企业通过申请程序；为业务发展提供课程；提供计算机实验室使社区成员互相联网以沟通信息；提供企业"孵化器"服务等。

关于赠地学院对农业发展的作用表面上不是针对合作社的扶持政策。但受益者大都是合作社。因为农业教育的发展及其在产、学、研一体化中的许多项目都惠及合作社，成为扶持农村合作社组织的重要组成部分。

四、对合作社的项目支持和其他扶持政策

（一）对特定目标人群进行财政补贴或者转移支付

美国农业部通过对"农村合作社发展补助金项目"为新建的合作

社和运营中的合作社提供补贴，以此鼓励和刺激有效的农业合作组织的发展，改善农村地区的经济和社会环境。"弱势农业生产者补助基金"也通过合作社的渠道给这些群体提供技术和资金支持。"农村商业机会基金"方案为企业家和农业部门的官员提供培训和技术支持，投资于农业产业的人力资本的培养，促进农业企业的发展和政府决策水平的提高。美国农业部鼓励对农村合作组织问题的研究。2009 合作项目财政预算大约为 30 万美元，这项合作研究协议方案的主要目标是促进大学对于合作社经济影响的研究。研究项目将会建立收集和分析数据的一系列方法，利用这种方法来研究不同类型合作社的各种经济影响。

（二）向农场主和农业企业提供完善的市场信息和最新的技术信息

"农村适用技术的转让"被称为国家可持续农业信息服务，给农业生产者或从事此大类商业服务的从业者持续性地提供农业信息。客户可以通过拨打免费电话、访问网站等，得到相关的农业信息。它还提供了品种繁多的可持续农业的信息，从农艺、园艺到牲畜饲养，以及农业系统运营。它的服务旨在帮助美国农民增加收益，并为消费者提供更多健康的食品，而消费者也可成为自然资源和美国农田的优秀管理者。"农业市场营销资源中心"在提高农产品附加值方面的重要信息库有可以浏览的商品及产品，调查市场和行业发展趋势，学习创业和运作，阅读研究成果并找到增值资源。

（三）定期出版多种刊物引导和扶持合作社的发展

《合作化信息报告》提供各种形式的有关合作主题的描述性信息。这些对于合作性组织的结构建立和运营有很强的示范性作用。《研究报告》是很多合作社议题及案例的分析结果，也是与大学等单位合作的成果。《服务报告》包括美国农业部年度汇编的农业合作社数据统计。《农村合作杂志》是有关农业合作和非农业合作的双月刊农业发展杂志。

（四）高效的非政府服务机构为主的合作社服务体系

"美国农村信用系统""美国农村电话银行"是美国政府根据20世纪六七十年代的需要投资建立的政府机构，建立之初就试图使之向着非政府组织发展。到20世纪的90年代，已收回投入的全部资金，成为独立经营的非政府机构。这种为合作社提供服务的非政府机构已经成为一种模式。它不仅提高了政府资金的利用率，而且通过市场竞争使这些机构保持了活力。美国农业合作社委员会（NCFC）是一个非政府的合作社服务机构，美国政府通过吸收 NCFC 的官员为美国政府提供各种顾问委员会或代表团的成员，让其参与美国农业及农业合作社方面政策和规章的制定，扩大了该机构的影响力，也使该机构迅速发展。目前 NCFC 及其附属机构所代表的成员每年营业额是全美所有合作社年营业额的90%，具有较强的代表性，同时也成为政府与农业合作社交流的桥梁，降低了政府的调查、研究、管理和组织成本。美国商品信贷公司（CCC）是一个向美国农民提供长期贷款和农产品价格补贴的政府公司，其工作人员皆为政府工作人员，CCC 关于粮食与棉花仓储的长期协议，有1/4是与合作社签订并授权合作社执行价格支持计划。这种授权不仅避免了政府直接与大量农民发生交易、管理成本加大，也使合作社中介组织的作用得以发挥，促进了它的发展。不仅如此，美国政府还通过资助海外合作社志愿者协会（VOCA）等组织，使美国农业合作社的影响延伸到海外。

（五）政府高度重视合作社工作，但不干涉合作社的内部事务

美国政府高度重视合作社的工作，农业部专门成立农业合作社发展局，农业部在向美国国会提交的年度报告中，多次把合作社工作放在其工作报告的首位。美国农业部每年还要对合作社展开调查、统计、研究、服务等，各级规定，政府都要投入大量的精力与财力，并且要以立法的形式予以确定。美国国会也鼓励通过合作社的方式来解决农民所面临的共同问题。但是，合作社的内部组织机构、董事会成员选举和财务运作等事项都由合作社章程决定，只要章程符合合作社的有

关法律规定，政府无权干涉。当然应合作社要求，政府机构也向合作社提供技术性的服务。由于政府一般不干涉合作社的内部事务，政府的政策比较透明，因此美国农业合作社都做出长期规划并注重长期发展。

参考资料

[1] Charles R. Hallai, Gary F. Fairchild B, Gregory A. Baker C, Timothy G. Taylor D, and Kerry K. Litzenberg. Agribusiness Capstone Courses Design: Objectives and Strategies [J]. International Food and Agribusiness Management Review, 2003, 6 (4).

[2] Rashi Mittal1 and S. P. Singh. Shifting from Agriculture to Agribusiness: The Case of Aromatic Plants [J]. Agricultural Economics Research Review, 2007 (20): 541 – 550.

[3] Mark Drabenstott Agricultural Industrialization: Implications for Economic Development and Public Policy [J]. J. Agr. and Applied Econ, 1995 (7): 13 – 20.

[4] Peter J. Barry. Industrialization of U. S. Agriculture: Policy, Research, and Education Needs [J]. Industrialization of U. S. Agriculture, 2007 (5).

[5] Shafaeddin, Mehdi. Knocked – down Agriculture After De – industrialization: Another Destructive Influence of Neo – liberalism [R]. Economic Research Institute, University of Neuchatel , 2008 – 07 – 22.

对供销社社有企业改革若干问题的探讨*

社有企业是我国供销社组织体系的重要环节，是供销社服务"三农"的直接抓手。但它在市场化改革的进程中面临着一系列的理论难题和实践困惑，如社有企业改革的目标究竟是什么？社有企业能否在追求利润最大化的同时实现"为农服务"的宗旨？社有企业的公益性与经营性的关系该如何理解和处理？如何在改革中正确处理公司制和合作制的关系问题？社有企业在联合发展过程中如何协调市场手段和行政手段的关系？等等，弄清这些问题对社有企业改革的深入具有重要的意义。本文作者试图对这些问题进行初步的探讨。

一、社有企业改革的目标和阶段

供销社社有企业的改革走过了曲折的道路。20 世纪 50 年代初的供销社本身就是农民的合作制企业。但在计划经济体制下，供销社企业逐步演变成为控制农村流通的"准国营"商业企业。在经济体制的市场化改革中，社有企业又经历了向集体所有制的转变和向合作制的回归的艰难历程。其结果是基层社作为企业在一定程度上具有了集体经济的性质。而县以上联合社出资兴办的企业却模仿国有企业改革的模式走上了公司化改革的道路。那么供销社的社有企业改革的目标究竟是什么？是公司制，合作制，还是集体企业？今后的改革应当向何处去？

* 基金项目：国家社会科学基金 2010 年课题"供销社改革的理论和实践研究"成果之一；中国供销合作经济学会 2010 年课题"社有企业改革的战略与路径研究"成果之一。

本文作者：廖运凤、周清杰。原载《林业经济》2011 年第 2 期。

1. 社有企业改革的政策导向和终极目标

根据目前规范供销合作社改革的三个中央和国务院的文件（1995年的《中共中央　国务院关于深化供销合作社改革的决定》，即中发 5号文件；1999 年的《国务院关于解决当前供销合作社几个突出问题的通知》，即国发 5 号文件；2009 年的《关于加快供销合作社改革发展的若干意见》，即国发 40 号文件），基本的政策思路是把原来"准国营"的社有企业改革为集体经济，再实现向合作制的回归。国发 40 号文件认为"供销合作社是为农服务的合作经济组织，是推动农村经济发展和社会进步的重要力量"，要通过改革"成为农业社会化服务的骨干力量、农村现代流通的主导力量、农民专业合作的带动力量，真正办成农民的合作经济组织"。而这种作为三种力量的合作经济组织的基础或运作模式主要是社有企业。这就是说，供销社企业改革的终极目标依然是"农民的合作经济组织"。

2. 社有企业改革的三个阶段

这样，在改革中已经公司化的企业怎么实现其向合作制"回归"的问题就提上了改革的议事日程。我们认为，可以通过社有企业改革的阶段划分来实现当前的公司化改革向"合作制"的终极目标的演进。也就是说：供销社企业的改革实际上要经历三个不同的发展阶段，不同阶段的目标有差异。社有企业改革的初期，任务是摆脱旧体制的束缚和经营的困境，阶段性目标是建立现代企业制度，即通过公司化改革建立与市场经济接轨的企业制度；第二阶段是建立健全公司治理结构和强化社有资产管理以谋求企业的发展；第三阶段是发挥公益性和创造中国特色的合作经济体系阶段，即通过充分发挥社有企业的公益性去实现"为农服务"的宗旨，通过公有制为主导的混合联合企业实现与农民专业合作社的融合，从而创造出具有中国特色的供销社主导的合作经济新模式。更明确地说，合作制是长远目标或终极目标；公司制是近期目标；混合所有的公司制企业既是实现目标的手段，也是走向终极目标的必由之路。

3. 几个重要观点

但是应当强调的是以下三点。一是作为长远或终极目标的合作制已经不是经济学意义上的"经典合作社"，而是根植于市场经济土壤的、产权关系明确的、具有公司化形式的、公有制为主导的、混合了多种所有制形式的现代合作经济。从实践来看，山东供销社建设农村现代服务新体系中供销社公司已经走出了改革的这条路子。通过组建供销社为主导的公司企业，在农业产业化的链条中去实现联合发展，在基层社的层次上通过吸收农民专业合作社进入公司去实现与合作制的融合和共生。通过在产业链上的内外系统企业的联合实现企业的快速发展。可以预见，更多的供销社社有企业将创造出这种融合发展的新形式。二是社有企业改革总体看正处于改革的第二阶段。即大多数社有企业的公司制改制基本完成，但公司治理结构的完善和企业的发展还需要相当长的时间和耗费巨大的成本。只有少数企业改革开始向第三阶段前进。三是联合社对企业改革的导向十分关键。对于主导社有企业改革的联合社而言，明确其改革的阶段性及其目标和任务，从而加强对企业改革的指导非常必要。尤其不要忘记供销社企业为农服务的特殊使命，更不要强化一般公司制企业追求利润最大化的倾向。而且应该把公益性职能的发挥作为考核企业绩效的重要指标，引导改革中的企业向执行国家特殊使命的特殊企业方向发展。

二、社有企业的经营性与公益性

新时期供销社要承担起历史赋予的使命，必须正确处理其企业的公益性和经营性之间的关系问题。供销社公司与一般的公司企业是有差别的，这种差别就是它具有公益性，是经营性和公益性相统一的特殊企业。就经营性而言，它和一般的企业并无差异，但一般企业并没有承担公益性的职能。如果它临时承担公益性职能，所带来的经济损失政府则要给予财政上的补贴或其他优惠。供销社社有企业从财产的性质看，它现有的大部分资产是国家的，也有一部分是集体的，还有一部分是私人的，混合经济的特色明显。国有的那部分资产的生产经营的目标就是实现国家宏观调控的职能，确保农村经济，尤其是流通产业的健康运行和发展。它和通常的国有企业也不同，它的资产不是国家这个唯一的所有者，从事的行业和经营的范围也大都是竞争性行业和弱势业务。不具有大型的垄断性行业的特色，往往不适合政府的全面管制。这种特点就使供销社企业的经营目标不仅是利润，而且还有完成国家特定时期的特殊任务和服务"三农"。所以，供销社企业不管是体制改革还是机制转换都不应照搬国有企业或公司制企业的通常做法。而是要根据实际的需要，因地制宜，因时制宜，因事制宜。在一般竞争性行业中主要考虑其经营性，把利润目标放在重要的地位上。在为农服务和农业产业化的行业和业务中则应主要考虑其公益性，把完成公益性目标和任务放到重要的地位上。进一步说，在县以上联合社机关的层次上，应把公益性看得更重；在社有企业和基层社的层面应把经营性看得更重。另外，经营性获取的经济效益应该做为实现公益性的物质基础，更多的用到为"三农"服务的事业中去。

三、社有企业分类改革的战略

实现上述改革第二阶段和第三阶段的目标，需要供销社企业继续深化改革。而供销社企业改革的实际要求实施分类改革的原则。供销社企业改革之所以必须走分类改革的路子，根源于供销社系统的庞大和结构的复杂。在这个庞大而复杂的组织体系中，企业组织体系的庞大和复杂尤其突出。就规模而言，2009年，全系统资产总额达到5689.8亿元，实现营业收入7951.5亿元。就其包括的产业而论，除传统的农资、日用品、烟花爆竹和再生资源回收行业外，新兴的流通业态，还有机械、化工、旅游、信息等高科技行业，几乎涵盖了国民经济中的大多数行业。大中小规模的企业齐全、行业众多，而且各地区差别极大。这么庞大而复杂的经济体系要想用统一的思路和方法进行改革几乎是不可能的。因此，尊重供销社系统的创新是深化改革必须遵循的原则。这样，根据不同的实际情况确立改革方案的分类改革就成为必然。

1. 涉农程度不高的企业的改革

与农业产业化相关程度不高的企业，如绍兴市绍兴县的华通集团，它的产业结构已经向轻型化和非农化转移，而且经营绩效很好。对这类企业的改革有两点应当注意。第一，承认其存在的合理性和对供销社企业发展的贡献。即在一般的竞争性行业取得了突出的成就，具有了较大的发展优势。第二，需要扭转过度公司化，忽略其企业公益性的倾向。供销社的社有企业，主要实物资产和商誉信誉等无形资产是供销社的。因此要在加强资产管理的基础上增强其公益性作用的发挥。当然这种公益性作用与其他涉农领域里的企业不同。是要通过建立合作经济发展基金或惠农基金，以及这些基金的合理有效使用来发挥。也就是说，社有企业要在规范的资产管理制度框架下，为新农村的建设、合作社的发展提供资金的支持。从非农领域赚来的钱要有相应部分用到"三农"中去。第三，供销社作为控股股东要对企业正常行使出资者的权利和职能，强化社有资产的管理。

2. 涉农程度较高的企业的改革

一是向农业产业化"龙头"企业发展，成为农业产业化的主体和主导力量，实现为"三农"服务和带领农民增收致富的主力军。这是社有企业发展的主导方向。也就是说，在供销社的传统优势领域，通过参与产业化，与农民一起分享农产品价值链延长所带来的经济利益。内蒙古自治区赤峰地区的喀喇沁旗供销社就是走的这条路子。山东省临沂地区的多数供销社社有企业也是通过参与农业产业化发展起来并创造辉煌的。二是通过吸收农民专业合作社和社会上其他涉农企业入股，或加盟社有企业实现供销社对混合联合公司的主体或主导作用，并在长期合作中实现各种所有制的融合，尤其是与农民专业合作社的融合发展。

3. 改制后的公司企业的改革

就其基本内容来讲应有如下四个方面：一是大力推行开放办社，吸收更多的经济主体进入供销社企业体系，尤其注重吸收基层社进入公司，实现股权的多元化。以体现公有制为主导的混合经济的性质。二是强化供销社的性质，通过控股和参股实现供销社实力的扩张。三是注重供销社企业公益性的发挥，克服过度偏向经营性的倾向，更多地参与农业产业化、农村生产经营服务体系的建设和政府对农村经济的调控。四是强化公司内部的治理结构，完善公司各项经营管理制度。

4. 体制没有改革的传统企业的改革

这部分企业没有进行过重大的改革却能有较高的经营绩效，肯定有特殊的条件和相应的背景。比如，社有资产质量优良、干部队伍稳定能干、职工素质较高和企业文化建设不错等。这说明，市场经济中集体所有制这一公有制形式还在特殊的条件下具有活力和存在价值。对这部分企业应该在尊重企业职工意愿的基础上进行企业经营机制的转换，并逐步吸收职工入股，形成股份合作制企业，最后实现与更大规模和更高层次的供销社社有企业的联合发展，目标是以公有制为主体的混合联合公司。即首先可以改制为股份合作制企业，在其出现稳定发展的势头之后向公司制转制，并保持供销社的控股地位。

四、社有企业的联合发展

联合发展对社有企业十分重要，因为供销社与别的经济组织相比较的优势就是两条，一是与"三农"密切相关，二是组织体系完整。要在市场经济的条件下与其他经济主体争夺农村这块市场，必须发挥这两个优势。形成公有制为主体的为农服务的新型农村社会化服务体系。这个体系的重构和发展必须依靠联合。首先是系统内企业的联合，其次是与系统外企业的联合。实践中供销社多年来一直谋求联合发展，但"合作社不合作；联合社不联合"的问题却没有能够得到有效解决。原因何在？主要是社有企业改革不到位，谋求生存的压力使发展的渠道变得十分狭隘。而且体制内还有许多阻碍联合的问题没有解决。因此，新时期供销社企业改革必须在联合发展上有所突破。在供销社企业的联合发展上有以下重要问题需要明确。

1. 联合发展的目标

供销社企业联合发展的目标主要是恢复和重建供销社组织体系和网络，增强供销社企业为农服务的实力，更好地完成为农服务和促进农村经济发展的任务。即联合发展主要是更好地发挥供销社企业的公益性。现在有一种突出的观念，认为联合发展就是为了把企业做大做强，在世界500强中占有一席之地。其实供销社企业要做成500强企业不是做不到。关键是为什么要做成500强？我国有那么多的大企业在做这件事。供销社的任务不是去为国家争光，为国民争气，与世界一流的企业争个高低。国家把一部分资产交给供销社占有和管理，希望通过各种政策的扶持能使其成长起来成为政府助农、支农和建设社会主义新农村的重要力量。联合发展是使企业有实力和能力去承担政府赋予供销社的使命，成为政府和农民之间的"中介"或"桥梁"。我们的企业即使很大，进入了世界 500 强，如果它仅仅把利润最大化作为其经营的目标，忘记或忽略了为农服务的公益性目标，依然也不具有供销社企业的特征，也只有离开供销社系统而成为一般的公司。因此，做大做强不是目标，而更好地服务"三农"才是目的。

2. 联合发展的基本原则

第一，经济联合的原则。必须贯彻互惠互利的平等原则。在资本联合或战略同盟的构架下实现联合发展。第二，市场化运作的原则。必须按照市场经济规律办事，进行市场化的运作。以生产要素的投入作为权利与义务的依据，防止行政手段和行政权力的干预。第三，谋取长期战略利益的原则。这是指供销社企业的联合是恢复和重构组织体系和经营网络的实力。因此企业之间的联合必须从企业的长期利益和供销社的整体利益为着眼点。从企业长期发展的战略眼光看待联合发展，克服眼前利益和局部利益的障碍，这样才可能出现系统内在联合发展中"以大扶小"和"以强扶弱"的现象。即从系统看，联合起来可以形成更大的经营网络和市场份额，可以取得规模经济的效益。而从弱小的企业来看，也必须从长期发展的角度让出部分市场和管理职能，以适应联合发展的需要。这在跨地区的联合中更为重要。

3. 联合发展的途径和内容

第一，联合发展的基本路径。就经济联合而言主要有两种方式：一是资本的联合。就是组建跨地区或跨行业的以公有制为主体的联合企业，按照市场化原则进行运作，实现联合各方的利益共享和风险共担。二是建立战略同盟。如果参与联合各方进行资本联合的条件还不成熟，或者说不需要进行以资本为纽带的紧密型联合，那就采取战略同盟的形式，在生产、技术、市场等环节或业务上进行合作，实现松散型的联合。这一点的实质是反对行政性的联合，依靠行政关系或权利，自上而下地抢占市场和争夺利益。因为那样会削弱组织体系和经营网络的力量。

第二，联合发展的运作模式。要实现上述联合发展的构想需要找到联合发展的运作模式。这种模式就是以公有制为主导的混合联合企业，它是实现在资本联合基础上的紧密型联合发展的基本渠道。以产权多元化为主要内容的企业改革方向必须坚持。但是在今后的企业改革中要强化供销社的主体地位和主导作用。可以体现在以下几个方面：在供销涉农程度较高和农村流通产业中实力较强的企业要通过绝对控股实现其主体地位；在供销涉农程度较高和农村流通产业中实力中等的企业要通过相对控股实现其主导作用；在涉农程度较高和农村流通产业中实力较弱的企业则可以通过参股发挥其影响作用。在涉农程度不高的产业中实力较强的企业要通过适当参股实现企业发展。

第三，联合发展的内容。一是供销社传统优势产业领域内的联合，即农资、日用品、烟花爆竹和再生资源回收利用这四大领域可以通过系统内的联合形成影响全国的公有制为主体的混合联合的企业集团。在联合采购、销售市场的分享等方面实现共赢。二是在农产品的加工和销售上各地的"龙头"企业也要实现联合，以带动更多的农民专业合作社快速发展。三是在供销社不具有明显优势的一般竞争性行业和高新技术领域要通过联合发展逐步做大做强。四是积极发展跨系统、跨地区的联合。尤其是在农业产业化价值链上要加快与外地其他行业优势企业的联合。基本的途径依然是以资本为纽带的紧密联合和局部业务内容的战略同盟。

第四，特别重视把企业的联合发展与构建农村社会化服务体系结合起来。在流通领域、农业产化发展的链条上，实现纵向和横向的联合。通过联合发展把供销社的经营网络发展和壮大起来。而且要通过与农民专业合作社的各种联合逐步实现与农民专业合作社的融合发展，与农民结成真正的经济共同体，把供销社企业发展的根扎在农村、农业和农民之中，把供销社的企业真正建设成为为农服务的现代合作经济组织。

五、供销社企业改革对林业专业合作社发展的启示

林权改革后，即林农实际上拥有了经营自主权后，林区和林业的

发展走何种道路就显得非常重要。从国内外的实践来看，林区和林业走产业化发展的道路具有必然性。而在林业产业化发展中，专业合作社，尤其是流通领域内的合作化更是普遍规律。林业生产的产前、产中和产后的各种服务必须合作化。供销合作社企业的改革对林区的繁荣和林业的发展的启示至少可以归纳为以下四点：一是林业生产的产前、产中的各项服务和林产品流通的组织必须借助专业合作社进行；二是特色林产品的生产和流通必须借助专业合作社实现其规模化和专业化的发展；三是供销合作社是林业专业合作社的重要形式；四是供销社组织形式和企业改革的战略与思路对林业专业合作社的健康发展具有重要的借鉴。

参考文献

［1］白志刚. 关于新时期供销合作社企业价值及改革发展的思考［J］. 中国供销合作通信，2010（7）.

［2］山东省人大农业与农村委员会. 关于山东省供销社改革发展和服务"三农"情况的调研报告［R］. 中国供销合作通讯，2010（6）.

［3］徐旭初，黄祖辉. 转型中的供销社——问题、产权与演变趋势［J］. 浙江大学学报（人文社会科学版），2006（3）.

对供销社改革与发展若干问题的探讨[*]

中国供销合作社的改革经历了漫长的过程，取得了巨大的成就，也走过不少的弯路，面临一系列的问题需要解决。而要继续推进供销合作社的改革与发展，在下述重大问题上形成共识十分必要。本文作者试图就供销合作社的改革与发展需要形成共识的若干问题进行探讨，这些问题主要有：供销合作社的改革目标和发展模式；对供销合作社改革中"四项改造"的思考；供销合作社改革与发展的基本思路。

一、供销合作社改革与发展的目标与模式问题分析

（一）对供销社改革目标的分析

供销合作社的改革目标在相当长时期内并没有明确，整个系统的改革走过了"摸着石头过河"的路程。当时的目标是把供销合作社这种"准国有"或"二国营"的制度改变成集体所有制，改革的办法基本沿用国有企业改革的模式，而其结果是供销合作社的生存都受到威胁。因为供销合作社基层社的主要经营业务是农村的商品流通，而改革开放后，流通业所有制多样化的步伐往往快于其他产业，而且随着计划经济流通体制的改革，过去供销社垄断经营的领域逐步放开，使改革成效不大的供销社系统往往处于被动的局面。表现为在 1992—2000 年的 8 年中，供销合作社系统出现持续的全行业亏损。直到 1995 年中共中央颁布了《关于深化供销合作社改革的决定》，即 5 号文件，

---

* 原载《合作经济评论》2008 年第 2 期。

把供销合作社的改革目标正确地确定为——农民的合作经济组织。同时该文件指出了实现目标必须做到的"三个坚持"：坚持供销合作社的集体所有制性质；坚持为农业、农村、农民提供综合服务的办社宗旨；坚持自愿、互利、民主与平等的合作制原则。

这里，把供销合作社的改革目标定位于"农民的合作经济组织"和"集体所有制"。即用"集体所有制"来为合作经济组织定性，或者说认为集体所有制与合作经济是一回事。但从理论上讲，集体所有制和合作经济是两个极不相同的概念。集体所有制是列宁和斯大林主张在生产资料公有制基础上的生产者联合劳动，这里没有私有的财产权，是共同所有、民主管理和按劳分配的社会主义公有制的实现形式，而且是企业的职工集体所有制，列宁称之为"合作制"，斯大林则称为"集体所有制"，它是同计划经济体制相适应的。而马克思和恩格斯主张的由资本主义向社会主义过渡时期所要保持和发展的农民的合作经济组织是有农民的私有财产权为基础的生产者的联合劳动组织，原则是：自愿、互利、民主与平等，往往与市场经济体制相融合。后一种合作经济可以大致理解为"新型合作经济"，也就是现代西方经济法存在和蓬勃发展的合作社经济。可见 1995 年的供销合作社改革纲领实际上在改革目标上是不明确的，究竟是改成"集体所有制"，还是新型合作经济尚不清楚。在理论界也存在争论，有人认为，集体经济就是中国的合作经济，其依据是马克思主义的合作经济理论。也有人认为，集体经济是同计划经济相联系的社会主义的公有制形式之一，不是同市场经济相适应的现代合作经济。

在实践中，供销合作社的改革是靠各级改革者对"集体所有制与合作经济"的理解去进行的。理解为新型合作经济，就把供销合作社的改革叫作"制度创新"，把创办与市场经济相融合的农民专业合作社作为改革的主攻方向，把原供销合作社的改革也纳入发展新型合作经济的轨道；理解为集体所有制的改革，在途径和方法上就采用国有企业改革的思路，如股份制改革、资产重组、承包、租赁等。对供销社改革目标的不同理解形成了供销社改革中极不相同的做法。把集体经济作为改革目标在理论上是说不通的。因为供销社不是国家投资的国有企业，也不是企业职工投资的集体所有制企业，而是社员投资入社形成的"社有资产"。社员是财产的所有者，职工有的是社员，但大多数都不是社员，而是合作社的雇员。这样，按照国有企业的改革思路，把集体所有制作为改革的目标，不可避免地会造成对社员资产的侵吞和剥夺。为了解决这一问题，许多地方的供销合作社在改革的过程中进行了股金的清退。这种"清退"一是没有依据，二是自定标准。或者通俗地说，供销合作社的社员，当初入社大部分就不是自愿的，最后的退出更不是自愿的。同时清退完全没有标准，只是对最初入社的社员入社财产的象征性补偿。

正确的目标只能是一个——"新型农民合作经济组织"。这种新型合作经济组织是市场经济需要的，是以社员的私有财产为基础的，而且社员的私有财产以股权或会费的形式进入合作经济组织内部运作并参与分配的现代合作社，是社员在资本联合基础上的劳动联合，是混合所有。按照这一目标改革供销社，不管是改造旧社，还是组建新社，结果都应该是合作社。规模小的是基层社，规模较大的可以发展成为联合社或联合社所有的企业。如果改制的结果是供销社变成了股份公司、企业集团、集体企业或私营企业，那么就表明改革失败了。按照这个目标来审视改革，成功就不如人们估计得那么大。因为通过改革，许多地方的供销合作社不但没有变成真正的农民合作经济组织，反而是"队伍散了、资产没了、市场丢了"。使得我们在面对新型合作经济迅速发展的时候，不得不去领办、协办或组织，而不是我们自己就是合作社，只需要吸收农民参加合作社，实行开放办社，蓬勃地发展合作社就可以了。也就是说，供销社本来就是合作社，它是发展和壮大的问题，不是从外部去领办、协办或参与的问题。

（二）对供销社发展模式的探讨

供销社的改革模式对在新时期全国意义上引导和规范供销社的发展十分重要。人们通常是按照各地供销社改革的特色来划分改革模式的，比如黑龙江模式、吉林模式、河南模式等。但这种划分并不科学，因为这些地区都是行政省份，拥有广阔的幅员和不同的经济发展水平，各地各层次供销合作社的经济实力也相差较大。因此，在一个省内供销合作社的发展往往存在多种具体做法，而不同的省、区由于各种条件的相似或相互学习，也会出现比较一致的改革思路和方法，比如全国不少省、区的改革思路和做法大都具有河南林州和黑龙江大庆的特点。

如果说为了进一步推进全国各地供销社的改革，需要对改革区分模式的话，应当按照对供销社改革目标的理解来划分改革的模式，那就只有两种：把准国有经济改革成为集体经济；把准国有经济改革成为新型合作经济。比如黑龙江省的大庆、重庆市和河南省的林州的改革就是后一种模式，即通过体制创新，把供销社改造成为新型合作经济。而有的地方则把集体经济作为改革的目标，按照国有企业改革的思路改革供销社，结果往往是供销合作社组织解体了，人走了，资产分光、卖光了，商品营销网络消失了。供销合作社的经济实体变成了集体企业、公司企业或私营企业。而集体企业在农村市场经济的发展中并无优势，在与其他经济成分的竞争中要不垮掉、要不成为私人企业或公司企业。供销合作社的各级联社因而失去了依托，处于没事可干的境地。在新型合作经济的浪潮中，只有把领办、参与组织新型农民合作经济组织作为自己的使命或职责。

应当说，由于对供销合作社改革目标的正确理解和对改革模式的正确选择，供销合作社的改革走上了新型合作经济的康庄大道，正在实现同市场经济的融合。而由于对改革目标的误解和改革模式的不当选择，导致了改革在局部地区的失败，使农村商品流通的主体薄弱成为这些地区农村经济的重要问题。

如前所述，供销合作社的改革不管以怎样的目标做指导和怎样的模式进行改革，自20世纪90年代中期至今，供销合作社的改革大体完成。这些经过改革的供销合作社经济体系怎么在市场经济中获得发展意义就更为重大，所以需要探索改革后的发展模式问题。这种发展模式应当根据合作化与商业化的融合程度来划分，并根据各地区供销社的具体情况选择其发展模式。

从理论上说，合作制同商业化是可以融合的。合作制是讲生产要素，尤其是劳动这一要素的联合。商业化则是就合作社组织在市场经济中的商业化运作。尽管合作制本质规定不以商业化或利润最大化为目标，但那是对合作经济组织内部成员不是以利润最大化为经营目标的，它要通过对社员的让利和服务实现其自助的价值观念。但这并不是说，合作组织对外就不讲究经济核算和追求利润。合作制在市场经济的环境中存在和发展，对内关系是合作制，对外却是以市场经济中的经济行为为主体，必须通过在市场中市场化的运作来获取利润。或者说，内部成员之间的各种业务目的不是赚钱，也不按照资本原则管理和分配收益，执行的是按照交易量分配和民主管理的制度。但在对外的经营上又要以商业原则指导经营和管理，合作经济组织也可以举办公司企业，完全按照股份经济的原则和市场化的形式来进行生产和经营，并把其一部分盈利作为合作经济事业的经费来源之一。从合作制的发展历程看，它成功就在于把合作化和市场化的关系有机地结合起来了。在其内部的财产关系和运作目标上坚持合作制，在对外的竞争和经营上，它又是市场经济中的经济组织，必须按照市场化的原则进行。近年来，西方国家和我国发达地区的合作制的发展就有商业化发展趋势。根据国内外合作经济发展的实践来看，合作化与商业化之间的关系可以有三种组合：一是高度合作化和低度商业化；二是低度合作制与高度商业化；三是高度合作制与高度商业化。

第一种是高度合作化和低度商业化的传统合作制。它规模较小，资本有限，经营也比较专业。比如我国当前正在广泛发展的农村专业合作经济组织，强调合作制的资本均等和民主管理原则的落实。以重庆市兴起的"两社两化"运动为例。近年来，在供销社系统的发动和组织下，重庆市农村出现了一大批专业合作社和综合服务社。这些由农民自愿入股入社建立起来的农村新型合作经济组织，通过开展农业产业化和商品连锁化经营，在助农增收，开拓农村市场方面成效显著。

第二种是高度市场化和低度合作化相结合的现代合作制模式。它规模很大，资本充足，经营多样化，利用股份制和资本市场融资较多。比如浙江省供销合作总社所属的兴合集团，就是低度合作制与高度商业化相结合的实例。在这种大型企业集团里，它的资本结构比较复杂，原始资本是供销合作社的社员集资入股形成的，在国家的积极扶持下，通过供销合作社成功的商业化经营，兴合集团成为浙江省最大的企业之一。在20世纪90年代末期，基层合作社组织已经进行了股份制改造，成为股份制的公司企业，而集团公司还保留着合作制的框架和机制，而且强调用合作社商业化经营的成果实现对农业的扶持和服务。

第三种是高度合作制与高度商业化相结合的现代合作制模式。如荷兰的Rabo bank就走过了从合作制到商业化，再向合作制回归的路子。❶ Rabo bank是1972年由两家信用社合并后建立的大型信用合作社，由400家享有高度自主权的基层信用社组成，社员超过70万人，个人和企业客户近900万人。截至2000年年底，它的总资产达到3420亿欧元，在世界上的37个国家设立了140个分支机构。其核心资本充足率达到10.6%，自有资本超过130亿欧元，集团总股本约180亿欧元。在多年的经营中，他们认为合作制是成功的基本原因。因为合作制使得Rabo bank不必向股东支付红利，进而可以把盈余计入公积金，并进行再投资，使自有资本充足，可以进行正常的经营。在20世纪90年代，商业化运营非常成功，成为一家"金融超市"，占有荷兰85%的农业和涉及农业的融资市场、40%的企业信贷市场、25%的抵押贷款市场和15%的大企业贷款市场。新世纪又重新界定了经营战略：一是立足农业；二是强化合作制。2000年开始面向基层信用社和雇员发行面值25欧元、比10年期荷兰国债利率高1个百分点的投资证券。到2001年已经吸收新社员21万人，并计划到2003年使社员总数达到100万人。其基本理念是：销售金融产品和服务绝非信用合作社唯一的目标；信用社与社员的客户关系是一种资产，也是信用社的主要竞争优势。

上述三种模式都是供销社在市场经济中可以选择的发展模式。各地、各级供销社应当根据自身的实际，选择有利于自身发展的商业化运营模式。一般说来，合作社规模小，地处不发达地区，业务比较单一的，往往商业化倾向不明显，主要强调合作制的原则。相反，规模

---

❶ 2002年《金融研究》第1期第30页。

较大，业务比较复杂，地处发达地区的合作社，除了保持其合作制的内核以外，还能进行商业化经营，就适宜选择高度市场化与低度合作化的发展模式。高度合作化与高度市场化的模式需要市场经济有更高水平的发展与合作制发展条件的更加完备。

二、对供销合作社"四项改造"的思考

供销合作社的改革经过企业改革、扭亏为盈、四项改造和联合发展几个阶段，取得了巨大的成就。其中最重要的改革当数"四项改造"，即"以参与农业产业化改造基层社；以产权多元化改造社有企业；以社企分开和开放办社改造联合社；以现代流通方式改造商品流通网络"。如果从表面上进行理解，这四项改造是供销合作社改革的四件大事，分别从基层社、社有企业、各级联合社和主营业务的角度提出了供销合作社改革的整体思路。但如果从供销合作社制度创新的角度看，"四项改造"的意义与真谛是把供销合作社从计划经济时代的"准国有企业"改造成与社会主义市场经济相融合的新型合作经济组织，并使之在市场经济中发展成为中国合作经济的主体。

（一）关于"以参与农业产业化改造基层社"

这里有一个以什么样的组织形式参与？参与农业产业化的组织形式有多种：可以把供销合作社的基层社改革成为各种形式的公司，通过公司加农户的形式参与农业产业化；也可以把供销合作社的基层社改革成为真正的农民合作经济组织，通过"合作社＋农户"的形式参与农业的产业化；还可以把供销合作社的基层社改革建设成为公司制的"龙头"企业，以"'龙头'企业＋农户"的形式参与农业产业化的进程等。而供销合作社历史上就是农民的合作经济组织，只是在计划经济体制下，通过国家的过度干预而转变成了"准国有企业"。因此，在农业产业化的进程中其加速改革和发展，使供销合作社的基层社本身就成为组织农民实现农业产业化的主体力量。供销合作社的基层社一定要改革成为"新型合作经济组织"，承担起在社会主义新农村

建设中实现农业产业化的基本组织形式。如果供销合作社的基层社改革走偏了方向，改革的结果不是创新了体制，成为新型合作经济组织，而是变成了各种公司，或者是"一卖了之，一分了之"，那么供销合作社也就不存在了，这表明改革失败了。

（二）关于"以产权多元化改造社有企业"

从实际而言，供销社社有企业的产权多样化只是在供销社金融环境恶化条件下为了集资而采取的一种争取生存的手段，而不是目标，供销合作社的改革目标如前所述是新型合作经济组织。既然是手段，产权的多样化就必然要受到目标的制约。社有企业的性质就是合作社社员的联合经济，合作社的财产是全体社员投资入股形成的，要开放办社，吸收外来资金发展企业，首先必须要保证合作社的主导地位，也就是控股地位，并建立健全企业的治理结构。其次必须优先向农村广大的农民群众开放，即增加供销合作社的社员及其股金，这是筹集合作社资本金的重要渠道。在经济发达地区通过增加合作社社员的办法可以有效地筹集到合作社企业发展所需要的资金。在美国"新一代合作社"的发展就往往通过比较大额度的股金投入来筹资。而不单是各种所有制的公司企业开放，这样才能保证改革目标——重建新型合作经济组织的实现。如果我们的社有企业都在产权多样化的改革中引进了国有、私有或外资的大股而失去了控股地位，社有企业的性质就变了。社有企业的公司化改革不能说是成功的改革模式，而只能在社有资产控股条件下的公司化改革才有利于供销合作社的整体发展。当然这里有两点要明确：首先不是全盘否定社有企业公司化的改革，只是反对把优良资产在公司化的过程"分光卖掉"。其次，供销社控股的公司企业是改革的重要成果，也是发展供销合作社"龙头"企业的基本途径。我们强调的是社有企业产权多样化要服从改革总体目标的要求，而不是背离或损害目标的实现，即实现供销合作社由"准国有企业转变成农民自己的合作经济组织"。

（三）关于"与社企分开，开放办社改造联合社"

"社企分开"是我国供销合作社从计划经济体制下的"准国有经

济"向"新型合作制"转变的必要步骤。"社"是作为供销合作社机关的"社",不是合作社的"社"。如果把"社企分开"理解为社有企业一定要改造成为非合作制的公司企业或其他企业形式,那就错了。同上所述,供销合作社的社有企业是各级联合社都存在的现象,改革的方向依然是新型合作社,即使采取了公司制的形式,也应当由供销合作社控股起主导作用的公司。

"开放办社"是为了筹集更多的资金把合作社联合社及所属企业办得更好。首先应向基层社开放,其次才是对合作社以外的单位和个人筹资,有时为了筹集到企业发展所必要的资金,社有企业可能会转变成以公司制为主的企业制度,但那不应该成为社有企业改革的基本方向。就是对外集资也要保持供销合作社的联合社的控股地位。再次,开放办联合社也要坚持和保证供销合作社联合社的主导地位。

"社企分开"一是强调社有企业与供销社机关职能的分开,而不是合作社与其企业的分开。"开放办社"不是改变合作社的性质,而是扩展合作经济的联合范围与层次,扩大合作经济的规模,争取更大的市场力量和更优的谈判地位。"社企分开"二是指供销社的行政管理职能与社有资产管理职能的分开。联社机关主要从事行政管理和社会服务,而联社理事会行使所有者职能,通过授权或组建给资产管理公司与控股公司管理和运营社有资产,使社有企业在市场经济中进行商业化的运作与发展。

(四) 关于"以现代流通方式改造商品流通网络"

在建设社会主义新农村的环境中,人们重新审视农村流通问题,认为农村流通主体薄弱是农村现代化建设的"瓶颈",从而提出把供销合作社通过改革与发展建设成为新农村的流通主体的思路。这就需要供销合作社通过建立新的商品流通网络和物流配送体系,把连锁超市等流通形式引入农村等去实现作为农村商品流通主体的作用。之所以供销合作社可以承担这一历史使命,是因为具有历史形成的"资产优势、人才优势、信用优势和网络优势"。

这里要分析的是怎样发挥这些优势?在什么样的条件下发挥这些

优势？上述优势的确是现存农村经济组织中供销合作社拥有的，但问题是这些优势并不是今天才有的，过去我们同样拥有这些条件，但是为什么会一度处于瓦解的境地，所以优势的整合和利用需要制度创新的条件。网络、资产、人力和信用资源是生产要素形成的，需要制度使他们能够有效率地运作起来，才能重建供销合作社的体系并发挥其在新农村建设中独特的作用。在过去相当长的一段时期内，由于对改革目标缺乏正确的理解，对合作经济的内涵和外延缺乏正确的认识，使改革走偏了路，不仅没有使上述优势得到发挥，反而使供销社的改革一度陷入困境。如供销社的改革盲目效仿国有企业改革，采取"一卖了之，一分了之"，就使得供销社"人走社空"，彻底地跨了。有的地方则凭借优质的资产，把供销社变成了吃租金的"食利者"，把资产作为养干部和职工的条件，不思进取，不讲改革，更不管为"三农"服务的供销社宗旨，造成人力资源流失、网络资源荒废、信用资源匮乏等现象。而那些资源较差的地区，则由于求生存的压力，起到了"置之死地而后生"的作用，供销合作社通过改革真正变成了农民的合作经济组织，走上了服务"三农"，发展自己的康庄大道。这就是说，供销社具有的各种资源优势，只有与合作经济制度的优势相结合，才能成为真正的优势。如果发展合作经济，供销社所具有的那些资源就难以整合并发挥作用。或者说，要充当农村商品流通的主体，供销合作社就必须先把自己改造成"新型的农民合作经济组织"，才能有效地整合各种资源，发挥各项优势。因此，现代流通网络的组织载体还是"新型合作经济"。

综上所述，"四项改造"的基本点或真谛是把供销合作社改造成为真正的农民合作经济组织。

三、深化供销合作社改革的基本思路

在上述问题得到正确认识的前提下，供销合作社的改革与发展中可以从如下几个方面来考虑。

（一）县级以上联合社机关的行政化管理

供销合作社县级以上联合社在计划经济体制时期是国家管理供销

合作社的行政机关，1995 年改革后有相当时期内一直未能正确定位。
1999 年中央 5 号文件执行后，地市以上的联合社纳入了国家的财政预
算，其人员和办公费用视同政府机关。县级联合社这些年来只有部分
人员和办公费用由财政支出，而且各地差别很大，许多地方的县级联
合社实际上是靠吃社有资产和社有企业的利润活着。这种情况使各级
联合社难以发挥其功能，出现所谓的"合作社不合作，联合社不联合"
的局面。究其原因，最基本的就是各级联合社从本质上来讲不是在基
层合作社充分发展基础上出现的，而是过去的政府机构改了个名字而
已。这些机构人员本身不是合作社社员，也没有明确而固定的政府职
能。他们的定位和性质不改革，供销合作社就无法按照真正的农民合
作经济组织的规则去发展。

在中国发展合作经济事业其实非常需要政府从各个方面进行指导
和协调，也需要政府的各个经济与行政管理部门去发动、宣传和推进。
因为中国历史上几乎没有合作经济的传统和思想基础，中华人民共和
国成立后的合作经济之路由于是在计划经济的体制背景下犯了极"左"
的错误，因此留下了不好的名声。在这种条件下要发展与市场经济相
融合的新型合作经济，政府的作用远比西方国家重大。而且由于我国
与农业相关的国家行政管理机构较多，但实际上谁都不是专门管理与
协调合作经济的，各个部门各行其是地推动合作经济的发展，其实是
弊大于利的。可以考虑的是以供销合作社的原联合社框架为基础，把
农业、科技、轻工、城乡建设中与合作经济有关的业务部门集中起来，
建立中国合作经济的指导与协调机构。真正地实现供销合作社的"政
社分离"。就是说，要从体制上把原来就是机关的县级以上的联合社还
原为执行某些政府管理和协调合作经济发展的职能部门进行行政化的
管理。在联合社机关化管理的基础上实现"政企分离"的，社有资产
的管理和运营应当通过理事会授权的资产管理公司或控股公司来进行。
这种行政机构化的各级联合社是政府联系合作经济组织的纽带和桥梁，
是执行政府职能的"事业单位"，其工作人员享受国家公务员的待遇，
而不进入国家机构和公务员的序列。这就是说，要对供销合作社的县
级以上联合社的职能进行定位，经费予以保证。从而使社有资产和企

业按照经济组织与商业化的原则运营。实际上我国的大多数省份已经专门为供销合作社各级联合社的工作职能和经费开支等指定并实施了文件，据不完全统计，全国已经有23个省对供销合作社的机关给予了承认，确定了他们作为合作经济的推动主体的地位。下一步是使这种各个地方政府的行为成为中国供销合作社各级机关的制度安排。

（二）基层社的专业化与实体化建设

目前我国农民合作经济组织的基本形式有：社区型、企业型和专业型。社区型是传统计划经济条件下的农村集体经济改革的产物，带有较强的政府干预的色彩；企业型多是社办企业和供销合作社企业改制产生的，按照企业化生产和经营的合作社企业，其特点是商业化运作的成分较多，经济实力比较强；农民专业合作经济组织多数以协会和学会的形式组织，合作内容比较专业，联系比较松散，多依托农业、供销社、科技等各级行政管理部门。

供销合作社基层社的改革与发展主导方向应当是企业型的合作经济实体。其理由有以下三点：一是在基层社的规模和层次上，现存的三类主要的合作经济组织形式中，企业型是合作程度最高、经济效益最好、发展最为稳健的形式。他们具有共同的资本投入和利益分享，也有比较容易实现的民主控制的机制和渠道，利益联结非常紧密，有利于调动社员的积极性与创造性。二是供销合作社的基层社原本就是企业，有物质资产、人力资本和销售网络，这些是办好企业型合作经济组织的必要条件。纯粹的农民兴办的或其他部门领办合作经济组织由于不具备这样的基础，所以往往以协会和学会的形式出现，使合作呈现比较松散和不稳定的状态，发展往往经历曲折，而且需要更多的政府支持和其他社会条件。三是供销社的基层社由于其所处的地位可以通过企业型合作经济组织的发展成为农村合作经济的典范和骨干，承当起带动农村合作经济事业发展的使命。为此，供销合作社的基层社一定要加快改革的步伐，早日通过老企业的合作化改造和对农民开放办社成为与市场经济融合的新型合作经济组织。并加强合作社治理结构的建设，为新型合作经济的高效率运行奠定基础。

（三）新型联合社的专业化和社团化趋势

在供销合作社的组织体系中，各级联合社是重要的组成部分，他们的发展关系着合作经济整体水平的提高和作用的充分发挥。而在我国传统体制中，各级联合社是按照行政区划设置的，其主要的功能也是执行部分的政府职能，这同西方国家的合作社联社大不相同。这里要讲的联合社与上述联合社无关，而是在农村新型合作经济发展中自发出现的基层社的联合体。他们的发展一是要遵循专业化协作与分工的原则，即打破旧的联合社的行政区划格局，由农民专业合作的基层社组成，根据专业合作社发展的需要进行各种形式、各个层次和不同范围内的联合。这种在农民专业合作基层社基础上发展起来的新型联合社可以按照专业发展的需要组成跨地区、跨行业甚至全国性的专业联合社。这些专业联合社的再联合就是未来全国合作社联盟的雏形。各级各类合作经济组织的联合社采取社团法人的形式更有利于其实现联合发展的功能，也会成为政府机构联系各专业合作社的桥梁和纽带。

上述新型的合作经济联合社在组织上应该更多地采取"社团化"的形式，形成各种专业生产与流通或金融的"协会"和"学会"。新型联合社之所以主要采取"社团"的组织形式基于下述理由：一是节约交易成本的需要。在基层社基础上的合作，内容和形式都更加复杂，范围也更加广泛，靠企业来进行组织和运作的难度加大，资本型的紧密合作的交易费用太高和外部性太强，因而不适合与办成基层合作社的联合企业。而采取协会学会等合作社团的形式，对成员出资、义务和责任的要求相对偏低，成员的利益联系比较松散，有利于风险的分散和组织的有效。而采取"社团型"松散的组织形式有利于吸收政府有关部门和各种社会团体进入协会，充分利用各种社会力量推动合作经济的发展。

要实现这样的改革目标，就会出现上述所讲机关化的现有各级"联合社"与"新型联合社"的重合与对接问题。笔者的理解有以下三点：一是在目前以及今后相当长的一个时期内，原有联合社和新型联合社会同时并存。因为机关化的原联合社是政府指导、协调和组织合作经济组织发展的机构，其作用是弥补中国合作社志愿者和企业家不足及发展合作经济的资本不足等缺陷。因为在经济落后地区，农民入社的意识不强、股金不足。甚至有的农民连会费也不愿交或交不起，靠联合社的资金来承担西方国家"农协、农会"等组织的职能是不可能的。因此政府把原由各级供销合作社联合社以财政资金维持起来，并承担起组织、指导和协调合作经济组织的职能是必要的。在西方国家，由于发展合作经济的思想与社会条件的充分发展，联合社就直接成为政府和合作社的桥梁与纽带。二是待到我国各级新型联合社成长壮大后，资金充足了，农民等社会成员的合作经济知识也具备了，其他发展合作经济的条件也更加成熟了，那时，随着新型合作社联合社的发展，原来机关化的联合社将逐步退出，让位于新型联合社。三是由于中国国情的复杂和农村经济对政府发展的依赖度较高，也许保留一个精干而有效率的政府合作经济的专门的协调与管理机构是必要的，那么这种机关在某些层次上的存在将会继续下去。

（四）社有企业的商业化与"龙头"化发展

这里讲的"社有企业"是供销合作社各级联合社所属的企业的改革与发展问题。由于中国供销合作社发展的特殊历史，中国形成了一个比较庞大的供销合作社系统内的庞大的企业组织，除去基层社，县以上的联合社都拥有自己所属的企业。这些企业的改革以前基本上是按照国有企业改革的思路和方法进行的。到目前为止，大都进行了股份制或股份合作制的改革。这些企业的改革与发展首先是解决市场经济与合作经济的相融合问题，就目前的社有企业而言，改革主要是还"合作经济"的性质，脱离"准国有企业"的过去。其次是走商业化经营的道路，这就应该选择符合自己发展需要的合作化与商业化融合程度的具体模式。最后就是通过参与农业产业化的进程，成长为农业产业化的"龙头"企业。要在坚持合作制的基础上选择适合自己的商业化发展模式，在强化企业管理和重视科学技术应用的过程中逐步把企业发展成农村产业化的"龙头"企业。

（五）供销合作社经营领域和发展空间的多样化开拓

这里是要讲供销合作社作为经济组织系统在完成向真正合作经济的回归后的发展壮大问题。供销合作社要成为农村甚至城乡合作经济发展的主力军，就必须高举合作经济的大旗，把自己变得强大起来。除了上述所讲的制度变革的改革外，在经营领域还应该有重大的突破。既要立足供销，又要跳出供销的局限；既要立足农村，也不应放弃城市。根据国内外合作经济的理论研究，市场经济中适合发展合作经济的领域有流通、金融、农业、服务业等人力资本占主导地位的行业，在运输、城乡居民的消费、住宅、医疗等方面也有突出的优势。因此，供销合作社的活动空间和发展潜力就十分广阔。在做好做强流通领域商品供销的基础上，可以向上述领域迅速发展。浙江省最近提出的合作经济发展思路是："生产、流通、金融"三位一体就是在积极拓展供销合作社的业务范围和发展空间，对于构建具有中国特色的合作经济组织体系具有非常重要的意义。

浙江省温州的瑞安市供销合作社与其他涉农部门和团体一起创办了"农信担保公司"，为农村合作经济组织和广大农民发展生产融通资金起到了很好的作用，同时也填补了我国农村合作金融的"缺位"，推动了农村合作经济的发展。根据国外的理论研究和实践，流通业和金融业是合作经济最为适用的领域。而我国的信用合作社的改革道路没有把农村信用社改造成为合作制的农村金融组织，而是改革成了城市商业银行，把股份制作为了改革的目标。这使得金融业本身就极不发达的中国农业发展的融资问题变得更加严峻。这种合作金融在农村的缺位为供销合作社在金融领域的发展提供了巨大的历史机遇。抓住了这个机遇，供销合作社发展成为合作经济的主力军的步伐和速度都会加快。

具体讲，下述几个方面的工作尤其重要：第一，加速发展流通领域的合作经济形成供销合作社的整体优势。在进行合作制改革的同时打造农村商品流通的新网络，把连锁超市、物流配送等新型流通业态引入农村，并通过对其他所有制和企业形式的商业网点的加盟迅速形成以供销合作社为中心和主体的农村新兴流通网络。第二，在生产领域通过开放办社大力兴办农民专业合作社，实现供销合作社骨干企业为"龙头"的农村产业化链条，发挥供销合作社在农业产业化和农村现代化发展的积极作用。第三，供销合作社要积极准备条件进军农村合作金融事业。要学习浙江省瑞安市和江西九江市在金融领域有所作为的经验，在人才、资金等方面准备条件，在政府有关部门的领导下发展农村的合作金融事业。最后，城市供销合作社应当积极开拓自己生存和发展的领域与空间。在坚持合作经济改革方向的基础上，在城市的生产、流通、服务、金融、消费和住宅等领域，合作经济有较大的发展空间。

参考资料

［1］Benoît Tremblay Daniel Côtè. 合作制还是商业化［J］. 金融研究，2002（1）.

［2］白立忱. 在华全国供销合作社第一期地市级供销合作社主任培训班上的讲话.

［3］浙农办〔2006〕39 号文件. 关于供销合作社改革发展情况的调研报告.

［4］供销合作社体制创新座谈会典型材料：浙江省供销社，开展农村信用担保，搭建为农服务平台.

［5］廖运凤. 对合作制若干理论问题的思考［J］. 中国农村经济，2004（5）.

供销社制度创新实践及其存在的问题分析[*]

供销社在计划经济体制中是国有商业在农村流通领域的延续，因而被称为"准国有企业"，在市场经济浪潮的冲击下经历了艰难的制度创新。其成就不可小觑，但也存在许多问题，需要通过深化改革的制度变迁去解决。本文的内容就是对供销社制度创新的做法及其存在的问题进行分析。

一、基层供销社制度创新的实践分析

（一）基层供销社的制度创新

基层供销社的制度创新可以分为两种：一是非合作制的改革，即通过改革把供销社基层社变成股份制企业、集体所有制企业、合伙企业、私营企业或个体经济；二是合作制的改革，即通过改革把供销社的基层社变成以农民为主体的合作制企业。

第一，基层社的非合作制企业化改革。我国供销合作社基层社从20世纪80年代以来就陆续进行了非合作制的企业化改革。通过改革出现的股份制公司、合伙企业或私营企业等，在企业制度上和公司治理结构上都已经没有合作制的内容，只保留了原"供销合作社"这块牌子。我国经济比较发达地区的基层社，大多选择了股份制、合伙企业或私营企业的改革道路。这实际上是基层社为了生存而进行的选择。从我国基层供销合作社改革的实践来看，造成了许多地方农村流通网

---

* 原载《合作经济》2009 年第 1 期。

络解体，农村商品流通主渠道的缺失和基层供销合作社的瓦解。

第二，供销社基层社的合作制改革❶。这种改革把基层供销社的改革目标锁定在了"农民合作经济组"上，即把恢复中华人民共和国建立初期供销合作社的性质、任务和职能作为改革的目标。改革措施主要有如下几种。

1. 在彻底改革的基础上重建供销合作社基层社。具体做法是：用变现固定资产和库存商品、清收债权和争取政府支持等方式筹集改革成本；以现金或实物一次性补偿，全员置换固定职工身份；向社会保障部门移交退休人员，同时一次性支付费用；以政府公告、企业承诺方式分期清退社员股金，以固定资产抵偿银行债务；调整经营结构，停止亏损的经营业务。对条件成熟的基层社，实行新老划断，按照全新的机制逐步重组。如重庆市和四川省供销合作社基本上都已实行了这种形式的改革。产权不清、行政化的传统供销合作社基层社已经不复存在，脱离原供销合作社的职工在开放办社的原则下通过吸收农民和其他社会成员的方式新建了基层供销合作社。

2. 以合作社改造基层供销社。这种方式就是以原供销合作社基层社没有解体为前提，通过"开放办社"，吸收农民和其他社会成员以入社的方式把供销合作社的基层社改造成为以农民为主体的合作经济组织。如河南省的林州就是通过这样的方式改变了供销合作社基层社的产权结构和治理结构，使合作经济长入供销合作社的基层社，从而以完成供销合作社基层社的改造作为合作经济组织的目标。通过上述制度创新，供销合作社基层社的实现形式多样化了，主要有下列五种形式。

（1）以农村专业合作社为内容的基层供销社。供销社基层社依托农业产业化"龙头"企业和大专院校科研院所，吸收商品经营大户和其他经济实体，发展以农民为主体的专业合作社，以专业合作社改造供销社的基层社。

---

❶ 四川省乐山市供销合作社联合社. 新建基层供销社的思考［J］. 合作经济参考，2006（3）.

（2）以社区综合服务社改造基层供销社。社区综合服务社是在一定行政区域内，按照市场化、产业化、社会化、网络化和便捷性、社区性、综合性、服务性的要求，为居民（村民）生活、生产需要提供全方位、多层次、多形式、系列化的综合服务的合作经济组织。以原基层供销社为依托，将代销店、庄稼医院、村级综合服务站进行整合，新建社区综合服务社，将社区的行政、公共事务职能与基层社的经营业务有机结合起来，组建起为村民提供综合服务的综合服务社。通过自办和联办社区综合服务社来重构基层社，不仅可以扩大供销社的经营服务领域，而且增强了基层供销社的服务功能。

（3）以农产品及各类行业协会改造基层社。农产品及各类行业协会是由生产经营和加工同类产品的经济组织和个人自愿参加组成的，按照共同制定的章程开展经济活动的非营利的自治组织。基层社围绕当地特色产业和主导产品，依托"龙头"企业和专业合作社等经济组织创办各类协会，尤其是农产品行业协会和农民经纪人协会。在河北、黑龙江、四川等省的许多市、县的基层社都广泛发展了这样的专业协会以改造供销社为农民合作经济组织。

（4）以"三农服务中心"改造基层供销社。"三农服务中心"是整合社会涉农资源，为农业、农民提供产前、产中、产后系列化综合服务的农村专业合作经济组织。如四川省合江县的基层社就利用自己在营销渠道、经营网络和组织体系等方面的优势，整合和积聚乡农技站等五个涉农部门的人才、技术和资源优势创办的。它不仅填补了乡镇事业单位机构改革后"七站八所""人散网破"所留下的空白，而且还为乡镇事业单位机构改革、人员分流提供了一条出路。同时，涉农资源整合后将基层供销社新建成为新型综合性的农业社会化服务组织，增强了基层供销社的服务功能和服务实力。

（5）以农村合作经济联合会改造基层供销社。农村合作经济联合会是一定区域内的农业产业化"龙头"企业、农产品经纪人、农村专业合作经济组织等农业生产经营组织和个人按共同制定的章程组织起来的，为农村合作经济组织提供组织、指导、协调、服务和管理的农村合作经济组织的联合组织。在农村合作经济组织已经达到了一定规模的基础上，基层社通过开门开放办社，将农村中已经发展起来的各类合作经济组织吸纳到基层社来，并成立"农合会"，实施对合作经济组织的组织、指导、协调、服务和管理。

（二）基层供销社改革中存在的问题

当前，供销社基层社在改革发展中存在和亟须解决的主要问题有下述四个方面。

第一，基层社改革中所实行的"改制"与基层社制度创新目标有相当大的差距。这种改制是将供销合作社改为股份制或股份合作制，将以农民社员为主体的合作社组织改为产权多元化而农民成分极少的股份制企业和股份合作制企业。这种把社企合一的基层社组织等同于联合社社有企业所进行的单纯企业化改革，使基层社体制内出现了异化倾向，即单纯的企业化和趋利化增强，而合作性和服务性弱化明显，广大农民群众在改制中被"制"外化或边缘化，一些基层社变为农村少数种养殖大户、农村经纪人等"能人"和社会企业法人组成的"强者"联合体，体制内资本的话语权和决策权凸显出来，广大的弱势群体的农民群众则难以成为合作社的主导者。这种改制与基层社改革的方向与目标存在相当大的距离。

第二，有些地方的基层社在改制中出现失控。主要表现：一是简单套用国有企业改革的做法，忽略了供销社作为合作经济组织的特殊性，将改制后的基层社完全等同于一般性的公司，将为农服务看成是公司今后发展的一个负担，最后使基层社成为单纯追求利润最大化的一般企业；二是将改革简单化，实行"一卖了之"、卖光分光，导致基层社的资产低估、贱卖，量化给个人，使一些优良资产大量流失；三是有些地方政府借基层社改制或行政区划调整、城区改造之机，任意平调和无偿占有基层社的财产，或者强迫基层社低价出让房地产，使基层社的发展失去了依托和根基；四是在改革和改制中不求进取，靠"租摊子，收租子"过日子，基层社的基本职能完全丧失。基层社数量大幅度减少。

第三，基层社的购销额比重连年下降，与购销经营业务直接相关的盈利水平很低。基层社购销总额占全系统的购销总额中的比重从1999 年的 32%下降至 2004 年的 24%。这种状况产生的原因：一是由于供销社系统的合作性欠缺，"联合社不联合，合作社不合作"，对基层社未能尽到联合社的职能；二是由于有些地方将县级联合社之间的联合关系演变为竞争关系，县市联合社与基层社争业务、争利润，使基层社有限的利润又被联社瓜分。这种趋势任其发展下去，不仅各级联社的利润增长难以持续，而可能由于基础塌陷，危及全系统的生存。2004 年，全国基层社实现利润总额 1.5 亿元，平均每个基层社盈利仅为 6655 元，基层社的亏损面则为 11.37%。有一定规模和实力并在农村市场占据重要地位的基层社很少，大多数基层社都处于盈亏的临界点。全国基层社盈利水平如此低下，表明基层社为"三农"服务的总体能力较弱，在农村市场的地位必然不高。

第四，以合作经济组织改革和改造基层供销社的具体形式多而杂，运作往往不规范、不稳定。当前供销社基层社的改革可以说是"五花八门"，有企业组织、社区组织、协会组织等，有的按企业化管理和运作，有的按社团组织的原则和方式运行，使规范的合作经济组织在实践中确实难以确定。由于运作的不规范，所以往往也不稳定。有的轰轰烈烈地开张，活动则不多，往往由于经费、人员等困难而自动消失或名存实亡。

基层社在改革中上述问题的出现，总体上来说，其主要原因包括以下三方面：一是基层社改革、改制，缺乏理论指导，改革者特别是改革的领导者，对一些基本理论问题没有认真学习和深入领会，改革与改制便仓促上马，因而在实践中必然会出现一定程度的混乱和盲目；二是缺少来自上级的整体性的统一规划、实施步骤和具体措施。对于基层社改革与改制这么重大的改革，没有一个从中央政府部门到全国总社，以及各级联社纵向下达的明确而统一的权威性文件进行指导；三是在基层社改革过程中，缺乏关于基层社命运的原则性规定，如基层社改革的目标是什么？改革究竟要改什么？在改革中，如何对社有资产进行处置？在变卖资产时应遵循什么原则等。

二、供销社社有企业的制度创新❶

（一）社有企业制度创新的基本内容

1998 年以来，全国供销合作社展开了大规模的企业改革，产权多元化是社有企业改革的重要内容。改革的基本方法主要有：一是围绕"减人、减债、转体制"，对原企业进行脱胎换骨的改造；二是吸收供销社以外的资本，对原社有独资企业进行重新整合；三是改制后新企业的组织形式大部分是有限责任公司和股份合作制企业，少部分是股份有限公司和合伙及个体经营；四是在股权比例设置上，基本上是供销社控股（包括绝对和相对控股）、参股和整体出让三种形式。在内部股权结构上，除供销合作社集体和少数社会法人股以外，主要推行了以职工（全员）参股和经营者持大股的改革。

社有企业制度创新的基本做法：一是对为农服务的优势骨干企业进行控股改造。对资产较多和效益较好的优势骨干企业，由供销社控股，吸收企业职工参股作为增量，组建成股份有限公司或有限责任公司。在这类企业中，往往采取经营者和业务骨干相对持大股的形式。二是对有一定经营优势并有一些净资产，但包袱沉重的企业进行剥离重组。对那些不良资产多、债务包袱重、人员机构臃肿、企业多年亏损但还有净资产和经营优势的企业，将部分优良资产剥离出来，债务仍由老企业承担。在偿还部分银行债务、对职工身份置换进行一次性补偿后，吸收职工入股，新组建有限责任公司或股份合作制企业。三是对规模小、资产质量差的企业整体转让。对这类企业，供销社根据评估后资产的价值，将企业资产卖给职工或面向社会公开转让。改制所收回的资金，一部分用于下岗分流职工和离退休干部的安置，另一部分和银行协商还债，还有一部分收归理事会专项用于新的经营服务网点的建设。四是对严重资不抵债、扭亏无望的企业，依法实施破产。

---

❶ 中华全国供销合作总社文件，《关于供销社企业改革和发展若干重大问题的意见》，中华全国供销合作总社办公厅研究室，《各省（区、市）党委政府支持供销合作社改革发展文件汇编》，2007 年 5 月。

对这类企业，一般首先妥善安置职工，债务在当地政府协调和债权部门认可的情况下，采取剩余资产交银行抵债，不足部分用核销银行呆账、坏账的方法进行处置。根据各地经验，由于供销合作社与国有企业不同，实施破产享受不到试点地区国有企业优化组合的优惠政策，只能依《民事诉讼法》的规定实施破产，各地通行的做法基本是，在关、停、并、转的基础上，制订出破产方案，再请政府出面支持和协调，然后与债权人达成谅解和共识，最后经过法院判决生效。

（二）社有企业改革中存在的主要问题

第一，法人治理结构普遍不够完善。改制后的企业中"三会一层"各负其责、协调运转、有效制衡的机制尚需健全。有的地方在产权改革中，虽然形式上完成了多元化，但仍然按照老的体制在管理企业，没能按照现代企业制度的要求建立法人治理结构，没有监督约束机制，形成新的"内部人控制"。

第二，经营者持大股现象比较普遍。产权多元化仅限于职工参股、经营者持大股，引进社会资本和法人股的不多。不少地方在改革中未能跳出狭隘的内部圈子，而是把职工个人入股和经营者持大股作为唯一方法，离规范的产权多元化还有很大差距。

第三，社有资产流失比较严重。有的地方和企业在改制时有低估资产、明卖实送、量化资产的情况；资产评估和股权设置不能实现公开、公平和公正，出现社有资产流失现象。有的地方不能坚持同股、同权、同利的原则，利润分配过分向自然人股倾斜，使供销社的利益受损。个别地方出现一卖了之，一破了之，供销合作社整体退出的现象。

第四，改制后的企业有忽视管理的倾向。一些地方重改制、轻管理，产权多元化只是建立了一种形式，没有真正按照现代企业制度去规范和管理。人事、劳动、分配三项制度改革滞后，企业经营者和员工能进能出、选贤任能的机制还没有建立起来，劳动工资和收入分配仍沿用老的办法，缺乏激励机制，影响了改制的效果。

三、供销社各级联合社的制度创新

各级供销合作社联合社的制度创新在中国大体有三种主要模式：河北省的农联社模式、山东省和河南省构建农村商品流通网络的模式和浙江省瑞安的农村金融、流通和科技推广"三位一体"的农村合作协会模式。

（一）河北省的农联社模式❶

河北省供销合作社以各级联合社为依托，组建农民合作经济组织联合会的模式取得了显著成效。各级"农合联"开展了系列化服务。第一，信息服务。各级"农合联"成立综合服务中心，创办网站、会刊等载体，搭建信息服务平台，向会员和广大农民提供政策法规、农业科技、生产加工、市场行情等信息。第二，技术服务。"农合联"与大专院校、科研院所或当地科技人员建立了长期合作关系，引进培育优良品种，推广先进实用技术，努力提高会员产品科技含量和效益。第三，营销服务。各级"农合联"积极开拓国际、国内市场，组织相关会员单位之间、会员单位与商家、"龙头"企业间开展联合与合作，帮助会员推销农副产品。第四，培训服务。各级"农合联"聘请专家教授，利用讲课、现场指导等方式，向农民宣传农业政策，传授农业实用技术、经济合同知识等，提高农民素质。

（二）山东省构建农村商品流通网络的模式❷

山东省的莒南供销社联合社和河南省林州供销社联合社的经验可以概括为："一个网络、两个平台"（即农村现代流通服务网络、农村社区服务中心和合作经济联合服务组织）的新模式。他们在近年的改革中做了三件大事：一是把超市办进村，发展农村现代流通网络；二

❶　河北省供销合作社，发挥优势，促进联合，加快农民合作经济联合会建设［C］. 中华全国供销合作总社第四次理事会第三次会议典型经验汇编，2007.1，北京.
❷　山东莒南供销合作社，构建农村新型经营服务体系，发挥供销社在新农村建设中的作用［C］. 中华全国供销合作总社第四次理事会第三次会议典型经验汇编，2007.1，北京.

是建设农村社区服务中心；三是建立农村合作经济服务体系。

近年来开展的主要工作。

第一，实施"十百千"工程，建设农村现代流通服务网络。在全县城区发展新型业态的大中型商场、乡镇连锁店和村级连锁便民店。在日用消费品超市设立了图书音像、邮政代办，医药及通信等代理业务专柜，移动通信等公司与农村流通网络建立了全面合作关系。借鉴连锁经营方式，使再生资源、农机具、家电、烟花爆竹、农民做饭用的液化气等都实现了连锁经营。

第二，建设农村社区服务中心。农村社区服务中心的服务内容，以日用品和农资超市为基础，设置餐饮、娱乐、洗浴、理发、医疗、维修、健身，以及家政、劳务、技术服务等项目，有条件的地方还办起了幼儿园。服务中心由基层供销社在村"两委"的协助下实施统一管理，日用品和农资超市纳入网络实行连锁经营，其他经营项目以招标方式吸引优秀的经营者进入。

第三，建立合作经济服务体系。具体的服务包括利用连锁经营的工业品网络带动农产品标准化生产和合作社的发展。总结农民自己的经验开展培训，引导并帮助农民发展合作经济组织。建立完善组织体系，搭建农村合作经济组织自我服务、联合发展的平台。

（三）浙江省的农村金融、流通和科技推广"三位一体"的合作协会模式

浙江省瑞安模式具有"'三位一体'服务"三农，条块交融统筹城乡的合作经济联合社的温州特色。"三位一体"系指农民专业合作、供销合作和信用合作，乃至整个农村金融、流通和技术推广体系结为一体。"条块交融"系指专业性合作与社区性合作相互交融。瑞安"农协"把现有供销联社、合作银行、农业局、科技局、基层农民专业合作社、村经济合作社等联合成立农村合作组织协会，提出了会员分级制度和会员分类制度。所有会员分级为预备会员、联系会员、附属会员、基本会员和核心会员，均应编入不同专业类别和区域类别。第一次会员代表大会确认瑞安信用合作社联合社（农村合作银行）、瑞安供

销合作社联合社、瑞安农村合作经济联合社、瑞安农产品经纪人协会、瑞安农村科技特派员协会等八个单位为第一批核心会员。另有近百家农民专业合作社、农机合作社、村经济合作社成为第一批基本会员。数千农户成为第一批附属会员，联系会员预计将达到十几万户。协会的组织体制设计，既充分发挥了核心会员的优势和作用，也容纳和平衡了各级各类会员的利益和诉求，不断促进信息共享和资源整合。该协会章程还规定了会员代表、理事、监事交替改选制度，有助于维护协会发展的稳定性和开放性。在会务机关设置上，仿行三权分立的制度，确保协会运作的民主性和制衡性。

在瑞安农村合作协会现有的八个核心会员中，供销社及供销社领办的合作经济联合社、专业团体占有四席。供销社主任通过民主程序，当选农协总理事及法定代表人。还有很多理事、监事、执行委员来自供销社及供销社领办的农民专业合作社。使供销社在瑞安农协工作探索中发挥了先导和骨干作用，使供销社可能通过改制、改组和改造，转变为综合性农协。

（四）供销社各级联合社制度创新中存在的主要问题

供销合作社各级联合社的改革在供销社制度创新体系中具有重要的意义。因为在供销社的"四项改造"中，基层社和社有企业的改革涉及的最基本问题是微观领域的产权问题，通过以明晰产权为核心的企业改革措施和支付一定的改革成本，改革将会比较顺利。要注意的是把握改革的目标，让合作经济的内涵进入改革后的新企业。而各级联合社的改革更多地涉及宏观领域的体制问题，比如各级联合社的功能究竟是什么？它具体执行什么样的职能？是行政机构还是社团组织？在合作经济的发展中，它与其他政府部门的关系该如何界定？它与基层社和社有企业的关系又该如何处理等，都需要经济管理体制来确定。在地方政府和供销社职工为主体的制度变迁中，这些问题的解决和处理都是非常困难的。因此，各级联合社的制度创新面临的问题更加深刻和复杂。通过调研和思考，我们认为最主要的问题有下述三个方面。

第一，各级联合社的功能不明确和职能不到位。在标准的市场经济体制中，合作社主要是企业组织。但由于其规模、信息或管理上的问题不能解决更大范围内的经济合作问题，于是在各基层社的基础上产生了联合社，有区域性的联合社，也有专业性的联合社，有企业性质的联合社，也有社团性的联合社，它们均依其性质进行规范化的运作。联合企业按照企业运作的机理和原则；社团组织按照社团规章运行，它们都接受政府各部门的政策扶持和优惠。我国的供销合作社体统不是这样的。过去在计划经济体制中，不管是以"第二国有商业"还是以"集体商业"的形式出现，都是农村计划商业的重要组成部分。它的各级联合社实际上就是国家管理农村商品流通的政府机构，在全国各地形成了巨大的组织体系。在改革开放后的历次体制变迁中，它也作为政府机构的一个部门存在。直到 1994 年的机构改革，供销社不再是政府机关的组成部分，而成为基层社和政府部门之间的群众性社团组织。但是这种社团组织的职能究竟是什么？和过去的供销社各级联合社有什么实质性的差别？在组织体系和管理体制上与过去的政府机构有什么重大的不同？它的组织结构、管理体制上与中央及地方政府各部门之间的关系如何确定？以及经费如何获取与使用等都没有明确的规定。

这就为各级联合社的有效运行制造了障碍。由于从中央到地方的各种政策性文献中都没有对供销社联合社的功能进行明确的界定，因此联合社的职能和运行实际上是由各级地方政府来决定的。在改革初期，大多数地方政府都普遍认为，供销合作社的联合社是要通过改革消除的机构，即使存在也没有明确的职能和任务，而是维持系统的运行和解决改革与善后问题。后来随着农村商品流通主渠道的缺失所带来的对农村经济发展的制约，以及供销社联合社求生存发展中对农村经济发展的积极推进，不少地方政府开始意识到供销社联合社的作用，并不断地赋予供销社联合社以各种具体职能，使得供销合作社各级联合社的生存和发展在很大程度上取决于地方政府及其主要领导人对其作用的认识。比如，河南、河北、浙江、重庆、山东、黑龙江等省、市，由于政府及其主要领导人的重视和支持，所以联合社及其所属系统的制度创新就生机勃勃；反之，供销社工作就十分困难。在地方财政比较宽余的地方，联合社的生存往往依靠政府的少量拨款维持着机构的运转。在地方政府财政拮据而社有资产较优的地方，联合社则依赖着社有资产运行的盈利来维持，有的地方联合社也如同基层社一样进行赢利性的生产经营活动维持其生存，很难进行制度创新和追求发展。因此，当务之急是从中央到地方的各级政府都必须明确供销合作社联合社的功能，并确定其明确的职能。

第二，是各级联合社的人员和经费问题。由于政府对各级联合社的功能和职能没有给予明确的定位，那么机构和经费就成为问题，供销社的各级联合社的正常运转就十分困难。如果在市场经济发达国家，联合社自有它生存的规则。它用自己对基层社的服务收取费用来维持其运行和获取部分盈利，还可以获得较大的发展。有的专业性或区域性的联合社是企业化运作的，加上政府部门的资金与政策支持，它们可以实现其有效的运行。而我国的各级联合社在旧体制中是国家机构，不是市场经济发展中自行出现的自下而上的联合社，现在所做的事情也大部分是政府机构从事的，即部分执行政府职能。各级基层社发展十分有限和经费存在困难，难以靠收费维持运转。而且如果它要转向行业协会，又与原来存在的行业协会出现重叠和冲突，也不能正常运转。由于各级联合社功能不明确所导致机构萎缩和人员严重短缺与老化，所以大大影响了联合社功能的发挥，也使得行业内人员积极性与创造性均受到压抑与损害。

第三，"农联社"等新型联合社的可持续发展问题。尽管各级联合社进行制度创新的具体形式呈现多样化，但大多都存在走形式、图热闹、创造"轰动效应"的问题。往往"农联社"或类似组织成立时轰轰烈烈，热闹非凡，各级领导也出席讲话，但其维持下去并长期进行多样化、多方面服务的却不多。其原因在于"农联社"也不是自下而上自行组织起来并运行的，而是政府部门，尤其是供销合作社的联合社推动的。但却没有为其明确职能，没有稳定的组织机构和经费来源，更难有权威的领导机构和人员。可见"农联社"等组织的生存和可持续发展面临着体制和运行机制的困境。

综上所述，供销社全系统在制度创新的各个层面都有其伟大的创造，取得了可喜的成就，但存在的问题也很多，主要的是宏观层面的体制协调问题，也有微观层面的技术性和思想意识问题。需要通过对供销社制度创新实践进行思考和再推进，以实现供销社的改革目标并推动其发展。

参考资料

［1］白立忱．大胆实践，彻底实现向社会主义市场经济体制的根本转变［J］．合作经济参考，2007（12）．

［2］中华全国供销合作社总社研究室．供销合作社与新农村建设暨莒南经验高层论坛观点综述［J］．合作经济参考，2007（12）．

［3］河北省供销合作社．发挥优势，促进联合，加快农民合作经济联合会建设［C］//中华全国供销合作总社第四次理事会第三次会议典型经验汇编，2007．

［4］河南省供销合作社．靠改革激发活力，靠发展赢得尊重［C］//中华全国供销合作总社第四次理事会第三次会议典型经验汇编，2007．

"农超对接"的主要问题和
实现高效对接的基本途径[*]

一、"农超对接"的含义、意义与模式

（一）"农超对接"的含义

农超对接，指的是农户和商家签订意向性协议书，由农户向超市、菜市场和便民店直供农产品的新型流通方式。初衷是为优质农产品进入超市搭建平台，从而使农产品能够以最快的时间、最便捷的渠道、最低的成本到达居民的餐桌，以缩小流通成本，增加农民收入。"农超对接"的本质是将现代流通方式引向广阔农村，将千家万户的小生产与千变万化的大市场对接起来，构建市场经济条件下的产销一体化链条，以实现商家、农民、消费者三者的共赢。

（二）"农超对接"的意义

超市通过农民专业合作社（或产地"龙头"企业）采购农产品，这种模式的优点在于：由于减少了农产品的交易成本、流通成本和流通时间，从而降低了超市的采购成本，更重要的是提高了农产品的品质和安全性，增加了农民收入。"农超对接"是我国农民销售产品的一种新型模式，是我国农产品供应链上的一次创新和革命。从理论上看，"农超对接"有如下意义：一是"农超对接"引进新的治理结构，加

---

* 原载《合作经济》2010 年第 10 期。

强了上、下游信息沟通和监督管理，超市直接参与了农产品生产过程的监控和管理，确保了农产品质量。二是"农超对接"减少了供应链上的中间环节，可以让利于农民和消费者。三是"农超对接"不仅增加了农民在农产品生产、农民专业合作社、农产品运输仓储等环节方面的就业，而且提高了农民收入。四是"农超对接"还可以使中国超市和批发市场等业态的经营方式发生革命性变革，实现流通业的现代化。

（三）"农超对接"的模式

当前我国实践中的"农超对接"主要有五种模式：一是以沃尔玛为代表的"超市＋中介组织＋农民"。由于中国的农业具有小规模分散经营的特点，所以大公司很难和农民直接对接，必须寻求中介组织作为农超对接的中介。它们可能是合作社，也可能是公司或"龙头"企业，还可以是合作农场。二是以家乐福为代表的"超市＋农民专业合作社＋农民"模式。这一模式的特点是中介为农民专业合作社，而且还是规模较大、经营管理规范的合作社才能作为对接的中介。三是以麦德龙为代表的"超市＋'龙头'企业＋农民"模式。这里中介成了"龙头"企业，主要也是从事流通中介和粗加工的企业；四是以山东家家悦为代表的"超市＋基地"。这种模式中没有中介，而是超市和基地直接对接，它要求超市实力巨大，自己建立农产品生产和加工的基地。五是以山东供销社为主体的"超市＋供销社＋农户"模式。在这种模式里，中介是供销合作社的社有企业。概括以上各种模式，基本都需要中介，只是中介不同，就有了不尽相同的运作模式。

二、"农超对接"当前面临的主要问题

"农超对接"在先进国家是市场化过程中流通现代化的产物。而在我国是政府推动，企业和农民参与的运动。因此在发展中面临着一系列的问题需要探讨和解决。核心是找到参与各方利益均衡的机制与办法。

（一）经济体制和法规问题

1. 在经济体制上，农业、经贸、财政等政府机构与供销合作社的关系没有理顺，存在矛盾和不合作的问题。没有供销社的参与，"农超对接"很难良性运作。因为实践中存在一系列的矛盾，没有供销社的积极参与就难以解决。如超市采购批量化与分散化小农生产的矛盾、超市采购多样化与农民种植"一村一品""一镇一品"的专业化的矛盾等。而且符合发展"农超对接"条件的超市较少，单纯依靠超市发展"农超对接"困难很多，需要中介。而供销合作社参与"农超对接"成为超市与农民的中介具有明显优势。首先，供销合作社的基层社在熟悉流通、懂得经营、具有流通网络和设施，在组织农民生产方面有其他组织不可比拟的优势。其次，供销合作社体系的完善，有利于建立信用合作体系，为专业合作组织解决资金互助问题。所以在"农超对接"过程中，供销合作社叮充分发挥桥梁作用，作为农民和超市之间的中介。因此，应该在农超对接中充分利用供销合作社这个系统。但现实生活中，由于体制的分割，"农超对接"成为商务部和农业部推动的"助农"活动，供销社被排除在外。而且与政府的商务、农业等部门存在相互不沟通、不合作等问题，使"农超对接"的中介组织不能适应实践的需要，影响了"农超对接"的运作效率。

2. 《农民专业合作社法》存在的缺陷问题。如联合社的登记注册问题、不同生产者组织的综合合作社的注册问题及扶持的问题。农民专业合作社规定只有专业合作社才能按照合作社登记注册。于是，就出现了综合经营的农民合作社难以登记的问题。而且随着合作社的发展，各级各类联合社的发展不可避免。但法律没有联合社登记的条文和依据，造成农民专业合作社的联合社无法按照合作社登记注册，并享受合作社的优惠政策。

（二）"农超对接"中的政策扶持问题

1. "农超对接"中的财政投资问题。在我国，与"农超对接"相关的政策扶持投资很多，主要的问题是分散和分割，不能集中使用产生规模效益。比如，商务部推出的"万村千乡工程"、农业部推出的"农业产业化"项目、供销合作总社推出的"新网工程"。还有科技部、扶贫办等部委推出的各种资金等。但由于由各部门分散使用，所以无法形成规模效应和网络效应。

2."农超对接"中的税收和发票问题。农产品增值税进项税收抵扣中存在的问题，影响到"农超对接"的实施效果。如各地农产品收购发票不统一造成跨省抵扣存在困难，客观上增加了企业经营压力。又如，因获取农产品收购和销售发票时间较长且手续繁杂，很多连锁零售企业不得不放弃或缩小直接对农产品的采购经营。

3."农超对接"中的金融政策问题。指的是"农超对接"中的资金需求的融通问题，以及拓展开来的保险问题。"农超对接"需要建立基地和物流设施，还需要农产品流通的流动资金。参与这项活动的主体有超市、中介公司和农民专业合作社等。他们都面临融资问题。尤其是其中的基地、物流设施更是需要较大的资金量。农民专业合作社更是资金上的弱者，因此需要政府的金融政策支持。

（三）"农超对接"中的信息平台问题

"农超对接"需要通过信息平台进行。各地现在覆盖面宽、信息容量大、费用合理的信息平台还是缺乏，并制约着"农超对接"的健康发展。比如"农超对接"的大型数据库建设较少，有的数据库由公司按利润最大化原则经营，但是农民用不起。另外，各个部门和单位的信息数据还没有实现联网运行，这也是普遍问题。

（四）农民专业合作社的规模和经营问题

一是农民专业合作社规模小。二是农业专业合作社经济实力弱、生产的标准化程度低。三是分拣、初加工和配送能力低。四是商业意识和营销知识欠缺。五是管理不够规范，沟通能力不够。六是经营管理和科技人才缺乏。这些问题的存在是我国农业经济落后的的条件下兴办合作社必然存在的问题。只有在经济发展的同时，这些问题才能逐步得到缓解。而这些问题的存在在很大程度上增加了超市和企业在

"农超对接"中与农民的合作很难，使对接的效率难以提高。

（五）中介公司的缺乏和超市经营理念的问题

在"农超对接"中还存在诸多问题造成对接的困难。一是超市和农民专业合作社间的中介公司缺乏。反映突出的问题是超市和农民都难以找到合适的公司伙伴。二是超市遵循"利润最大化"原则行事，追求短期经济利益的最大化，与农民专业合作社之间没有建立起均衡的利益机制。突出表现就是"进场费问题"，另外，压低农产品进超市的采购价格问题也比较普遍。超市在与合作社或农民在谈判中始终居于主导的支配的地位。因此，合理的价格和三方的利益均衡机制并没有形成。

三、实现高效率的"农超对接"的途径

从政府、企业和合作社三个层面谈提高"农超对接"的思路和途径。就政府行为而言，要为"农超对接"提供良好的外部环境和相应的政策保障；就企业行为而言，必须着眼于企业长期发展，确立适度利润的经营理念；就农民专业合作社而言，必须实际规范管理和扩大规模，并实施标准化生产，提高科技水平和社员素质。

（一）"农超对接"中的政府

政府在"农超对接"中的作用突出，不仅发挥着引导的作用，而且还必须具有组织、协调、规制和扶持的作用，目的是在管辖区域内实现流通资源的优化配置。通过法律法规、经济政策和必要的行政去促进"农超对接"的高效率运作。

1. 理顺体制。一是确立关于"农超对接"的基本的原则。即农业和经贸部门具有政府职能，而供销社具有在授权条件下的经办职能。二是建立健全农口、商贸、财政、金融和供销社联的协调配合机制。三是使供销社的企业要成为"农超对接"中的"龙头"企业和物流体系的主体。

2. 完善法规。针对《农民专业合作社法》的缺陷和对"农超对

接"的负面影响，地方政府一方面应当制定对《农民专业合作社法》的补充规定或解释性说明来解决其对合作社联合社的登记与扶持问题。另一方面，也可以以股份合作制企业为联合社登记。另外，在其他政策与法律规范发生冲突时，应及时完善法规。

3. 建立"农超对接"的扶持政策体系。这种政策体系应当包括财政税收政策、金融政策及其他配套政策。

第一，"农超对接"中的财政税收政策。具体地说，应当有下述四个方面：首先，政府在财政投资上要适当集中财力，加大扶持力度和项目规模。其次，是落实"农超对接"中农产品减免税收的政策。再次，是改进发票管理制度。最后，是进行地方税制改革。

第二，"农超对接"中的金融服务政策。具体地说，应当有下述三个方面：首先处于核心地位的金融政策要准许农民专业合作社开展资金担保和资金互助合作业务。其次，是制定鼓励商业银行和金融机构支持"农超对接"项目的资金融通政策。再次，是制定鼓励保险公司开展与"农超对接"相关的保险业务政策。

第三，"农超对接"的其他政策扶持。具体地说，应当有下述两个方面：首先是"农超对接"中的科技教育政策。其次是"农超对接"中的果蔬配送"绿色通道"政策。

4. 加快"农超对接"信息平台的建设。"农超对接"的信息平台建设需要政府和大型超市的投资、运营和监管。通过"农超对接"数据库的建设，将农产品的市场行情、农业生产的科技成果、有机农产品的生产要求、农村经济综合信息等集中联网使用。还可以通过各种研讨会、洽谈会、培训手册、专业报刊等多种方式建设信息平台。

（二）"农超对接"中的企业

"农超对接"是政府倡导的流通企业和农民合作以减少流通成本和优化农产品质量的现代流通方式，企业和农民是最重要的经济主体。要提高对接的效率，企业应当如何做呢？这里的企业，既包括"超市"，也包括其他与流通相关联的"龙头"企业。

1. 就"超市"而言，目前应当注重解决的问题。一是立足企业长期发展的产业链建设。参与"农超对接"需要投入，有时这种投入还是比较大的。因此，超市要从建立长期稳定的产销关系、控制产品质量和建设货源产地的长期战略目标出发对待时间和经济上的投入。二是确立追求适度利润，避免过度价格竞争的经营理念。价格竞争是零售业竞争的基本手段，但过度的价格竞争已经使我国的零售业成为微利行业，大大削弱了行业的投入和发展。应当明确的是："农超对接"虽然是降低流通成本的重要途径，但绝不是目的。要把节约的成本让利于农民和进行超市的基础设施投资。三是与农民专业合作社等农业生产主体建立长期战略同盟关系，并通过技术和营销管理实现对产品质量的管控。

2. "龙头"企业或公司行为准则。龙头企业和"超市"的区别在于前者主要以农产品加工和物流为主要经营内容，而不是从事商品的买卖。因此他们的行为在立足产业链建设、追求适度利润和与农民建立前期战略同盟关系等方面与"超市"是同样的。与"超市"不同的是，要为合作社提供农业产业化的系列化服务等方面。不仅可以在流通领域为农民提供服务，而且要逐步发展在产前、产中和产后的其他服务。如山东等地的农资公司，就在买卖农资的同时为农民提供"测土配方"的科技服务，为农民提供送肥到田间甚至施肥的服务"龙头"企业可以在产业化系列服务方面大有作为。

3. "超市"和中介公司的关系。主要是两个方面：一是应该按照市场化的原则和契约精神建立长期战略同盟关系。二是可以按照产权清晰的原则建立新公司，采取母子公司或控股公司制度。

（三）"农超对接"中的专业合作社和农民

"农超对接"中的农民专业合作社和农民是最为重要的经济主体。要实现对接的高效运作，需要他们的积极努力。首先是农民专业合作社的规范化建设。合作社的规范化在中国非常的重要。按照《农民专业合作社法》的要求，建立和运作合作社是农超对接的基础。国家的扶持政策很多要落实到合作社，如果合作社不规范，让公司企业享受了合作社的优惠政策，就起不到富裕农民的作用。二是农民专业合作社的规模化建设。农超对接往往是大超市和农民合作社的对接，只有大规模的对接才能产生规模经济的效益。如果没有一定的规模，生产成本和交易成本居高不下，就不能实现农超对接的目标。三是农产品基地的建设和争取专项资金与项目。规范而具有一定规模的合作社需要通过基地建设增强其实力和提高产品的技术含量和质量，所以争取项目和资金支持尤为重要。四是农民专业化生产和技能培训及合作社文化建设。五是合作社骨干队伍的建设。

综上所述，"农超对接"的高效率运作，需要政府、企业及合作社的通力合作，各自在分工领域内做好自己的事，就能实现城乡流通资源的优化配置，提高流通的效率，造福人民。

参考资料

[1] 商务部，财政部，农业部. 关于开展农超对接试点工作的通知. 2008 – 12 – 11.

[2] 曾乐明，阮蓓. 农超对接如何从磨合走向默契 [N]. 农民日报，2010 – 04 – 02.

[3] 翁阳. 农超对接抑物价，税收问题制约企业直采规模. 中国新闻网，2010 – 06 – 04.

[4] 新华社经济信息编辑部. 山东省供销合作社探索农超对接新途径. 中国供销合作网，2009 – 10 – 14.

[5] 林建敏. 农超对接还有多少坎要跨 [N]. 信息时报，2010 – 07 – 07.

三、企业并购和资产重组研究

略论我国企业资产重组的难点[*]

资产重组是市场经济条件下企业优化资源配置的基本手段。经济体制改革以来，我国企业的资产重组经历了从行政性到市场化运作的发展过程，由于经济体制正处于转型之中，使企业的资产重组遇到了一系列错综复杂的矛盾和困难。

一、资本市场发育的滞后是企业资产重组的难点之一

根据发达市场经济国家的经验，企业的资产重组实际上是市场经济条件下企业进行资本经营的基本途径。商品经济和生产社会化的发展一方面要求企业的生产和资本日益集中，建立大规模、多样化经营的大型企业组织，以便在企业内部实行生产要素的有效配置，取得规模经济效益，另一方面在企业规模发展到一定程度后又要求企业根据市场供求的变化调整企业内部的组织结构，以提高企业经营的灵活性和效率，这就要求企业不断进行资产重组。这种资产的重组完全是以企业为主体的一种市场行为，是企业进行资本经营的基本途径。它一般是在比较健全和完善的资本市场上进行的。政府的作用仅限于在必要的时候，为企业的这种行为提供法律的和其他的社会条件。可见，资本市场的存在和完善是企业资产重组的必要的和首要的条件。因为实现企业资产的流动和重组，无论是采取企业兼并或联合还是破产的重组方式，都需要资本的注入。当企业并购或联合涉及的是规模巨大的企业时，所需要注入的资本往往也是巨大的。任何一个企业无论其

---

* 原载《管理现代化》1998 年第 2 期。

经济实力如何雄厚，也难免会出现资本的短缺，这就需要从资本市场上筹措资本，因此需要资本市场，尤其是需要长期资本市场的存在和发展。

我国在计划经济体制时期，资源的配置和企业资产的重组完全是在政府的行政操作中实现的，不需要市场。在经济体制由计划经济体制向市场经济体制转换的过程中，工厂要变成企业，在进行企业生产管理的同时，还必须进行商品经营，尤其是要进行资本经营，这就必然要求资本市场的存在和发展。我国的经济体制改革经过约20年的过程，市场体系已经有了相当程度的发育，但是相对于市场经济中资本经营的要求来说还是很不够的。突出的表现就是资本市场滞后于资本经营的要求。我国现实的市场，发育程度比较完善的只有商品市场。而资本经营所要求的资本市场的发育程度比较低。资本市场发育的严重滞后大大地制约了整个市场体系的发育和完善进程，成为我国企业资产重组高效化的重大障碍。

从我国资本市场的发育程度来看，由于存在下列主要问题而使企业的资产重组面临重重困难。第一，资本市场的内部结构不合理。这种不合理主要指的是直接融资和间接融资这一结构的不合理，表现为企业发展所需资本几乎都靠银行贷款获得，发行股票和债券等直接融资部分太少，企业资本的筹措主要依赖银行信贷，这不仅增加了银行的风险，而且使企业背上了日益沉重的债务负担，给企业的资产重组带来重重困难，并使资产重组所需要的资本筹措十分不易。据统计，1991—1995年，我国的个人储蓄以年20%～40%的增幅上升，仅1996年居民储蓄就增长了8858亿元，而当年流入证券市场的资金只有2000亿元左右。间接融资在整个融资体系中所占的份额太大，而直接融资的比重太小，这使我国的长期资本市场结构不合理。据测算，我国的贷款总额中能按市场化原则进行运作的不足50%，这表明间接融资的市场化程度较低，这也构成我国市场发育程度低的内容。也就是说，在我国的特殊条件下，间接融资的市场化程度低，资本使用的经济效率就低。这使有限的资本不能投入效益最佳的地方，企业进行资产重组的资本难以到位。第二，直接融资的证券市场存在诸多问题，使资本市场优化资源配置功能未能充分发挥。这些问题一是股票价格同公司盈利及发展潜力等因素并无直接联系；二是一级市场受到严格的控制而二级市场投机盛行；三是股份公司的国家股、法人股不能自由流通；四是证券市场法规不健全等。这种发育程度相当低的资本市场难以承担起市场经济要求的企业资产重组所需要的资本筹措功能。

资本市场发育的滞后，使得资产重组受到各方面的制约，难以按市场化的原则进行。第一，长期信贷资本市场主要按国家信贷计划和产业政策进行贷款，是国家实现其长期发展计划的资本保证。它不能按市场化原则为企业的大规模资产重组提供必要的资本支持。加上我国的长期信贷市场由于过去长期的行政化运行，积累了大量的不良债务，更是削弱了它向企业提供资产重组所需资本的能力。而且国家银行的资本大都按行政区划和行政系统分片贷出，更不可能向跨地区、跨行业的企业资产重组提供必要的资本支持。第二，证券市场给企业资产重组提供资本的容量也是有限的。因为我国证券市场融资的规模目前只占国民剩余资金的20%左右，这种规模难以满足大规模企业资产重组的资本需要。而且在我国能够通过证券市场进行直接融资以实现资产重组的只是那些上市公司中经营业绩较好的少数企业。对于大多数企业来说，通过证券市场直接融资还是非常不现实的。第三，证券市场本身近乎疯狂的炒作和投机，使股票价格难以反映企业的经营效益，从而起不到引导资本流向效益较高的部门和企业的作用。第四，国家股不能上市流通也阻碍着企业资产重组的进行。

二、市场中介组织的落后是企业资产重组的难点之二

从市场经济的运作来看，企业资产的流动和重组不仅需要比较发达的资本市场的存在和发展，而且还需要比较完善和规范的从事资产重组专门业务的市场中介组织的建立和健全。因为企业资产重组是一件非常复杂而专业化程度又很高的事业，需要一系列市场中介组织来进行。企业资产重组无论采取什么形式，都需要对市场行情有充分的了解，为此必须把握市场上各种经济信息，比如企业并购的双方都要了解对方企业的财务状况、经济技术实力，从而确定并购的对象。同

时并购的实施还需要一系列依法的操作过程，并购完成后还需要对企业的未来发展进行规划设计等，这些都需要一系列的财务、审计、法律和企业策划等服务。这些工作专业性很强，技术操作难度比较大，一般的生产经营企业是无力去完成的，需要专门的市场中介组织如投资银行、会计师事务所和律师事务所来进行。又如企业进行股份制改造，就需要对企业的资产进行评估、对股权结构进行设计、对公司企业的治理机构和未来发展进行策划等，这也需要由市场中介组织如资产评估中心、会计师事务所、审计师事务所和律师事务所等来进行。同样，企业的破产、租赁、托管和拍卖等也需要熟悉市场信息和懂得资产重组的专门知识和技巧的市场中介组织的存在为其提供服务。因此，市场经济比较发达的国家，一般都存在比较发达的市场中介组织。而且，由于企业并购成为企业资产重组的主要方式，因此使得专门从事企业并购业务的投资银行在国家的经济生活中具有重要的地位和作用。

我国在计划经济占统治地位的年代里，企业资产的重组是由政府机构运用行政手段完成的，没有资本市场的存在，也就不可能有为企业资本经营服务的市场中介组织的存在。在计划经济向市场经济转换的过程中进行企业资产重组，相应的市场中介组织也应运而生，但由于我国资本市场本身发育的滞后和对资本经营的相关知识的陌生，像市场经济发达国家那样的以投资银行为主体的资本经营的市场中介组织的发展尚有待时日。我国的市场中介组织一般是资产评估中心、会计师事务所、律师事务所等，有一些投资银行其业务也和市场经济发达国家相差甚远，一般从事证券交易，类似于证券公司。这些市场中介几乎都没有为企业资本经营收集信息、进行策划和筹集资本的功能。由于缺乏企业资产重组的中介组织，因此，资产重组很难按完全市场化的原则来进行，而往往由政府机构或行政性的公司来代行，不可避免地会降低企业资产重组的效率。

三、政府行为的非规范性是企业资产重组的难点之三

政府行为的不规范是指政府在国有企业进行资产重组时的行为不

规范。企业资产重组在市场经济的条件下从根本上说是一种企业的市场行为，它要依赖于生产要素市场的成熟和完善，尤其依赖于资本市场的发育成熟程度。在我国，由于资本市场发育的不成熟和不完善，企业资产的重组在很大程度上是由政府来推行的。从过去企业资产重组的实践来看，政府行为的非规范性主要表现在下列几个方面。

1. 资产重组中的"拉郎配"现象普遍存在。无论是 20 世纪 80 年代中期开始兴起的企业横向经济联合，还是 20 世纪 90 年代掀起的组建企业集团、企业公司化和企业兼并风潮，无论是联合和兼并的对象，还是联合兼并的方式、进程，多数都是各级政府依靠行政力量撮合的。这在我国的经济实践中被形象地称为"拉郎配"。政府在撮合企业进行兼并等资产重组的过程中，既要考虑减少亏损企业的数目和亏损企业的亏损数量，以及政府财政补贴、提高企业经济活动的效益等经济目标，也要考虑安排好职工的就业，以保证社会安定和政局稳定等社会目标，而且非经济的社会目标在政府行为的目标中具有更加重要的地位。这种以社会目标为导向的资产重组行为与市场经济要求的资产重组的优化资源配置的目标差距是明显的。企业的资产重组是一种市场化的经济行为，它和政府要实现的目标函数是不可能完全一致的。但在中国目前的情况下，政府的力量远远强于企业，因此企业必须服从于政府的行为。这种"拉郎配"不顾企业的意愿和各个企业之间的经济利益，不可能按照市场化的原则进行。在实践中，我国的横向经济联合、企业集团的组建、企业的公司化改造和企业兼并都有许多是名不符实的。联合与兼并后的企业集团和公司其实还是按计划经济体制下的企业行为规则运转，成为"翻牌公司"，即存在改组不改制问题，企业进行公司化或集团化改造后，企业的经营机制转换十分艰难。兼并后的企业内部无法实现生产要素的重新配置，以达到优化资源配置的目的，反而会造成内部管理混乱、机制不顺、效益低下等，使企业更加困难。

2. 在资产重组中，各地以政府机构或行政性公司为主体组建的各种产权交易市场大量出现，并按行政化原则和方式进行产权交易，造成国有资产的进一步流失和政府官员腐败的加剧。根据发达国家的经验，企业资产重组和企业产权交易的实现完全是企业的一种资本经营行为，是由市场中介组织在无形市场中完成的，没有必要去组建专门的产权市场，更不能由政府机构直接去操作。在我国由于产权交易是一种成本低而收益大的事业，利益动机的驱使导致各地政府都兴办这类市场，使得产权交易的无序化、非规范化和混乱化普遍存在。有的是在资产评估中对国有土地、国有企业无形资产的不评估或少评估而造成国有资产的流失；有的是在企业清算破产的过程中加大各方面的收费从而造成国有资产的流失。也正是因为以政府为主体建立产权市场和实行产权交易，使得我国的投资银行、资产评估机构等市场中介组织既不发达，又不规范，对政府存在严重的依赖。

四、现行经济体制是企业资产重组的难点之四

我国现行经济体制最大的弊端是"条块分割"，这种分割体现在经济体制的各个方面，就企业的资产重组来看，主要体现在国有资产管理、财税金融、劳动人事和社会保障体制上，具体分析如下。

1. 国有企业资产管理体制的障碍。我国的国有资产管理体制实际上是一种具有多层代理人和极强行政性的代理制。从国有资产的最终所有者到企业的经营者中间，存在着多层次行政化的代理人。先是作为最终所有者的全体人民把国有企业资产委托给中央政府代理，然后是中央政府将企业资产按照行政的"条条"和"块块"再委托给各级各地政府机构代理，而后是各级各地政府又把企业资产委托给下一级政府机构的负责人代理。尽管各层次的代理人都不是企业财产的最终所有者，但是实际上他们都可以对企业的资产重组起决定性的作用。尤其是这些多层次的代理人是一种上、下级的行政关系时，只要有一层次的代理人不同意资产重组，其他比他行政级别低的代理人即便同意资产重组也是没有用的。而且这些多层次的行政代理人在企业资产重组中并不能获得个人的利益，要想获取个人的私利，必须利用自身所掌握的权力。当资产重组不能为其带来利益的时候，就可能对企业资产重组行使否决权，形成资产重组的障碍。企业的经营管理人员和职工尽管不是企业资产的所有者，但却是企业资产的实际占用者和使

用者。长期以来，使用和占有这些资产是他们劳动就业、生活收入和福利待遇的基本保障。如果企业的资产重组使他们的利益受到损失，他们也会起来反对资产重组。

2. 税收体制的障碍。税收体制障碍是指目前按照企业的行政隶属关系交纳所得税的税收制度有阻碍企业资产重组的作用。因为按照企业行政隶属关系交纳企业所得税，就会使得那些在企业资产重组中丧失原有企业的政府部门和地方政府失去一个税源，从而损害其经济利益。这样的资产重组即使对未来企业的发展好处很大，政府也会行使其资产重组的否决权。正因为如此，企业兼并破产等资产重组往往就不是一种市场行为，而是部门与部门之间的利益、中央与地方之间的利益、地方与地方之间的利益重新分配的行为，这些利益交织在一起成为推进或阻碍资产重组的强大力量。

3. 劳动人事和社会保障体制的障碍。人事体制障碍是指对企业经营者的管理体制阻碍着企业资产重组的顺利进行。因为现行主管企业资产重组的部门并不负责对资产重组企业的经营者的选择，而负责企业经营者选择的部门又并不考虑企业资产重组后企业体制的变化对经营者的要求。这样就会因为干部的安排和任免问题而使企业资产重组受到阻碍。比如，当主管企业经营者的部门感到企业资产重组后不利于自己的工作或难以安排干部时，就往往使资产重组搁浅。又如，当企业资产重组后要形成企业集团时，企业经营者的选择权就要由主管的政府部门向企业集团转移，主管部门往往为保住自己的干部人事权而阻挠企业资产重组的进行。再比如，当资产重组双方的上级主管部门在干部任免问题上达不成协议时，资产重组就无法进行。劳动制度障碍是指在目前劳动力市场发育不成熟的条件下，主要靠政府来安排企业资产重组中多余的劳动力就业的制度对资产重组的阻碍。在这种制度下，政府各个部门必定要把劳动力的妥善安排作为企业资产重组的一个基本条件来考虑。当政府无力安排这些剩余劳动力时，资产重组就难以实现，或者政府就会要求重组企业自行消化多余的劳动力，使资产重组无法达到劳动力资源的优化配置，影响企业资产重组的效率。社会保障体制障碍是指在目前我国社会保障体制还未建立健全的条件下，企业资产重组中多余职工的安置费用要由政府和企业共同来筹集，无论企业还是政府对这笔费用的筹集都是十分困难的。这本身也就使得企业的资产重组受到阻碍。

五、企业债务和社会负担是企业资产重组的难点之五

企业资产重组是市场经济条件下，以资产存量调整为主要内容的一种资本经营行为。其目标是要通过资产的存量调整优化企业的资本结构和企业的组织结构，实现企业的创新和规模经济。而目前我国的过度负债和沉重的社会负担使企业的资产重组步履蹒跚，困难重重。我国国有企业负债率之高，世所共知，而企业资产重组的核心是盘活存量资产。具有较高负债率的企业其存量的净资产已为数不多，无论由谁来对这些企业进行资产重组，都必须解决历史上形成的过度负债问题。根据市场经济发达国家的经验，比较适当的企业负债率一般为企业资产的30%~60%。我国一般上市公司的负债率也就在这种水平。可是，我国大多数企业的资产负债率都已属于非正常状态。高负债的企业比较欢迎资产重组，以求通过资产重组走出债务困境，然而优势企业对此却望而生畏，因不愿或无力承担其债务而使资产重组难以进行。另外，企业资产的重组还受到企业所承担的各种社会负担的阻碍。在过去的计划经济体制下，国有企业大都承担了兴办学校、医院、后勤和福利事业等社会职能。这些事业的兴办占用了企业的大量资金，降低了企业的经济效益。市场经济条件下的企业资产重组，当然要求把企业的这些社会负担卸下来，然而为卸下这些负担筹集费用却是十分困难的，这也成为企业资产重组的一个障碍。

加速企业资产重组的基本思路[*]

一、加快我国资本市场的培育，为企业资产重组提供融资渠道

完善的资本市场是企业资产重组的基本条件。就中国目前的情况来看，加快资本市场的发育主要应从下述几个方面进行。

1. 适度发展非国有制的商业银行，促进国有专业银行的商业化进程。市场经济条件下的企业资产重组要求有与之相适应的金融制度和金融体系，商业银行作为中央银行实现宏观调控的基础和金融市场的主体，构成了现代金融市场制度的基础。我国目前四大国有企业银行占据了我国金融资产总额的 85%，所以国有专业银行的商业化改革，构成了我国金融体制改革的主攻方向。但从我国目前的具体情况看，国有专业银行的商业化进程受一系列因素的影响难以加快。因为国有银行是整个经济体制转型过程所有矛盾的集合点，它的改革与商业化进程和国有企业改革的进程是紧密地联系在一起的。现在它的商业化的进程受到承担部分政策性贷款任务和不良资产存在的影响难以一蹴而就。在这种情况下，通过非国有合作制银行、股份制银行和外资银行的适度发展来促进国有银行的商业化改革就变得必要而现实了。改革开放以来，我国城市合作银行和股份制银行的发展和经营业绩已经为我国的金融改革提供了不少启示。它们的发展对国有中小企业和集体所有制的城乡企业的资产重组将会发挥巨大的融资作用。就外资银

---

* 原载《国有资产研究》1998 年第 3 期。

行的适度发展而言，也应当看到它在中国发展的必然性。从发达市场经济国家的实践经验来看，金融业对外都是开放的，但并未影响到国民经济发展的独立性，而是大大地促进了国民经济的发展。这里关键是加强对外资银行的监管，使之适度发展。

2. 加快证券市场的培育，使之成为企业资产重组融资的主要渠道。证券市场是资本市场的重要组成部分，它的发育对资本市场的完善和成熟具有非常重要的意义。而我国的证券市场由于其发育程度较低，当前还难以满足大规模企业资产重组对资本的需要。因此，必须通过证券市场的培育来对企业资产重组提供金融支持。

（1）要采取各种措施引导居民储蓄资金向证券市场流动，在证券市场资本流入加大的条件下加快证券市场的扩容，以扩大证券市场的规模。我国资本市场的问题之一是间接融资比重太大，直接融资比重太小，不利资产重组的加速。所以引导资本向证券市场的流动十分必要。要使资本能够不断地流入证券市场，就必须运用利息率对资金流向的调节作用，降低利率的政策会使居民储蓄向证券市场流动。因此，国家的利率政策应当有足够的灵活性以保持资金在信贷市场和证券市场之间的合理分配。

（2）加快证券市场内部结构调整的步伐，鼓励各种形式的金融创新，为企业资产重组提供资金支持。我国证券市场发育程度的不成熟、不完善还表现在证券形式单一，证券市场内部结构不合理等方面。证券形式单一指的是，我国目前证券市场的主要证券是股票、债券和基金，股票比重较大，基金和债券较少。要改变这种状况，就要在证券品种的设计和发行中，注意基金和债券的扩大，尤其是国债的发行量和交易量更应有进一步的扩张。国债发行量和交易量的扩大会使大量居民储蓄向证券市场流动。国家通过国债市场能为有关国计民生的大中型企业的资产重组筹集到大量资金。

（3）加强证券市场的法制化、规范化管理与监控，促使其健康发展。我国证券市场的另一问题是行政性、政策性干预太强。我国证券市场的根本性法律至今没有出台，其他法规建设也跟不上证券市场发展的需要，形成政策性证券市场。要使证券市场的发展向市场化的方向发展，为企业资产重组提供必要的资金支持，就必须从法规建设方面进行大量的工作，在借鉴发达市场经济国家证券管理和监控法规的基础上结合我国的具体实际，尽快制定和实施比较全面的法律法规。

（4）扩大对国际证券市场上资本的利用，促进我国证券市场同国际证券市场的接轨。我国的资本市场发育和完善需要一个比较长的时间，但我们不能等待资本市场发育完善后才实行大规模的企业资产重组。因此应当借助国际证券市场的力量来为我国企业的资产重组提供必要的资本，并以此推动我国资本市场的发育。

二、加快大型企业集团和资本经营的中介机构的发展，促进企业资产重组的顺利进行

企业的资产重组是市场经济条件下企业进行资本经营的基本方式，它的顺利实现不仅需要比较发达而成规模的资本市场，而且还需要比较发达的以投资银行为主体的各种市场中介组织的存在和运作。为了有效地动员社会资本投入经济建设，并在经济系统中高效率地使用资本，需要在政府和企业之间构筑一个具有高素质、高起点、专业化、规范化的市场中介组织，作为中国企业资产重组和资本流动的枢纽。这种资本运营的中介组织可以是大型企业集团或综合商社的核心企业，也可以是以投资银行为代表的、面向社会的资本运营的中介机构。这类资本运作的中介组织的缺乏和运作不规范是当前我国企业资产重组中某些职能不得不由政府机构代行的原因之一。解决这个问题的基本途径就是加快这类市场中介组织的发展和成熟，使之成为推动企业资产重组的重要力量。

1. 大型企业集团的核心企业应当成为企业资产重组的主体和国家经营国有资本的中介组织，承担起企业资产重组的历史任务。企业在市场经济的条件下进行资产重组，由谁来进行决策和操作，这实际上就是要塑造企业资产重组的主体问题。在过去的实践中，资产重组的主体一般是由政府部门来充当的，它使资产重组的经济功能减退，而行政功能强化，不利于企业资产重组的大规模进行和高效率运作，这主要因为政府机构作为主体进行资产重组，必然要受到行政机构的条

块分割、产业分割、行业分割和地区分割所形成的行政性利益的阻碍。要打破这种分割，就需要对国有经济的管理体制进行全面而深入的改革。在经济体制改革并未完成之前，必须找到代替政府成为企业资产重组主体的社会组织，这就是企业集团的核心企业。企业集团在市场经济的发展进程中，不仅可以通过企业间的经济技术联系组成松散型的企业集团，而且还可以通过股权联系形成紧密型的企业集团，使我国企业的组织结构趋向合理，实现规模经济的要求。在企业集团形成的条件下，核心企业成为集团发展的基本主导力量，它掌握的先进技术和管理经验使之不仅可以在集团内部进行生产要素的优化配置，而且还可以进行集团外生产要素的优化组合，实现企业的高效率发展。

2. 加快以投资银行为主体的资本经营的中介组织的发展和规范，为我国企业的资产重组提供全方位的中介性服务，以推动资产重组的加速发展。企业的资产重组或资本经营是一项专业性极强和复杂程度很高的工作，企业出于其主要承担的是商品经营的任务，对于新产品的开发、生产和营销有其优势。但对资本经营所要进行的企业购并、产权转让和发展策划等所需要的信息、法律、财务等知识和专业技能是不可能全部掌握的。因此，市场经济发达国家的资本经营都要借助投资银行等资本经营的中介机构来进行。这些中介机构所经营的对象是资本的所有权和经营权，是资本的组合方式和运作方式。它向企业提供的是动员和有效利用资本的特殊服务。它作为资本运作的中介人，一方面为那些拥有资本而没有投资机会的人创造了新的投资机会；另一方面又为那些具有生产能力和机会而缺乏资本的人找寻到资本的来源，以促使资本现实运作的进行。作为投资的中介，它又不同于银行，不是借贷关系的中介，而是一种金融顾问产业。它的业务主要可以分为三种类型：一是传统型业务，即包括证券的发行和代理买卖证券等金融性业务；二是创新型业务，即进行企业兼并、收购和资本重组等策略性业务；三是引申型业务，即包括基金管理、风险管理和直接投资等业务。而三种业务中，核心业务是为企业并购等资本重组提供咨询服务和融资服务。在资本市场上，企业被视为一种商品，企业间的兼并和收购是一种重要的交易活动。由于它的复杂性和专业性使投资银行成为中介机构，它专门替人经营资本，因而最了解资本如何通过优化配置达到效益最佳。投资银行业在市场经济发达国家已有近百年的发展历史，作为资本市场的一种中介机构，它在生产要素的优化配置中起着重要的作用，往往为企业购并推波助澜。

三、继续深化经济体制的配套改革，为企业的资产重组解除体制障碍

深化经济体制的配套改革要从国有企业制度、税收、金融和劳动人事制度的配套改革来促进企业资产重组的顺利进行。

1. 加快以国有企业产权制度改革为中心的国有企业制度的改革，使企业成为真正的市场主体，成为自主经营、自我约束、自我发展、自负盈亏的商品经营者和生产者。就我国国有企业改革的实际情况而言，最重要的是划清国家和企业的权利边界，规范政府的行为，加快公司制改造和企业的经营机制的转换。要把企业的股份制改造与大型企业集团的组建结合起来，通过企业改革建立起企业资产重组的真正主体。随着原国有企业公司制改造的进程和以母子公司制为主体的大型企业集团的建立和运作，我国经济中政企不分的问题将会得到解决。在公司制的条件下，企业的经济管理人员以及普通职工的任用会走向市场化的道路，原有的国有企业的劳动人事制度和干部管理办法就会相应改变。

2. 进一步加快税制改革，尽快在我国实行真正的分税制，以便从税收制度上为企业的资产重组提供条件。从税制改革的角度为企业资产重组创造条件，必须改革现行按照行政隶属关系上缴税收的税收制度，实行与市场经济和国际惯例相符合的真正的分税制。通过分税制的实行，使企业所得税成为中央政府和地方政府间的共享税。首先，要改变企业按照行政隶属关系交纳企业所得税的办法，使征税权与产权分开，不论产权主体如何变化，纳税主体不变。其次，要实行一些对企业资产重组进行鼓励和刺激的税收优惠政策。比如对那些有利于经济结构调整的企业资产重组实行减免相关税费的特殊优惠。

3. 进一步加快金融体制的改革，改变银行借贷切块分配的体制，

按照效益原则、偿债能力原则、规模投资原则建立新的信贷体制。建立符合市场经济运行要求的金融体制，必须加快我国银行业商业化的进程，促使各银行按照商业化的原则对企业的资产重组进行融资。而在银行的商业化未能完成之前，必须实行一些有利于经济结构调整的企业资产重组的各种优惠的金融政策。比如适当放宽兼并方偿还被兼并方贷款本金的条件、对被兼并方企业的贷款实行停息、免息和挂账处理等。通过这些金融政策的优惠来促进有利于国有经济实行战略性改组的企业资产重组。

4. 加快政府职能的转变，建立与市场经济相适应的国有资产管理体制，进一步规范政府的经济管理行为。国有企业的资产重组没有政府的参与显然是不可能的。因为政府机构是国有企业所有者的代理人，它要代替作为全民的所有者行使所有权及其相关的其他财产权利。首先，要建立起国家、控股公司、企业三个层次的国有资产新的管理体系。资产重组属于资本经营的范畴，以大型企业集团为主体的控股公司将代理政府机构行使企业资产重组的各种权利。政府的作用一是为企业的资产重组创造良好的宏观经济条件；二是为企业的资产重组提供各种必要的法律规范；三是按照所有者的权限对大型企业集团的核心企业行使选择经营者、重大决策和资产受益的股东权利。其次，是由哪些政府机构行使哪些股东权利要通过《国有资产管理法》和相应的法律法规进行明确的规定。各个国家机构只能按照法律法规赋予的权利进行国有资产的管理。再次，是在各种国有资产管理法律没有建立健全和实施以前，要制定各种临时性的原则、规章来规范各个政府机构在国有企业的资产重组中的行为，逐步解决当前一方面资产重组中各个国家机构都参与任何决策和任何过程，另一方面，每个又都不负任何责任，从而对资产重组形成障碍的问题。

5. 加快社会保障制度的建立和企业社会负担的分流，为加速企业资产重组创造条件。我国的国有企业的社会负担沉重，成为资产重组的障碍之一。这些负担主要是指退休、伤病和企业富余人员的生活保障由企业来承担的事实，它是传统计划经济体制长期运行的结果，因此也只有经过不断深化经济体制改革才能得到解决。建立健全社会保障制度，就可以使企业的退休、伤病人员和企业富余人员的生活保障主要由社会保障机构从多方面筹集资金来解决，使企业从这些负担中解脱出来，使资产重组可以比较顺利地进行。

四、进行国有企业的债务重组，实现国有经济的战略性改组

由于旧体制造成了企业过度负债，因此，债务问题的解决实际上需要全社会的力量参与，并需要一定的时间才能逐步得到解决。具体分析的话，应当从下面几个方面去进行企业债务的重组。

1. 利用国家现行政策将一部分债务转为国家对企业的资本金投入。这就是说，在企业进行股份化资产重组时，应当区别不同情况，采取不同的办法调整企业的资产负债结构。对清产核资中清理出来的企业潜亏，因客观原因造成的企业固定资产、流动资产和专项资产损失，由于政策性因素或者不可抗拒的原因造成的企业贷款损失，按照国家规定，经有关部门审核，可分别冲销企业公积金、资本金、银行呆帐准备金，或实行贷款余额挂账停息等办法处理。对企业由国家"拨改贷"投资和基本建设基金贷款所形成的历史债务，应区别情况采取不同的办法处理。属于确需国家投资的，经有关部门审定后，可将"拨改贷"改为国家投资，转增企业的资本金；对符合国家产业政策，需要重点支持的企业，可以将部分贷款余额一次性地转为国家资本金；企业无资金或资本金未达到《公司法》规定限额，由"拨改贷"形成债务的，经有关部门审定后，应按照不低于法定注册资本金的原则转为国家投资，作为国有资本金。

2. 利用债权转股权消化一部分债务。这就是说，在企业进行资产重组的过程中，可以将企业"拨改贷"中形成的不良债务转换为政策性银行或国家的投资公司的股权。这种转换既可以减轻企业沉重的债务和利息负担，又可以减轻专业银行向商业银行转变的负担。但是这一转换所能解决的企业债务要受到政策性银行和国家的投资公司的承受能力制约，因此在实践中要做周密的安排，并要求有相应的配套措施。另外，参与企业资产重组的企业之间的债务（不包含金融机构的债务）也可以经过双方的协商，把债权转换为股权。后者在实际的重

组过程中可行性比较大，关键在于企业之间的债务中已经成为不良债
务的比重不能太大；否则，重组后的企业活力将受到损害。

3. 在企业资产重组的过程中通过各项优惠政策解决一部分债务。
破产一般说来是解决债务问题的基本手段之一，通过破产清算，了结
债务。另外，企业间的兼并也可以解决一部分债务问题。这就是通过
优势企业承担劣势企业的债务的办法实行兼并。这种办法对兼并方来
说，最基本的条件是被兼并企业的资产必须有优良的使用价值，企业
在被兼并以后，通过企业内部的资产重组有较大的发展潜力和前途。
而那些不具备这样条件的企业则难以在兼并中解决债务问题。因此，
各级政府各部门应当为那些兼并了劣势企业的优势企业创造各种优惠
条件。比如，根据被兼并企业的负债情况，经银行核查同意后，免收
被兼并企业原欠银行借款的利息等。并且应当通过精简政府机构，节
约行政事业费开支，广开税源等措施筹集一部分资金增加银行的自有
资本，使银行可以更多地提取呆账准备金，以加大企业破产的力度，
从而使企业债务和资产重组同时进行。

加快资本市场发育　促进企业资产重组[*]

商品经济和生产社会化的发展一方面要求企业的生产和资本日益集中，建立大规模、多样化经营的大型企业组织，以便在企业内部实行生产要素的有效配置，取得规模经济效益；另一方面，在企业规模发展到一定程度后又要求企业根据市场供求的变化调整企业内部的组织结构，以提高企业经营的灵活性和效率，这就要求企业不断进行资产重组。这种资产的重组完全是以企业为主体的一种市场行为，是企业进行资本经营的基本途径。它一般是在比较健全和完善的资本市场上进行的。政府的作用只是在必要的时候，为企业的这种行为提供法律的和其他的社会条件而已。因为实现企业资产的流动和重组，无论是采取企业兼并或联合，还是破产的重组方式，都需要资本的运作。以企业并购的形式扩大企业资本经营的规模，往往需要较大数量的资本注入，以联合的形式实现企业的资产重组也需要对联合企业的实物资产进行重新配置，资本的注入也是必要的。当企业并购或联合涉及的是规模巨大的企业时，所需要的资本往往也是巨大的。任何一个企业无论其经济实力如何雄厚，也难免出现资本的短缺，这就需要从资本市场上筹措资本。可见，企业资产重组需要资本市场。

资本市场通常由长期资本信贷市场和证券市场构成。而证券市场包括一级市场和二级市场。一级市场是发行股票、国债、投资基金凭证和其他有价证券的市场；二级市场则包括证券交易所覆盖的主板市场和各种证券交易中心、柜台交易网络所形成的第二板市场。这种资

---

* 原载《国有资产研究》1999 年第 2 期。

本市场应当是结构合理且功能完善的。结构的合理不仅指资本市场上直接融资和间接融资的比例适当，也指证券市场上各种证券品种结构的合理和投资者结构的合理，还指资本市场监管的规范化及与国际资本市场的融合度比较高。只有在这种资本市场存在的前提下，资本市场优化资本配置和促进企业资产重组的功能才能正常发挥。

经过 20 年的改革，我国的市场体系已经有了相当程度的发育，但是相对于市场经济的要求来说还是很不够的。突出的表现就是资本市场滞后于资本经营的要求。这种滞后主要表现为资本市场内部结构的不合理、优化资源配置功能的不到位、市场监管的不规范和市场中介组织的不成熟等方面。资本市场发育的严重滞后大大地制约了整个市场体系的发育和完善进程，成为我国企业资产重组和资本经营的重大障碍。要加快我国企业资产重组的步伐，提高企业资产重组的效率，必须积极培育资本市场，逐步解决资本市场存在的问题。

一、加快证券市场发育促进企业资产重组

证券市场是资本市场的重要组成部分，在当前我国的特殊条件下，它的发育对资本市场的完善具有非常重要的意义。因为在资产重组中，通过证券市场直接融资来筹集所需的资本更为便利和有效。一方面，从资本市场直接融资可以通过发行股票和企业债券比较便利地获取资本以加快资产重组的进程；另一方面，来自证券市场的融资对企业的约束不像企业从国家银行获得的贷款，因而必然使企业对所筹集资本的使用更有效率。因此，必须通过证券市场的培育来对企业的资产重组提供金融支持。

1. 采取各种措施引导居民储蓄资金向证券市场流动，在证券市场资本流入加大的条件下，加快证券市场的扩容。我国资本市场的问题之一就是证券市场直接融资的规模太小。据统计，近几年我国居民新增的积累资金中只有 25% 左右进入证券市场，所以引导资本向证券市场的流动十分必要。证券市场的扩容要从对证券的供求两个方面进行，一方面要有证券的供给；另一方面，还要有对证券的需求。只有在证券市场供求大体平衡的条件下进行扩容，才能保持股价的相对稳定，

减少证券市场的投机性。同时，也只有股价与企业经营业绩相关性较大时，才能鼓励大量资金流入证券市场。因此，我国证券市场规模的扩大并非只是增加上市公司的数目和增加上市公司股票的数量，还必须使证券市场的运作逐步规范，减少其投机性的股价波动，才能吸引更多的民间资金进入以形成对证券的需求。如果只考虑证券供给的扩大，而忽视入市资金的扩容，同样会因为证券价格低迷而无法对居民的储蓄资金进行分流，也不能达到加快证券市场发育、通过证券市场直接为企业资产重组融资的目的。而且从宏观的角度看，社会资金在一定时期是一个定量，要使之能够不断地流入证券市场，就必须运用利息率对资金流向的调节作用，通过降低利率引导居民储蓄流向证券市场。因此，国家的利率政策应当有足够的灵活性，以保持资金在信贷市场和证券市场的分配。另外，对证券供给规模的扩大也不应只是停留在增加上市公司的数目和增加发行股票的数量之上，还应当从提高证券市场证券的流动性，从上市公司股票的全面流动来实现证券供给的扩大。这就是说，扩容还应当考虑上市公司国家股和法人股的上市流通问题。股票市场的成熟是要有一定的规模，但是更取决于市场的公平、公开和公正，国家股以及企业法人股的长期不能流通成为我国股票市场不成熟的主要特征。它们的不能流通使得股票市场上上市公司的流通盘比较小，为股市的投机性炒作提供了条件，还使国家股、企业法人股不能通过市场实现其价值的增值，通过出售其股票行使退出权以达到制约企业生产经营行为的目的，使证券市场优化资本配置的功能无法发挥，大大阻碍着企业通过证券市场实现企业资产的重组。因此，有步骤地实现上市公司国家股和企业法人股的流通是证券市场扩容的措施之一。

2. 加快证券市场内部结构调整的步伐，鼓励各种形式的金融创新，为企业资产重组提供资金支持。我国的证券市场发育程度的不成熟还表现在证券形式单一，证券市场内部结构不合理等方面。首先，我国目前的证券市场的主要证券是股票、债券和基金，其中，股票比重较大，基金和债券比重较小，这不利于证券市场的稳定发展。因为股票与基金、债券相比是风险较大的一种投资品种。加上中国证券市场发展初期发行了过多的小盘股使其炒作相对比较容易，更加剧了证券市场的不稳定性。基金和债券由于能到期收回本息，风险较小，但又能参与流通，因而收益较大，所以成为比较适合中国目前投资理念的投资品种。基金和债券的品种和数目在中国证券市场上都是不足的，因此证券市场的稳定性和吸引资金进入的数量很有限。要改变这种状况，就要在证券品种的设计和发行中，注意基金和债券的扩大，尤其是国债的发行量和交易量更应有进一步的扩张。因为国债的风险又小于企业债券，是更能吸引中小投资者的证券品种。国债发行量和交易量的扩大会使大量居民储蓄向证券市场流动。国家通过国债市场能为有关国计民生的大中型企业的资产重组筹集到大量的资金。可见，在证券品种的增加和比重的调整中使证券市场逐步完善是必要的。其次，我国证券市场上投资者的结构也极不合理，主要表现为机构投资者数量少，投资量不大且不稳定，投机性强。中小投资者主要是进行短线炒作的投机，很少中长线投资。解决这一问题的方法是加大机构投资者的比重，发展各种形式的以中长期投资为主的投资基金，鼓励长期投资。根据发达市场经济国家证券市场发育的经验，机构投资者是证券市场的投资主体。我国由于各种基金及相应的非银行金融机构的发展程度不够，众多的个人资金只能以银行存款的形式进入信贷领域，而难以通过各种形式的基金和非银行的投资机构进入证券市场。从这个角度讲，我国应当大力发展机构投资，使具有专业化投资知识与技巧的投资机构为居民代理证券投资的业务。这种机构融资将为企业的资产重组提供必要的资金支持。

3. 积极促进除证券交易所以外的证券交易中心和场外交易的规范化发展，培育我国比较完善的证券交易市场，增强证券的流通性，为企业资产重组提供便利的融资条件。我国的证券市场从20世纪90年代建立以来有了巨大的发展，但与我国市场经济的发展和企业实现资产重组的要求相比还有一定距离，其中一个表现就是证券交易体系不够完善。除了深、沪两个证券交易所覆盖的证券交易网络外，证券交易中心、证券的场外交易发展都十分有限，而且不规范，这难以为大规模的企业资产重组提供资产流动性的场所和渠道。我国的场外交易只是在山东省的淄博和四川省的乐山有所发展，但并不规范，不能有效地服务于企业的资产重组。根据发达市场经济国家的实践，企业的购并在公开的证券市场上进行的只是整个企业并购数量的少数，大多数的企业并购和资产流动是通过证券交易中心或场外交易来完成的。因为股份有限公司中的少数可能成为上市公司，但是它们却不可能完成大多数的企业资产重组的使命。许多不能公开上市的公司的购并完全可以在地区性的证券交易中心和场外交易中得到完成。为此，必须在一定的范围和程度上发展各种形式的证券交易中心和场外交易，形成地区性的证券交易网络，使那些不能公开上市的公司的证券也具有一定的流通性，从而使证券市场对企业资产重组的促进作用加大。也就是说，我国的证券市场的交易网络不仅应当有证券交易所的主板市场，而且还应当有由地区性的证券交易中心和场外交易网络组成的第二板市场的发展。

4. 加强证券市场规范化监管。我国证券市场的另一问题是行政性、政策性干预太强，缺乏法制化和规范化的监管。我国证券市场的稳定性差、投机性强与证券市场监管的非规范化相关。比如，上市公司数目、上市公司证券的数量都要通过行政部门的严格审批，已经上市的公司又要受到行政力量的强有力的保护。因此上市公司最大的工作就是争取上市，一旦上市就获取了上市公司在集资、国家保护等各方面的利益，缺乏市场对公司的淘汰。要使证券市场的发展沿市场化的方向前进，就必须从法规建设方面进行大量的工作，在借鉴发达市场经济国家证券管理和监控法规的基础上结合我国的具体实际，尽快制定和实施比较全面的法律法规。当前，主要应当配合《证券法》的实施，做好各种基础性工作。比如搞好上市公司法人治理结构的建设，提高上市公司的经营效益，为证券市场的发育和完善提供基础。另外，还应该做好《证券法》的宣传工作，引导投资者建立理性的投资理念，加大对证券市场上不法行为的打击力度等。同时扩大对国际证券市场上资本的利用，促进我国资本市场与国际资本市场的融合。

二、加快信贷资本市场的发育，促进企业资产重组

提高间接融资的效率是加快我国资本市场发育的另一有效途径。

我国资本市场发育不成熟、不完善的一个表现就是间接融资的市场化程度较低，使资本使用的效率不高。据测算，我国贷款总额中能按市场化原则运作的不足 50%，造成这种状况的原因是整个经济体制，特别是国有经济的产权制度中存在着问题。这种国有产权制度基础上的经济运行模式形成了银行对企业负债的软约束，一方面使国有企业负债累累，生产经营十分困难；另一方面又使国有银行不能按市场化原则经营，形成大量的不良资产，难以正常运转。要改变这种状况，使有限的银行资本流入经济效益好的企业中去，使企业和银行的经济效益都得到提高，必须深化银行体系和管理体制的改革。以目前而言，应当采取下述改革措施。

1. 适度发展非国有制的商业银行，促进国有专业银行的商业化进程。市场经济条件下的企业资产重组要求有与之相适应的金融制度和金融体系，商业银行作为中央银行实现宏观调控的基础和金融市场的主体，构成了现代金融市场制度的基础。我国目前四大国有专业银行占据了我国金融资产总额的 85%，所以国有专业银行的商业化改革，构成了我国金融体制改革的主攻方向。但从我国目前的具体情况看，国有专业银行的商业化进程受一系列因素的影响难以加快。因为国有银行是整个经济体制转型过程所有矛盾的集合点，它的改革与商业化进程和国有企业改革的进程是紧密地联系在一起的，而目前其商业化的进程受到承担部分政策性贷款任务和大量不良资产存在的影响，难以一蹴而就。在这种情况下，通过非国有的合作制银行和外资银行的适度发展来促进国有银行的商业化改革就变得必要而现实了。改革开放以来，我国城市合作银行的发展和经营业绩已经为我国的金融改革提供了不少的启示，合作银行的发展对国有中小企业和集体所有制的城乡企业的资产重组会发挥巨大的融资作用，为城乡中小企业的资产重组提供了相当大的资本支持。

2. 适度发展外资银行，促进国有银行的商业化和现代化。就外资银行的适度发展而言，应当看到它在中国出现和作用的必然性。这里关键是加强对外资银行的监管，使之适度发展。外资银行进入中国并有一定程度的发展，尤其是以中长期信贷为主的银行业务在中国的发展对我国企业的资产重组是十分必要的。一方面，通过外资银行可以筹集大量外资，解决我国企业资产重组中的资金短缺问题；另一方面，还可以带来现代银行的管理方式和运作经验，促进我国银行业的商业化和现代化进程。另外，还可以建立起符合市场经济要求的新型银企关系，通过银行对企业的监督与影响，提高我国企业资产重组的效率。非国有银行的适度发展必将分流我国的居民储蓄，使国有银行运行的低效率状况得到改善，从而对国有银行的商业化起到推动作用。

3. 加快国有银行的商业化改革进程，促进企业资产重组。我国国有银行的商业化改革已经历了人民银行作为中央银行和其他专业银行企业化的进程，也进行了国家的政策性贷款和商业性贷款分离的改革。当前加快国有银行的商业化进程需要在银行业建立现代企业制度和转换企业经营机制的基础上理顺银企关系，不断提高银行企业经济活动的效益。

三、加快资本市场中介组织发展，促进企业资产重组

企业的资产重组是市场经济条件下企业进行资本经营的基本方式，它的顺利实现不仅需要比较发达而规范的资本市场，而且还需要比较发达的以投资银行为主体的各种市场中介组织的存在和运作。为了有效地动员社会资本投入经济建设，并在经济系统中高效率地使用资本，需要在政府和企业之间构筑一个具有高素质、高起点、专业化和规范化的市场中介组织，作为中国企业资产重组和资本流动的枢纽，这就是以投资银行为代表的、面向社会的市场中介机构。

企业的资产重组或资本经营是一项专业性极强和复杂程度很高的工作，企业由于其主要承担的是商品经营的任务，因此对于新产品的开发、生产和营销有其优势。但对资本经营所要进行的企业购并、产权转让和企业发展策划等所需要的信息、法律、财务等知识和专业技能是不可能全部掌握的。因此，市场经济发达国家的资本经营都要借助投资银行等资本经营的中介机构来进行。它作为资本运作的中介人，一方面，为那些拥有资本而没有投资机会的人创造了新的投资机会；另一方面，又为那些具有生产能力和机会而缺乏资本的人找寻到资本

的来源，以促使资本现实运作的进行。作为投资的中介，它又不同于银行，它不是借贷关系的中介，而是一种金融顾问产业。它的业务主要可以分为三种类型：一是传统型业务，即包括证券的发行和代理买卖证券等金融性业务；二是创新型业务，即进行企业兼并、收购和资本重组等策略性业务；三是引申型业务，即包括基金管理、风险管理和直接投资等。而在这三种业务中，核心业务是为企业并购等资本重组提供咨询服务和融资服务。在资本市场上，企业被视为一种商品，企业间的兼并和收购是一种重要的交易活动。由于它的复杂性和专业性使投资银行成为中介机构，它专门替人经营资本，因而最了解资本如何通过优化配置达到效益最佳。我国现在正处于由计划经济体制向市场经济体制转换的特殊时期，经济结构的调整和经济体制的转换都要求企业进行大规模的资产重组，这为投资银行业的发展提供了巨大的空间和市场。也可以说，企业资产重组的现实正在呼唤投资银行业的巨大发展。

我国现实经济生活中的证券公司和信托投资公司目前的主要业务是证券经纪人和信托人，不是真正意义的投资银行业。在我国经济向市场经济的过渡中，大量的社会保障基金和居民的储蓄要求转化为长期投资，国有企业的改革和大型企业的成长也要求有大量的长期投资投人生产，这些都要求投资银行业要有一个大的发展。由于没有投资银行业的发展来进行企业资产重组中的中介业务，只有以各种形式的行政干预代替，造成了资产重组的行政化倾向。因此，在我国投资银行业的发育和完善具有十分重要的意义。要加速投资银行业的发展，在近期主要应当进行下列工作。

1. 应当把我国已经存在的证券业和信托投资业改造成为承担投资银行业务的资本市场中介机构。这就要求证券业和信托投资业的业务范围要适当拓宽，使之成为既可以从事证券的发行和代理买卖的传统型业务，也可以承担创新型业务和引申型业务的现代金融顾问产业。

2. 我国传统的银行业的一部分也可以通过改造成为承担投资银行业务的新型金融顾问产业。自改革开放以来，我国的银行业获得了极大的发展，规模已经相当大，而且对我国经济的覆盖面已经相当的广泛。这是和我国经济生活中主要投资渠道只有银行储蓄的金融制度相适应的。随着市场经济的发展，我国的融资体制将会发生深刻的变化，储蓄在社会资金中的比重将会不断下降，以转化为各种形式的直接投资。因此，传统银行业的业务将会萎缩，对此应当有清醒的认识，采取各种措施促使一部分商业银行的业务向投资银行业转移。并在一定的条件下对银行业和投资银行业进行严格的分业管理，促进二者的健康发展。

3. 加快新型投资银行业的组建步伐，使其在高水平的基础上获得发展。也就是说，组建以国家控股形式的从事投资银行业务的新型股份公司。投资银行业在国民经济的发展过程中有着极其重要的作用，因此，国家应当在机构改革的同时，考虑将原各个国家机关所属的金融、证券、财务、法律、评估等研究机构和一些事业单位改组改造成为从事投资银行业务的公司企业。这些单位具有门类比较齐全的专业人员队伍和较多的各种行政事业资产，在经过一定的专门培训的基础上是可以很快实现其职能的转化的。

4. 加快培训投资银行业的从业人员，提高他们的素质，这是投资银行业健康发展的基本保证。投资银行业是一个专业性很强的行业，而我国的证券业、金融业和各级各类研究机构的人员对此项业务都还不够熟悉，更缺乏熟悉国际惯例的这类专业人才，因此，必须下大力量进行人员培训工作。除了对本行业的业务知识和技能进行培训外，还要进行行业规则的培训。一支高素质的投资银行家队伍的建设关系到我国投资银行业和企业资产重组的运作效率。

对外资并购国有企业中存在的
认识误区的分析[*]

一、对外资并购国有企业时中外双方目标错位的分析

在实践中，只有买卖双方的目标比较接近的时候，外资并购国有企业才能迅速发展。就目前来看，中外双方在这个问题上存在较大分歧。我国的政府和企业欢迎外资并购国有企业主要是为了解决国有企业改革与重组中的若干难题：一是通过外资并购使国有企业的投资主体多元化，解决我国国有企业股权结构和公司治理结构不合理的问题；二是通过外资并购的产业导向和引进战略性投资者解决我国国有企业的技术和管理落后及产业结构不合理的问题；三是通过外资并购的区域引导解决我国经济的区域结构不合理的问题。从对我国 2002 年公布的《外商投资产业指导目录》的分析中可见，我国政府欢迎外商参与国有企业的技术改造。在那些传统的农业、采掘业、制造业和环保产业等，政府希望借助外资的力量实现中国产业结构的合理化与产品结构的升级换代。从地区来看，新的《外商投资产业指导目录》，鼓励外商向我国的中西部投资，包括在常规资源开发、基础设施建设等领域。从企业的角度讲，那些生产技术水平相对落后，在国内外市场缺乏竞争力，缺乏技术改造的资金和经营管理人才，债务负担沉重，应该退出市场却又欲罢不能的国有企业，更加企盼着能与外资联手，以使企

---

　　[*] 本文系国家社会科学基金资助项目（批准号为：01BJY106）的成果之一。
　　原载《北京工商大学学报》2003 年第 6 期。

业走出困境。

与我国政府和企业的意愿不同，外商更青睐的却主要是我国新的《外商投资产业指导目录》中限制进入的行业。特别是市场潜力巨大，利润空间较大，外商在该领域具有技术领先的绝对优势的行业，如汽车制造、医药、通信设备制造等更是国际大型跨国公司进入的重点。那些目前中国无论是在经营理念、经营管理水平和市场化的程度都与发达国家存在巨大差距的服务业，如电信服务、批发零售、金融、保险、物流、港口、运输业等，也是外资并购关注的热点。随着中国在未来五年内逐渐兑现我们入世时关于市场准入的有关承诺，跨国公司或以并购的方式实施控股，或以新设投资的方式经营，在上述领域占有我国市场的份额将会不断扩大。这表明，外资并购中国企业的主要目的，首先是为了以较小的成本和最快的速度占据中国这块拥有巨大潜力的市场，其次才是利用丰富的廉价劳动力资源降低生产成本和获取自然资源。此外，外商在并购中对目标企业的选择也与我国政府和企业的期望大相径庭。我国政府希望借助外资的力量，对一些效益较差的国有企业进行资产重组，使之重新恢复活力。但外商所选中的目标企业却往往是一些行业的"龙头"——那些在国内市场具有相当实力与较大的市场份额的国有企业，特别是利润空间较大的行业中的上市公司更是外资并购的重点目标。他们并购我国各重要行业的"龙头"企业，一方面可以增强自己对于中国市场的垄断力量，另一方面也达到了消灭竞争对手的目的。作为中国的大多数"龙头"企业，从企业自身利益和将来所面临的市场竞争态势考虑，大都欣然同意与外资联手。因为这种"强强联合"，会增强我国被并购企业的竞争力。这种情况长期下去必将强化垄断趋势。这在一定程度上违背了我国允许外商并购国内企业的初衷，使得外商并购国有企业对实现加快国有企业的改革、提升国有企业的技术水平和国际竞争力的目标都大打折扣。

对此问题应当怎么看？根据经济学的基本原理，外商作为国际资本，追求利润最大化是它们的本性，如果并购中国的国有企业不能给他们带来利益显然是行不通的。因此，只有我们的目标和国际资本追求最大化利润的目标相吻合时，我们的目标才能实现。这样，我们就必须修正要外资来解决国有企业改革难题的目标。而应把国有企业的产权私有化和融入经济国际化作为首要的目标，通过政策和法律规范及并购过程的精心操作，来实现结构调整和技术管理水平提升作为次要的目标。为此，在法律和政策层次上，就不应当把那些盈利较大的行业和企业排除在外资并购的领域之外，仅把困难重重的国有企业允许外资去并购。从原则上说，竞争性行业和部分适合私人经营的行业和企业都应允许外资以并购的方式进入，这也是符合国际并购潮流和惯例的做法。

二、对外资并购国有企业引起国有资产流失问题的分析

在外资并购国有企业的问题上存在的另一个认识误区，就是认为外资对国有企业的并购会加速国有资产的流失，这也在相当程度上阻碍着外资对国有企业的并购。持这种观点的人从外资并购国有企业的交易动机、交易方式、交易条件和交易地位等各个方面对外资并购国有企业中国有资产流失的渠道作了分析，把资产评估中对国有资产的低估和外方资产的高估，尤其是对国有资产无形资产的忽略及交易过程中的"设租"和"寻租"等情况均作了具体的分析。对此问题应当进行重新认识。

首先，怎么理解和定义"国有资产的流失"是极其重要的。"国有资产的流失"是中国经济体制改革以来人们经常使用的一个名词，但究竟什么叫"国有资产的流失"却没有明确的定义。如果从经济学的意义上去理解，国有资产的流失是已有的国有资产消失了，或者说国有资产没有实现其保值增值。在市场经济中，任何资产都可能出现无法保值增值的情况，因为决策的失误、经营的失败、市场的变化等都可能造成已有资产价值的减少，甚至消失。在市场经济中，无论哪一种所有制企业都有亏本倒闭的可能。由于国有经济是与竞争性产品生产不相适应的所有制形式，所以在市场的激烈竞争中出现无法保值增值的问题应当说是必然的。解决这一问题的途径是让大部分国有经济退出竞争性行业，具体的做法就是大规模的资产重组，外资并购国有企业正是基本的做法之一。如果说国有资产的流失不完全是一种经济

现象，而是国有制经济中，由于体制的缺陷和市场经济的结合形成的官员的"设租"和"寻租"行为，造成国有资产非经济性的损失。那么，它就不是一个外资并购国有企业的问题，而是政治腐败和国有经济的管理体制问题。只要涉及国有资产的重组，就有这样或那样的流失。

其次，国有资产流失和外资并购国有企业之间没有必然的联系。因为没有外资对国有企业的并购，国有资产也在发生着不断的流失。可以说，自中国的国有企业制度建立以来，由于决策失误和经营失败而产生的国有资产流失就从来没有停止过。改革开放以后，上述经济学意义的国有资产流失和因政治腐败与管理体制不妥造成的国有资产的流失更是比比皆是，而外资对国有企业的并购最早是发生在20世纪90年代初。就具体的流失途径和方式而言，资产评估不科学是主要的，另外因国有资产产权制度的根本性缺陷"所有者缺位"造成的国有资产的"无人负责"或无法负责也是重要原因。这就是说，即使不存在外资对国有企业的并购，国有资产的流失同样也是存在的。而在企业改革的过程中，每一种改革措施在实践中都伴随着国有资产的流失。从"承包制"到"股份制"的改革进程在取得进展的同时，都有国有资产的流失。如果不改革，那么国有经济的投资决策与经营失误所造成的流失更是难以估量。而且，外资对国有企业的并购如果做得好，可以在一定程度上减少国有资产的流失，尤其是符合经济全球化和市场经济要求的外资并购不但可以使国有经济的存在形式和运作更有效率，而且也可以使国有经济走向世界。这里关键是要把外资对国有企业的并购看作是经济全球化和市场经济发展到一定程度的必然结果。

即使是在现行条件下，外资并购国有企业和国有资产的流失是同时存在的事实，我们也不应否定外资并购。因为符合经济全球化和市场经济潮流的企业间的跨国并购是不可抗拒的。对于实际并购过程中发生的国有资产流失，一是可以把它看作国有企业改革的成本，只要这种并购的收益大于成本，并购就是可行的；二是要通过外资并购国有企业中各种政策和法规的制约，把这种成本降到最小。

三、对外资并购国有企业会冲击民族工业问题的分析

在外资对国有企业的并购中存在的另一个思想认识误区是认为外资并购国有企业会冲击中国民族工业的发展，使某些重要的行业和部门逐步被外资所垄断，最终造成外资对国有经济地位的动摇。因此，从国家经济控制权和经济安全的角度提出对外资并购国有企业的否定主张，并打出"保护民族工业"的旗帜。对这个问题也应作具体的分析。

第一，对"民族工业"的科学定义是理解这一问题的基础。什么叫民族工业？是以资本控制权作为划分的标准？还是以产品占领的市场份额作为划分的标准？或者以技术上的领先作为划分的标准？提出保护民族工业的一方并未对此有明确的说明。而且，无论以上述哪一条为标准，都无法对目前中国存在的大量港台资本进行比较准确的定性。港台资本是否属于民族资本，他们所投资和经营的企业是否为民族工业？是该鼓励还是应做限制？如果说是民族工业，那么在我国吸收的外资中约70%的是港台的，如果对此进行鼓励的话，那么限制外资并购还有何意义。如果将他们算作外资，那么民族工业就只包括中国大陆居民开办的企业。这不仅在政治无法做出科学的解释，也无法说明是哪一个民族的工业。因为我国是一个多民族的国家，少数民族地区存在众多企业是否为民族工业。总之，民族工业已经是一个与经济全球化和中国今天的实际不相符合的概念。因此，我们现在所讲的外资，实际上说的是大陆以外的资本，包括港台资本和其他外国资本，大陆的资本就可以叫作"内资"。这样一来，民族资本和民族工业的提法就失去了意义。

第二，怎么看待外资并购对我国工业的冲击？否定外资并购一方认为外资的大量进入（包括以并购的方式进入）会从三个方面形成对我国民族工业的冲击：一是外资垄断技术；二是外资抢占我国市场；三是外资进入中所造成的国有资产流失。对于外资并购国有企业与国有资产的流失问题，前面已经做了分析，这里只就后两个问题进行说明。就外资垄断技术而言，在短期内具有必然性。因为外资正是凭借

其技术上的优势才进入中国的，我们欢迎外资并购也是基于它具有先进技术，能够对我国工业技术进步起到推动作用。但是在经济发展的过程中，我们可以通过对新技术的吸收、消化和创新，逐步打破这种局面。在过去 20 年改革开放的历史进程中，我国的家电业等产业已经历了这一过程。对外国先进技术的垄断地位的打破正是我国经济不断跻身世界的过程。只有通过欢迎外资大量进入我国（包括以并购方式进入），才能让其与国内企业展开竞争，最后，打破其在技术上的垄断地位。美国麦金希国际研究所对德国、日本和美国的汽车、钢铁和电脑等 9 个行业的生产率差异原因做了分析。他们的研究表明，9 个行业中日本领先的有 5 个，美国有 4 个，德国没有一个行业居领先地位。其原因在于德国地处欧洲，欧盟同日本订立的各项自动限制协议，为其汽车和金属加工业提供了有力的保护；关卡重重的手续也使外国企业很难进入德国；加上德国大银行拥有的股权和股票代理权实际上形成了一个把外国公司的收购与兼并拒之门外的资本市场。结果是德国制造商参与国际竞争的范围大大地缩小了，使得德国在这些行业中处于落后地位。而且研究也表明，日本和美国也存在着参与国际竞争不够的行业，生产率水平都落后的事实。可见，一个国家的工业能否取得较快的发展，取决于其参与国际竞争的程度。从这个意义上讲，外资通过对国有企业的并购进入我国，对我国企业的技术进步具有重要的积极意义。外资企业是否能够长期垄断先进技术，不在于允许与不允许并购国有企业，而在于我国企业在同外资企业的竞争中采取什么样的态度和策略。

再次，关于外资并购会造成对我国市场的抢占，在若干重要行业形成垄断，威胁国有经济的地位和国家的经济安全问题。我们认为，也存在认识上的偏差。外资并购国有企业当然会形成外资对我国市场的挤占，正是出于对全球市场的战略考虑，外资才选择以并购方式进入中国，而国有企业在中国的经济格局中不仅有巨大的数量，而且广泛分布在许多有巨大赢利潜力的竞争性行业。在改革开放初期，以市场换技术就曾经是我们的策略。今天，我国的经济实力已远非当年，我们应当以博大的胸襟和开放的心态，继续实施以市场换取技术水平提高、产业结构、区域结构和企业组织合理化的战略。同时，应当看到，外资并购国有企业如果是成功的，那么它不仅会挤占一部分国内市场，而且还可以抢占一部分国际市场，带动我国的出口，并且由于与其配套的原材料、零部件和服务业的需要，还会带动相当一部分企业的发展，形成生产力发展的新经济增长点。至于是否形成行业的垄断，既取决于我国同行业其他企业的发展水平和竞争力，也取决于我国政府的政策引导。因为我们不仅可以通过《外商投资产业指导目录》防止这类问题发生，而且还可以通过各种政策法规和审批制度等来避免这类问题的发生；即使出现了问题，还可以通过政策法规的调整来纠正。

最后，对民族工业是否要保护和怎样保护的问题也需要有正确的理解。既然我们不赞同"民族工业"的提法，那么这里讲的就是对"内资"企业的保护问题。任何一个国家在大规模引进外资的时候，都存在一个对国内若干重要行业和企业的保护问题。原则上说，为适应经济全球化和市场经济的要求，对竞争性行业的企业是不应该用国家的力量去进行保护的。但由于我国企业的技术和管理水平及发展规模与较发达国家在许多行业上还存在较大差距。因此，在一定的时期内，对内资的一些重要企业还会有些保护措施。但这种保护主要应体现在投资、金融和财政政策支持的力度上，而且要遵循 WTO 规则和市场经济的要求。

总而言之，对外资并购国有企业所产生的对我国市场的挤占和技术的垄断要做实事求是的分析，它们实际上都是伴随外资并购国有企业的一种经济现象。随着我国外资并购政策法规的完善和实际操作水平的提高，这些问题都是可以较好地解决。至于"民族工业"的提法，由于其含义难以界定和缺乏实际意义，因此不应该成为外资并购国有企业的思想障碍。

四、对外资并购国有企业中关于控股权问题的分析

我国政府和企业在对待外资并购问题上，往往把控股权放在很重要的地位上来考虑，规定了对许多行业外资进入的投资比例，认为重

要行业的大中企业要由中方控股。这也是阻碍外资并购国有企业的思想认识误区。对此应有思想观念的转变。

第一，控股与否应取决于我们引入外资并购的目标和企业发展的需要。我们引入外资并购的目标是从战略上对国有企业进行重组，以解决我国国有经济战线拉得太长，经营效率低下的问题，引进外国的战略投资者也是国有经济逐步退出竞争性行业的要求。服从这个原则，控股与不控股都是为了企业发展。如果控股企业能获得发展就控股，不控股企业发展得好就不控股。至于行业在国民经济中的重要性很难成为决定控股与否的标准，因为什么行业在国民经济中关系重大是非常值得探究的问题。我国通常认为，电信、能源、交通等基础设施及金融保险等服务业是关系国计民生的行业，不能让外商拥有控股权。而这些行业在发达市场经济国家都是对外开放的，也没有影响到它们经济的繁荣和政局的稳定。实际上，除了有关国家安全的行业外，外资都是可以进入并控股的，尤其在我国当前的情况下，允许外资控股是有利于经济发展的。因为，只有允许外资控股才能引进真正先进的核心技术，实现我国产业结构的升级换代。过去我国一直在这个问题上想不开，结果是合资企业办起来了，但先进的核心技术却进不来。而且，由于国有产权制度上存在的所有者缺位，使并购后由国家掌握控股权，往往造成企业治理结构的紊乱，外资无法行使对企业的真正的决策权，导致并购整合的困难甚至失败。北旅是国内最早引入外资并购的上市公司，可就是因为外资股权太小，起不到控制公司的作用，致使并购后外资的退出，成为外资并购失败的一个典型案例。而外资掌握控股权，公司治理结构才能与国际接轨，解决国有企业内部长期存在的治理痼疾。从江铃汽车厂外资并购的成功经验可见，只有外资绝对控股或相对控股，企业才能按外资带来的先进技术和管理理念及管理方式对整个企业进行整合，使并购后的企业获得良性发展。这样，国有企业不控股，企业控制权由外方控制，外资可以根据其利益的最大化原则进行企业的生产与经营，如果经营得好，那么中方可以搭车获利；假如经营得不好，那么损失大的是外资。总之，外资并购国有企业后是否由外资控股，应当取决于企业发展所需，没有必要一定要坚持由中方控股。当然，在中方企业各方面条件都有优势时，外资也不会坚持控股，因为他们是以赢利为目的的商人，只要中方控股有利于利润增长，他们就不一定要控股。而且，从我们出售国有企业给外商的根本性目的来看，是国有经济退出竞争性行业的有效途径。因此，对大部分外资愿意控股的并购，都应当允许其控股。

第二，应当认识到政府控制外资的方式是多样化的。在外资并购国有企业的实践中，控制权比控股权更重要。纵观当前在我国本土上建立起的十几万家合资企业，虽然在许多企业中方都占股权的一半以上，但合资企业的控制权多半是握在外方手中，在实际的经济生活中，许多合资企业采用的是不利于中方的参与型管理模式。实践表明，控股不一定能控制住企业，即股权控制并非唯一控制企业的模式，而非股权控制则是经常存在的。就像深圳市场的塞格三星，外方所拥有的股权既没有达到绝对控股的水平，也没有达到相对控股的数量，但外方却通过谈判中的合作条款，把整个企业的生产经营和技术与管理紧紧地控制在自己手里。其原因在于，当外资进入时，原塞格公司已濒临破产的边缘，韩国三星康宁入住时，就谈定了技术由外方提供，经营管理由外方做主的条款。另外在深国商这家上市公司则是外资占有相对控股地位，企业却控制在中方总经理手中。这是因为中小股东联合起来拥戴总经理，使企业的控制权掌握在中方。可见，在企业控制权的争夺中，控股权并非唯一的方式，也不一定是最好的方式。因为当某一产品或企业的上游被人控制，下游被人控制，该企业即使百分之百地控制股权，也还得靠上游和下游来生存。这就是说，控股权和企业控制力是两个不同的概念。控制企业不一定非掌握控股权不可。

再次，应当认识到，政府规制控制比股权控制更重要、更有效。一方面，大型跨国公司投资不仅具有上、下游一体性、规模性、集中性等特点，而且经济势力也相当雄厚，使得我国企业在被跨国公司并购时追求控股权的想法难以实现。另一方面，放弃股权控制并非意味着放弃其他控制。无论是从发达国家还是发展中国家的实践看，通过政府规制控制大型跨国公司已经成为行之有效的办法。可见，中方不控股就不合资、不出售股份的观念是不恰当的，在实践中也是毫无益处的。

五、对外资并购中企业定价问题的分析

在国有企业对外资的出售这一问题上，我们存在一个认识上的误区，就是认为国有企业在出售时一定要卖个好价钱，否则就是国有资产的流失。对此问题也要重新思考。

首先，政府出售国有企业的目标是决定价格的基础。因为如果从商人的角度看，市场经济中的企业并购的确遵循"利润最大化"的原则。而中国政府不是一个商人，向外资出售国有企业产权也不是纯粹的商业行为。它服从于国有经济战略性重组的目标，是国有经济退出竞争性行业的一种途径。在这种情况下，政府出售国有企业要考虑的主要是出售的目标。如果出售企业是为了解决企业的债务问题，那么在解决债务问题的前提下，价格可以适当低一些；如果主要是解决职工就业问题，在职工有较好安排的情况下，价格也可以从低；如果是想要引进战略投资者，使企业在并购后发展成为国际性公司，那么在谈判其他条件较优的情况下，价格低也是可行的。比如韩国在亚洲金融危机后，为了免于陷入破产境况，大宇汽车公司寻找出路，决定把大宇公司卖给外商。在 2000 年 6 月的第一次拍卖时，福特汽车公司以 69 亿美元的最高报价被韩方确定为意向收购者。可三个月后，福特宣布放弃该收购计划。于是便开始了第二轮拍卖，在第一次拍卖中以 62 亿美元落榜的通用汽车公司却以 4 亿美元收购了大宇公司，并拥有新公司 67% 的股权。2001 年发生在广东顺德的"格林科尔收购新科事件"也说明，并购价格要服从政府出售国有股权的目标。

其次，在市场上能否卖个好价钱，主要是取决于市场供求的力量。在中国目前资本市场不发达，对国有企业的并购供给远远大于需求的条件下，也不具备按均衡市场价格出售国有企业的可能。从经济学的观点看，只有并购给买卖双方都带来比不并购时更大的利益时，并购才能发生。而且，并购之所以发生，正是因为双方对并购前后的预期收益的不同估价，即都认为并购对自己有利。作为国有资产所有者的政府机构或代理人，在出售国有企业时，不仅要考虑经济目标赚钱，

而且还要考虑就业、公平和社会稳定等。因此，售出一个好价钱不是追求的唯一目标，而要依据外商并购企业时，对就业、债务和社会稳定方面所做的承诺，通过综合考虑来选择最优的收购伙伴。如果外资收购上市公司的流通股，那么问题就简单多了，合理的价格就是股票的市场价格。但在我国的国有企业中，即使是上市公司，大多数股票也是不流通的国家股和法人股。所以往往只能按协议价格实现并购，即使是公开的拍卖，对买家的选择也不是谁出价高就卖给谁。不是卖一个最高价，而是以合适的价格选择一个好的合作伙伴。

参考资料

［1］江小涓. 中国的外资经济：对增长、结构升级和竞争力的贡献［M］. 北京：中国人民大学出版社，2002.

［2］课题组. 跨国公司在华并购投资；意义、趋势及应对战略［J］. 管理世界，2001（3）.

［3］刘李胜，等. 外资并购国有企业——实证分析与对策研究［M］. 北京：中国经济出版社，1997.

中国企业在海外并购中面临的
微观问题分析[*]

一、企业产权制度和治理结构的缺陷对海外并购的影响

就公司治理对跨国并购的影响看，并购成功的基本条件是并购双方已经建立了规范的公司治理结构。因为如果企业没有建立规范的公司治理结构，必然使双方的权益处于极为不利的微观制度环境下，双方会担心因行政干预、内部人控制或商业欺诈等问题而使其利益受损。我国企业制度在产权制度和治理方面的缺陷所导致的海外并购效率低下具体表现为：国有企业或国有控股公司在海外并购中普遍存在的好大喜功和盲目并购问题。

首先，许多大企业都把海外并购当成"政绩工程"来实施，或者把海外并购当成理想来追求。大量资金由于并购一些价值不大的项目，海外并购开始轰轰烈烈，但对并购代价和并购后的整合管理缺乏必要的准备，导致并购后的海外项目成为企业经营的负担，公司整体业绩大幅度下滑，公司的持续发展受到威胁。

其次，参与海外并购的企业大都把"争当世界第一"作为企业发展的理想。把为"中华民族争气"作为海外并购的动力之一。如果从市场经济中的企业行为约束来看，从产权约束来看，如果"争当第一"有利于企业收益最大化就去"争当第一"，相反，如果不利于实现利润最大化，就没有必要去"争当第一"。有的企业提出要做强就必须先做

---

* 原载《国有资产管理》2007 年 12 期。

大，而尽快做大的方式就是并购。这种好大喜功的背后是缺乏产权的约束。因为如果冒险地并购成功，就会使企业家和政府官员都有更大的政绩。如果并购失败，那么自己的经济利益并没有多大的损害，最多只是声誉上受些损失。这就是经济学上讲的用别人的资本去冒险，成功了收获是收益最大，即使失败了，损失也不大。这里的冒险精神不是企业家在创新中的冒险，而是在缺乏有效的产权约束下的盲目行为。

2002 年发生的重要并购案件——京东方对韩国公司的并购在 2004 年和 2005 年面临巨大的债务和再融资困境，企业经济效益全面下滑。因为它所购买的 TFT – LCD 第四代不是最先进的技术，而是一般的已经成熟的技术，而要在这个领域技术领先就需要继续投入巨额进行第五代生产线的建设。按照京东方的负债和经营业绩，无论如何也是无法再继续融通到足够的资金继续运作。可在国有制为主体的所有制背景下，京东方 TFT – LCD 第五代项目的资金短缺问题最终得到解决。京东方第五代项目是北京市重点支持的国内最大的液晶显示屏制造项目，在 2003 年 9 月就已正式启动，投资总额 12.4 亿美元，除注册资金5 亿美元外，其余资金全部通过银团贷款筹集。京东方 2004 年第三季度报表显示，截至 2004 年三季度末，该公司净现金流为 – 5.4 亿元人民币，其中经营净现金流为 9.3 亿元人民币，投资净现金流为 – 32 亿元人民币，筹资净现金流为 18 亿元人民币。获得此笔银团贷款后，三年内，京东方平均每年将有近 5 亿元人民币的资金流入，与 2004 年三季度末 –5.4 亿元资金缺口相比，此次贷款并未能完全解决京东方资金缺口。国家银行对这样具有财务困境的企业大规模贷款，绝大部分的风险都由国家银行承担了。这本身就具有用国家的资金去进行"跨国并购冒险"的特点。假如赢了，企业和经营者得利，地位提高；如果输了，只能由国家财政和国有银行承担风险。

二、我国企业海外并购中的整合困境

企业并购成功与否不仅在于并购前和并购过程本身对各种问题的有效解决，而且取决于并购完成后企业的有效整合。这种整合既有生产技术方面的，又有思想观念方面的。管理水平与企业文化相协调，这种整合往往是成功并购的关键，尤其是在跨国并购中。这种并购后的整合更为重要。从我国企业海外并购的实践来看，所遇到的整合问题主要有下述三个方面。

（一）对整合困难估计不足

没有海外并购实践经验的企业，对并购完成后整合的理解和估计大都是基于书本知识的范围。有过一定的并购或跨国并购经历的企业，由于前期的经验不同，就算并购比较成功，也会出现对整合的困难估计不足的问题，因而在整合过程中的思想和措施等准备也不够，遇到具体问题处理起来就比较棘手。比如上海汽车工业（集团）总公司（以下简称"上汽"）对韩国双龙汽车公司（以下简称"韩国双龙"）的并购完成后，对整合中的劳资纠纷问题就缺乏足够的认识和应对的措施。导致在收购后的运作中，由于韩国员工在增加工资等问题上同中方发生摩擦，最后发生罢工事件，给企业的经济效益带来了极大的负面影响。在被上汽股份收购 1 年后，韩国双龙汽车公司社长苏镇琯被解职，其职务由双龙产品开发部执行总监崔馨铎取而代之。原因是上汽股份韩国双龙汽车公司业绩不佳。2005 年上半年双龙汽车财务报表显示，公司亏损 685 亿韩元。

（二）高昂的整合成本难以消化

公司整合是要耗费成本的，尤其是技术、管理和文化差异较大的两个或两个以上的公司在并购后进行整合更是要耗费巨额成本。并购公司对此应有足够的估计和准备。技术整合，组织结构的调整和规范，人力资源的整合等都需要投入，尤其高层技术与经营管理人才的留用和对外聘用，以及新技术、新产品的研发推销，所需费用更是巨大。当并购双方是两个经济文化发展差异巨大的国家时，这个问题就变得格外特殊和困难。比如，2004 年，TCL 完成了对法国汤姆逊彩电业务和阿尔卡特移动电话业务的并购，1 年后，2005 年第三季度的业绩报告中透露了这样的信息：实现主营业务收入 121.14 亿元，同比增长

9.73%；经营活动产生的现金流量为－2.68亿元，同比下降95.39%。
TCL效益大幅下降的基本原因就是由于对并购后的整合成本估计失误，
导致并购后整合陷入极度困难的境地。首先，对汤姆逊所拥有的技术
优势的判断出现失误。汤姆逊彩电业务的技术积累主要是对背投电视
产品的技术开发，但从2004年起，平板电视成为欧洲市场更新换代的
新主角，汤姆逊彩电业务的技术不仅不是先进的技术，反而成了"包
袱"。其次，对汤姆逊品牌的价值判断出现了失误。通过并购买到的品
牌已经处于没落的地位，借助品牌难以扩大企业在欧洲的影响。再次，
欧洲企业运营成本的高昂也是中国企业难以估计的。欧洲国家对外资
并购后的企业裁员有自己的法律规定，中方在并购时也承诺了不裁员，
结果是高昂的人工费用和低下的运营效率使得TCL这样一个国内优秀
的企业因海外并购陷入困境。

（三）文化整合的难度超越控制

相比之下，文化的整合就显得更为困难。中国企业文化的主要内
容是儒家文化，与国外企业文化尤其是欧美的企业文化存在有很大的
区别。中国企业在实施对外的跨国并购时，如何尊重和融入当地的文
化就显得十分重要。国内许多企业在进行并购后都因文化整合的困难
而陷入困境。比如，TCL集团在接连并购了国际彩电业巨头汤姆逊和
手机生产商阿尔卡特后，也面临了文化整合的巨大困难，这也是导致
其业绩大幅下滑的原因之一。2004年8月完成并购到同年年底，在与
阿尔卡特合作的4个月内，TCL就亏损258亿港元，2005年第一季度
又亏损327亿元人民币。中法文化理念的差异使得在最初的合作开始
后不久，当地企业最重要的两位高层管理人员相继辞职离开公司，而
中方又苦于在短期内难以找到合适的人选，使企业的运作更加雪上加
霜。上汽对韩国双龙的并购同样遇到了文化整合的困难，表现为劳资
双方的纠纷对企业效率的负面影响。

三、中国企业海外并购中的价格问题

从并购理论上说，并购双方对并购所能产生的利益判断和利益要

求是决定并购价格高低的关键性因素，而它又取决于双方对并购所能产生的"协同效应"的看法。一旦"协同效应"被确认，收购方企业的出价会高于企业的评估价值，但超过部分不会大于估计的并购后所能产生的"协同效应"。这时财务的估价数据在并购中就显得并不十分重要。另外，如果在并购活动中，存在着多方的竞争，也会将并购价格提到较高的位置。我国企业海外并购中所面临的价格问题有下述三个方面。

（一）国有企业和国家控股公司在海外并购中所支付的代价较高

收购国外经营不善的企业是要以最低的代价获得最高的价值，并且在收购完成之后进行较好的企业整合，让收购的核心技术或市场价值得到最大限度的发挥。在这个问题上，国有企业的并购可以说是得不偿失的。因为我们的收购主体是国有企业或国家控股企业，所以，国外卖方就会要一个高价，而我方由于不是自己的财产对买卖价格的关注也就不够，所以购买的时候大多是考虑如何能够实现购买目标。结果往往是买到了根本不值得买的东西，却花费了巨大的代价，外方却以一个相当理想的价格卖掉了想处理掉的"包袱"。

（二）过于看重较低的收购价格，而忽略了收购后需要的大量投入

从目前中国的海外并购案例来看，由于受到自身资金实力的制约，大多数并购目标选择的是国外经营业绩不佳甚至濒临倒闭的企业。实际上，购买企业的交易价格仅仅是考虑了问题的一个方面，更为重要的是要关注收购后企业的价值提升潜力。收购亏损或濒临倒闭的企业时必须要考虑到这样一些问题。如由于企业亏损或业绩不佳，往往会导致其在产品研发方面的投入过少，如果中国企业出于获得先进技术而实施并购的话，其目的可能难以实现。另外，还必须考虑被收购企业扭亏的可能性及其难度。中国企业在进行海外并购时往往会更多地考虑如何强化其在中国市场的竞争，而忽视了被收购企业所在市场的

竞争难度，这会使得所投资的海外企业难以扭亏并重获新生，其结果是国内业务有可能获得了新的成长机会，但海外业务的长期亏损还是会使中国公司背上沉重的负担。

TCL 收购汤姆逊之后的 2003 年，TCL 多媒体业务的盈利为 5.8 亿元人民币，而汤姆逊的亏损则折合 12.5 亿元人民币，相差大约 6.7 亿元人民币。又比如，海尔对德国施耐德的收购也存在这个问题。所以，我国企业进行海外并购时应当注重所购买的企业的价值，而不是仅仅收购其资产。中国企业在国内并购时，往往是将企业的净资产与收购价格进行比较，并以此来进行决策。这种方式存在着明显的片面性。因为同样价值的净资产，如果它在未来长期亏损，其实际价值与那些有持续盈利能力的资产相比可能会差数十倍甚至数百倍。因此，在并购时衡量企业价值的关键指标应该是现金流的净现值，具体包括：被并购企业原有长期净现金流的净现值，并购后在销售和成本方面的"协同效应"产生的现金流的净现值，以及因并购而产生的额外成本支出的现金流的净现值。这一点往往容易被中国大多数企业所忽视。因为在并购后，为了实现"协同效应"，企业往往因组织和整合而进行裁员，特别是在发达国家，由此而导致的成本十分巨大。另外，生产设施、研发等方面的合并也会导致相应的处置成本。中国企业在并购海外亏损企业后难以扭亏往往是忽视了因并购而产生的额外成本，从而导致最终的失败。这是中国企业从海外并购中必须应该吸取的教训。

跨国并购与新建投资：外商直接投资
进入方式的国际经验及中国实践[*]

当今世界，由跨国公司主导下的国际化生产体系正日益控制全球经济。本文将根据相关理论对跨国公司进入东道国的两种主要方式进行分析，根据外商直接投资（FDI）实践探讨并购投资是否会成为 FDI 进入中国的主流模式。

一、跨国并购是全球 FDI 进入方式的主流吗

（一）跨国并购备受青睐的原因[❶]

1. 与新建投资相比，并购投资具有明显的优势

首先，并购方式可以确保跨国公司争取速度。因为新建投资经过考察谈判、开业到形成一定的生产规模耗时较长，固定资本投入大的行业所需时间则更长。而并购交易在交易后马上可以直接利用现有生产设施进行生产，即使需要改造的项目，也具有时间上的优势。

其次，跨国公司采取并购方式可以获得某些战略性资产。Norbäck 和 Persson（2002）的研究表明，东道国的某些战略性资产如研发能力、技术诀窍、专利、商标、当地特许权及供应与分销网络等，具有很高的战

———————

  [*] 本文系国家社会科学基金资助项目（批准号 01BJY106）的最终成果之一。
  本文作者：周清杰、廖运凤。原载《国家行政学院学报》2004 年第 4 期。
  ❶ 为了比较 FDI 进入的两种主要方式，在此假定，无论是对于跨国公司还是对于东道国而言，跨国并购方式和新建投资方式具有现实可替代性。

略价值，跨国公司为获得这些资产，即使净利润下降也愿意进行并购。❶
因为这些战略性资产对于跨国公司维持企业的竞争力、占领东道国市
场都至关重要，但却无法通过别的市场获得，自行开发又耗时太长。

2. 在某些情况下，东道国的条件更适于跨国并购

东道国经济发展水平越高，可能成为跨国并购目标的企业就越多。
在相近的经济水平下，如果东道国不适宜于新建投资活动，如其市场
格局呈现出供给过剩，竞争异常激烈，或属于完全垄断或寡头市场结
构，并购方式优于新建投资；当与采取新建投资相关联的成本（如实
物资本）显著上升，并购投资也会变得更有吸引力（Müller，2000）。
Kogut 和 Singh（1988）的研究则表明，母国和东道国的文化差异越小，
跨国公司则越倾向于采用并购方式。

（二）全球跨国并购实践简述

近 10 年来全球 FDI 的实践表明，跨国并购已经成为 FDI 进入方式
的主流。1995—2001 年，跨国并购占 FDI 的比例平均为 74.6%❷，见
表 1。

表 1　并购投资占全球跨国投资的比例：1995—2001 年

年　份	1995	1996	1997	1998	1999	2000	2001
跨国直接投资总流入量（亿美元）	3287	3590	4643	6439	8650	14919	7351
跨国并购总额（亿美元）	2290	2750	3420	4110	7200	11000	6010
并购与 FDI 的比例（%）	69.7	76.6	73.7	63.8	83.2	73.7	81.8

资料来源：联合国贸发会议，《世界投资报告》，1996—2002 年。

由于发达国家在经济技术水平、制度等方面具备跨国公司并购投
资的条件，并且大多数商品市场相对饱和，因而，其 FDI 以并购投资
居多。例如，1980—1998 年，外国公司进入美国时采取并购方式平均
占 FDI 总金额的 79.53%，1998 年更高达近九成，见图 1。

---

❶　此时，可能有几家跨国公司同时投标，目标公司可以获得更高的价格，甚至可超过
其保留价。

❷　尽管 FDI 与跨国并购投资在统计口径上存在一些差异，但总体上依然可以用后者与
前者的比值来说明跨国并购在 FDI 中的份额。

亿美元

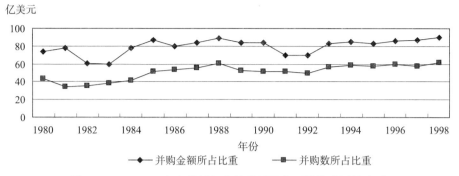

图1　1980—1998年在美国经营的外国子公司的并购及其比重

资料来源：根据联合国贸发会议《2000世界投资报告》第271页有关数据整理。

　　然而，大多数发展中国家的实践却显示，FDI进入这些国家的主要方式却是新建投资。发展中国家跨国并购占FDI的比例，20世纪80年代仅为10%，经过20年发展，也不过40%多一点，与发达国家"唱主角"的全球FDI大趋势形成了鲜明的对比，见表2。

表2　发展中国家的跨国并购（出售）占FDI流入的比例

年份	1997	1998	1999	2000	2001
东亚、南亚及东南亚	13.29	18.37	28.43	16.10	35.09
发展中国家	35.07	44.06	32.87	29.68	41.90

资料来源：Hong Kong Trade Development Council，2003.

　　发展中国家的FDI规律表明一方面，它们看中新建投资具有增加生产能力、扩大就业等特点，在政策上鼓励新建投资；另一方面，由于发展中国家自身客观条件的局限性，如企业战略性资产少，开放度低，公司治理不规范、与跨国公司文化差异大、政府微观规制能力不足等，也阻碍了并购投资的发展。另外，东道国因担心跨国并购的负面影响（如失业率上升、削弱竞争、挤垮国内企业等）而采取的限制性政策也阻碍了并购式FDI的发展。❶

---

　　❶　最近一些发展中国家开始放宽对跨国并购投资的政策限制，如取消强制性合资、多数股权限制和审批要求，解除某些行业的管制等。

（三）一些非常规因素对跨国并购投资的推动

一些非常规因素如私有化及经济危机对发展中国家跨国并购的开展起到了某种推动作用。在这些特定环境下，FDI 进入方式只能是并购投资。

1. 私有化运动

在一国的私有化过程中，当国有企业的部分或全部股份被外商收购时就构成跨国并购或跨国出售。私有化运动给跨国公司以并购方式进入这些国家创造了更多的机会。1987—1999 年，全球以私有化为目的的跨国出售呈逐年增加趋势，见图 2，共有 2217 亿美元的国有企业被外国投资者收购。

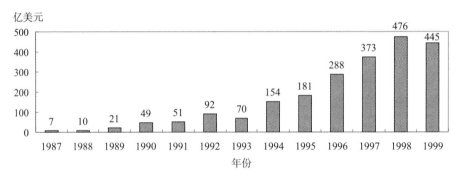

图 2 1987—1999 年全球私有化涉及跨国并购交易额

资料来源：根据联合国贸发会议《2000 世界投资报告》第 283、284 页有关数据整理。

20 世纪 80 年代后期，拉丁美洲国家及澳大利亚开始对国有企业，尤其是公用事业和金融服务业进行大规模的私有化。由于国内缺乏实力雄厚的战略投资者，引入外商便成了这些国家的选择。1987—1999 年，巴西、阿根廷和澳大利亚成为全球私有化跨国并购的 3 位最大卖主，金额分别为 320 亿美元、260 亿美元和 240 亿美元（联合国贸发会议，2000）。20 世纪的最后十年，巴西和阿根廷由私有化推动的外资并购金额占同期外资并购交易额的 52%，其中 1992 年阿根廷私有化导致的跨国出售占当年本国企业跨国出售额的比例高达 94.5%，见表 3。

表3　拉美国家私有化企业跨国出售金额及其

占本国跨国出售总额的比例：1990—1999年

年份	阿根廷			巴　西		
	跨国出售[a]	私有化[b]	比例[c]	跨国出售[a]	私有化[b]	比例[c]
1990	6274	0.6	9.6	217	—	—
1991	302	0.1	33.1	158	—	—
1992	1164	1.1	94.5	174	0.1	57.5
1993	1803	1.3	72.1	624	—	—
1994	1315	0.5	38.0	367	—	—
1995	1869	0.8	42.8	1767	—	—
1996	3611	0.4	11.1	6536	2.9	44.4
1997	4635	0.4	8.6	12064	6.0	49.7
1998	10396	5.5	52.9	29376	19.9	67.7
1999	19183	15.6	81.3	9396	2.8	29.8
合计	50552	26.4	52.03[d]	60679	31.7	52.24[d]

注：a、b、c的单位分别为100万美元、10亿美元和百分比，d为平均数。

资料来源：根据联合国贸发会议《2000世界投资报告》第264页、283页相关数据整理。

东欧剧变后，这些国家便开始了对原国有企业的私有化。它们主要是采取认股权证的方式，将国有企业卖给国内居民，其中也向外国投资者出售了一部分国有企业。1991—1993年，捷克斯洛伐克的外资并购出售额为15亿美元，捷克斯洛伐克共和国独立后，在六年里共向外国投资者出售了37亿美元的国有资产。而在同一时期的罗马尼亚和保加利亚的私有化跨国出售金额分别为24亿美元和18亿美元。匈牙利是这些国家中力度最大的：1991—1997年，匈牙利私有化的国有资产中有2/3出售给了外商，出售额达64亿美元，占同期外资流入的43%（Kaminski和Riboud，2000）。德国统一后，对前东德地区的国有企业进行的私有化中，有相当一部分企业卖给了外国投资者，1990—1999年共成交90亿美元（联合国贸发会议，2000）。

苏联国家的私有化中也出现了跨国出售现象。如俄罗斯1993—1997年私有化企业涉及跨国并购的交易额为23亿美元，哈萨克斯坦1995—1997年则有价值46亿美元的国有企业资产被外资买走（联合国贸发会议，2000）。

2. 经济危机

当某国一家大型企业处于困境，需要救助，而国内又没有合适买主时，以并购方式便成了外商直接投资的自然选择。经济危机对并购投资的推动，既源于东道国企业解困的内在需求，也因国内资产大幅贬值，增加了跨国并购的吸引力所致。1997 年东南亚发生金融危机后，这些国家的跨国并购出售额迅速增长，其中受危机影响最大的金融业成为危机之后外资收购的最大行业（联合国贸发会议，2000）。1998—1999 年，受危机打击最重的 5 个国家（印度尼西亚、马来西亚、菲律宾、韩国和泰国）的跨国并购额占亚洲的 60%。1997 年，这 5 个国家的外资并购额为 63.1 亿美元，比 1996 年增加了 146%；1998 年跨国出售额突破 100 亿美元，增幅在七成以上；1999 年，跨国出售额攀升至147.2 亿美元，较 1998 年增加三成半，见表 4。

表 4 受东南亚危机影响最深的五个亚洲国家跨国并购额：1994—1999 年

年　份	1994	1995	1996	1997	1998	1999
跨国并购出售额（100 万美元）	1567	2468	2558	6308	10866	14719
年均增幅（%）	80.95	57.50	3.65	146.60	72.26	35.46

资料来源：根据联合国贸发会议《2000 世界投资报告》第 280 页有关数据整理。

二、跨国并购成为 FDI 进入中国主流模式的可能性分析

（一）目前外商直接投资进入中国的方式：以新建投资为主

从 1992 年以来，中国吸引 FDI 一直居世界第二，在发展中国家中则名列第一（尽管这一位置在 2000 年曾被我国中国香港所占据），2002 年超过美国成为全球吸引外资最多的国家。然而，我国吸引外商直接投资的方式一直以新建投资为主。1990 年，我国外资并购的交易额只有 800 万美元，仅占当年实际利用外资额的 0.23%。尔后外资并购活动虽有一定程度的增加，但在这一比例占实际利用 FDI 的比例仍然很低，最高的年份不足 6%，见表 5。2001 年，中国的外资并购只占 FDI 流入量的 4.96%，是同期世界平均水平的 1/16，仅为美国的 1/30。

因此，有学者认为，我国 FDI 的进入方式与全球跨国投资趋势存在"错位"现象（江小涓，2002）。

表5　我国外资并购规模及其与吸引外商直接投资的比例

单位：亿美元

年份	外资并购额	实际利用 FDI	外资并购与实际利用 FDI 的比例（%）
1990	0.08	34.87	0.23
1991	1.25	43.66	2.86
1992	2.21	110.08	2.01
1993	5.61	275.15	2.04
1994	7.15	337.67	2.12
1995	4.03	375.21	1.07
1996	19.06	417.26	4.57
1997	18.56	452.57	4.10
1998	7.98	454.63	1.76
1999	21.55	403.19	5.34
2000	22.47	407.72	5.51
2001	23.25	468.78	4.96

资料来源：1990—1999 年并购金额数据来自 UNCTAD，《2000 世界投资报告》第 266 页；实际利用 FDI 金额来自中国商务部数据库；2000 年、2001 年的并购比例数据来源同本文表 2，在此基础上根据实际利用 FDI 计算出当年的并购金额。

（二）对 FDI 进入中国方式演变的经济学解释

笔者认为，FDI 进入我国的方式基本符合全球 FDI 规律。因为 FDI 进入发展中国家时跨国并购方式并不占主导地位，而由于文化等原因，东亚、南亚及东南亚国家中跨国并购投资所占比例更少，2001 年也仅有 1/3 强，见表 2。因此，考虑到我国的经济发展水平和体制特点，1990—2001 年最高不到 6% 的跨国并购投资比例有一定的合理性。

1. 改革开放之初，新建投资是中外双方的一致选择

FDI 进入方式在我国呈现出的特点，是中外双方相互博弈的结果。20 世纪 80 年代初，在我国改革开放刚刚起步之时，我国选择了

渐进式改革，这一策略决定了开放范围的有限性，即对外开放仅限于体制外的非国有经济及体制内的部分增量。因而，中国希望建立"三资"企业，而对并购投资实行了严格的管制。新建投资通过实物资本的增加，提高了我国的生产能力，这一点在经济发展水平很低的背景下是非常重要的。另外，新建投资不会造成存量资产所有权的转移，不用担心有"变卖家业"之嫌，有利于消除决策者的自责心理和国人的不满。

与此同时，新建投资也符合跨国公司的战略意图，因为外商此时对社会主义中国尚处于观察阶段，对我国的投资环境、政策的稳定性等还缺乏信心。这种不确定的背景，使得外商进入中国的行为多为试探性小规模的新建投资模式。另外，由于中国是一个发展中国家，生产力发展水平的差异，以及体制等因素，使跨国公司在进入中国时较少采用并购投资方式。

事实证明，以上判断是站得住脚的。《1993中国经济年鉴》显示，1979—1992年，我国累计批准外商直接投资342.83亿美元，其中合资方式175.46亿美元，占51.2%，外商独资方式50.84亿美元，占14.8%；从项目数量看，合资方式占65%，独资方式占16.4%。

2. 1992年以来，FDI进入方式的演变及合资企业中的增资扩股现象

我国高速发展的经济、稳定的社会环境和巨大的市场潜力，以及外商对中国市场的逐渐适应，使外商直接投资由小规模、试探性转向大规模的、战略性投资。1992年以来，外商独资企业利用FDI比重呈现持续上升态势，而1993年以后，合资方式利用的FDI比重却一路下降；2000年以后，外商独资方式利用FDI金额已经超过合资企业方式；2002年，外商独资企业吸引FDI在实际利用FDI的比例已经超过60%，见图3。根据中国商务部的数据，截至2002年年底，外商独资企业累计实际利用FDI占总数的36.97%，与合资方式（42.91%）接近；按项目数量计算，合资企业占53.25%，比1992年年底下降近12个百分点，外商独资企业占34.22%，上升了近18个百分点。

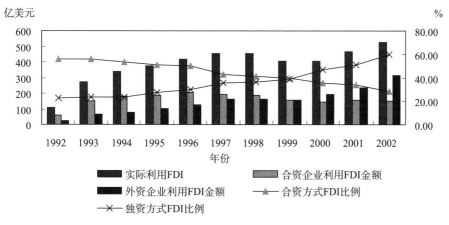

图3　1992—2002 年我国实际利用 FDI 情况概览

资料来源：1992—1997 年数据来自《中国对外经济统计年鉴》（1996—2000），中国统计出版社。

1998—2002 年数据来自中国商务部数据库，www. mofcom. gov. cn。

这 10 年来我国利用 FDI 的演变规律有其必然性，也符合邓宁的 OLI 理论。随着我国投资环境的进一步改善，外商不通过中方合资伙伴协助也能够顺利地设立和运营企业；外商与中方合资伙伴之间的摩擦有所增加，解决难度加大，使得外商更倾向于独资；外商将在华投资企业纳入跨国公司全球战略的需求加强，外商不再满足合资企业中的"小"股东地位；跨国公司在华投资项目中技术密集型项目所占比重增大，使之为了控制新技术，减少各项所有权优势流失，倾向于进行内部化生产，尽可能举办自己能掌握控制权的投资企业。

而这一时期正是跨国公司在华投资的一个非常特殊的时期：一方面，外商希望增加在华子公司的股权，掌握更多的控制权；另一方面，我国的 FDI 政策却在对外资并购实行严格的管制。因为从"中策现象"到"北旅并购事件"，政府和民间一直对外资并购低调处理，由于不能容忍本国企业被外国人收编，加之有关外资并购活动的相关法规严重滞后和政府微观规制经验的缺乏，1995 年 9 月，我国政府对外资并购活动紧急叫停，1995 年外资并购交易额在实际利用 FDI 的比例只有 1.07%，比 1994 年下降了 50%。

在这种特殊的背景下，跨国公司在华投资出现了模式创新，增资扩股，以及由外商在华子公司并购国有企业等隐性并购成为 FDI 进入方式的新"变形"。这种创新绝大多数源于市场自发的力量，或是地方政府与外商共同实施，目的在于规避现有政策的管制。跨国公司的在华子公司并购中资企业，打得是"擦边球"。合资企业中的外商增资扩股现象，❶ 体现了跨国公司规避风险，追求控制权的战略导向。如前所述，改革开放之初，由于外商对我国开放及利用外资政策的长期性还持观望态度，通常不要求在合资企业中占大股，而中方则由于意识形态上的担心也不愿让外方控股。当经过若干年的经营后，外商更强调控制权，中方对外资控股在意识形态上的障碍则相对弱化，各级地方政府也基于自身政绩考虑对外商采取各种正当或不正当的支持，最终导致隐性外资并购活动悄然流行。如中国惠普公司在 1995 年增资扩股后，中方股权由 57.5% 减至 39%，美方则由 42.5% 增至 61%；三星集团将其在三星电子的股份由 50% 增加到 91.5%；宝洁公司将其在北京熊猫的股份由 50% 增加到 99% 等。

增资扩股盛行的背后，还有一个客观原因，即随着合资企业规模的扩大，需要增加注册资本时，中方股东无力认购增发的股份，外商正好借机获得控制权。一份对欧盟在沪跨国公司投资动向的调查表明，与美国在沪的跨国公司一样，欧盟跨国公司在与中方的合资企业中，都在实施对中方的"逼股""挤股"策略，利用中方资金不足而逼抢中方的股份（金芳，1999）。从长远来看，合资企业的控制权之争是一个永恒的话题，倘若跨国公司在投资之初不能实现这种控制，那么它们在未来的经营中是绝不会放弃对控制权的争夺的。

3. "准外资并购"现象及其启示

在我国已有的一些外资并购案中还有一个重要现象，即中资背景的外资并购活动在其中一直占据着很大的比重。有关数据显示，1998—2000 年，并购我国内地大陆企业的案例中港资并购有 82 起（叶勤，2002），占交易总数的六成。这些"准外资"大多为在中国香港本

---

❶ 外商增资扩股包括外方单独增资，外方所获利润的再投资，外方收购中方部分股份以及在某些特殊情形下（如中方投资母体终止，中方股权质押等）外方获得中方股份，本文中所说的增资扩股更多的是指在企业规模扩大，需要增加注册资本时的外资增持现象。

地企业和在香港上市的内地企业，即所谓的"红筹股"。它们非常了解内地的产业特点、企业经营，熟悉内地的运作模式及其政策法规，并且有在国际资本市场运作的背景，在外资并购中能获得更多的好处。如粤海投资收购深圳啤酒厂、中山威力洗衣机厂；香港华润收购深万科、北京华远、四川锦华；以及 2003 年华能国际对深圳能源集团公司的收购案。

"准外资并购"现象表明，来自西方的跨国公司在经营理念、文化等方面与中方还可能存在不少障碍（这一点符合前文的有关分析）。不过，就像改革开放初期外资以港、澳、台投资为主一样，这些并购活动可能会对来自西方的跨国公司在华的并购活动起到一些推动作用。

（三）中国外资并购活动展望

1. 外资并购交易额会迅速增加

参照全球 FDI 基本规律及国内环境的变化，我国近几年将经历外资并购热潮。

首先，中国的生产力水平无论是总量，还是技术含量都已取得举世瞩目的成就：中国商务部首次发布的《外商投资报告》显示，2002 年我国实际使用 FDI 527.43 亿美元，一举超越美国，跃升全球首位。由于中国经济的发展势头强劲，产业结构调整成效显著，吸收外资的综合优势日益凸现，绝大多数跨国公司对华投资的意向并未减弱（全球 500 强中来中国进行投资的已过 400 家）。在相当长的一个时期内，中国仍将是全球最具活力的 FDI 目的地。

其次，在中国加入 WTO 后，开放力度进一步加大，对外资并购的谨慎态度有所改变。近两年来，我国连续了出台多项有关外资并购的政策法规。如 2002 年 11 月，原国家经贸委、财政部、国家工商总局、国家外汇管理局联合发布《利用外资改组国有企业暂行规定》；2003 年 3 月，由原外经贸部（现为商务部）、国家税务总局、国家工商行政管理总局、国家外汇管理总局发布《外国投资者并购境内企业暂行规定》。这些法规构成我国规范外资并购的政策框架，为我国合理引导外资并购、趋利避害和实现更大的利益奠定了制度基石。

再次，中国低水平外资并购活动及国内经济环境的变化预示未来外资并购可能会迅速增加。在国有经济的战略性调整中，竞争领域以及部分非竞争领域的民营化会给外资并购带来机会，大批经营困难的国有企业和其他所有制企业会有相当一部分被外商并购。目前国内各行业的"龙头"企业或行业"排头兵"，在寻求"强强联合"的战略中，也会有一部分企业与跨国公司"联姻"。

最后，全球并购投资的盛行将推动中国吸引 FDI 模式的转变。一方面，从全球趋势看，跨国公司是 FDI 的主要推动者，中国不可能无视它们对并购投资的偏爱；另一方面，跨国并购的目的已经从消灭竞争对手转向谋求双赢。东道国和母国作为并购双方可以利用互补性资源、减少研发领域的重复投资和扩大经济规模，这一点会增加国人对外资并购的信赖度。

2. 目前尚不能断言并购投资必然会取代新建投资

尽管我国出现外资并购热是大势所趋，但尚不能断言跨国并购在近几年就会成为 FDI 进入中国的主流模式。得出这样的判断主要基于以下理由。

（1）我国是发展中国家，从国际经验看，跨国并购不会成为外商直接投资的主要方式。目前发展中国家并购投资在 FDI 中的水平仅占四成多，而与我国文化背景相似的周边国家，其并购投资的比例在2001 年较 2000 年翻了一番以后也不过只有35%。何况我国的外资并购交易额与新建投资金额差距过大，如 2001 年后者是前者的 19 倍多。❶因此即使外资并购发展迅猛，但要替代新建投资的主流地位也有待时日。另外，从动态的角度看，跨国并购投资的增加，并不意味着新建投资就会减少。根据 Calderón 等人（2002）对 21 个工业化国家和 61个发展中国家 1987—1999 年的跨国并购研究结果，跨国并购在经历了一个迅速扩张阶段后，往往会伴随着一个新建投资的增加过程（跨国并购每增加一个百分点，发展中国家的新建投资随后将增加 0.6 个百分点）。按此理论，中国并购投资的增长也会带来新建投资的增加。综

---

❶ 在此假定，新建投资等于我国实际利用 FDI 总额与并购投资交易额的差。

上可知，即使并购投资能取代新建投资也要经历一个相当长的历史过程。

（2）我国特有的政治经济体制意味着外资并购活动的规模和深度有其内在界限。作为社会主义国家，中国不会像一些拉美国家那样进行彻底、全面的私有化。所以，在分析外资并购走势时，应看到正确估计竞争领域的民营化对外资并购的推动力，不能高估"国退民进"对外资并购的影响。❶

（3）我国政府对外资并购的微观规制和企业的反并购策略会使外资并购活动有所抑制。首先，因为中国政府对外资并购并非来者不拒，而会制定相应的法规，对那些不利于中国经济安全的并购案例说"不"。其次，国内企业，尤其是那些拥有战略性资产的企业不应该、也不会盲目崇洋媚外，一味迎合，而会采取科学、有效的反并购策略，在并购中寻求主动，做到"不该卖的绝对不卖"。

另外，从统计数据看，在近两年全国吸引 FDI 出现较大幅度增长的情况下，欧盟、美国来华投资却出现负增长或大大低于平均增长率，这表明我国还不具备欧美投资者认同的并购投资环境。只要"准外资并购"还作为跨国并购的主角，那么我国的外资并购投资就不会出现跳跃式增长。

参考资料

[1] 国家统计局贸易外经统计司.2000 中国对外经济统计年鉴［M］. 北京：中国统计出版社，2000.

[2] 课题组.跨国公司在华并购投资：意义、趋势及应对战略［J］. 管理世界，2001（3）.

[3] 联合国贸发组织.2000 世界投资报告［M］. 北京：中国财政经济出版社，2001.

[4] 江小涓.中国的外资经济：对增长、结构升级和竞争力的贡献［M］. 北京：

---

❶ 由于国内缺乏对外资并购国有企业数据的权威统计，我们无法对国内私有化推动的外资并购做出准确判断。根据联合国贸发会议的统计，1993 年、1994 年、1997 年、1999 年我国私有化推动的外资并购金额有 1 亿美元。

中国人民大学出版社，2003．

［5］金芳．双赢游戏：外国直接投资激励政策［M］．上海：上海社会科学出版社，1999．

［6］叶勤．外资并购中国企业：影响因素、动因、决策模型与重整［D］．中山大学博士论文，2002．

［7］中国经济年鉴编委会．1993 中国经济年鉴［M］．北京：经济管理出版社，1993．

［8］中华人民共和国商务部数据库（2003）：www. mofcom. gov. cn.

［9］Calderón，C.，N. Loayza, and L. Servén. Greenfield FDI vs. Mergers and Acquisition：Does the Distinction Matter? World Bank Working Paper April. 2002.

［10］Hong Kong Trade Development Council. FDI in China, www. HKTDC. gov. 2003.

［11］Kaminski，B. and M. Riboud. Foreign Investment and Restructuring：the Evidence form Hungary, World Bank technical paper, No. 453. 2000.

［12］Kogut，B.，and H. Singh（1998）．The Effect of National Culture on the Choice of Entry Mode，Journal of International Business Studies, 1998. 19（1），411 – 432.

［13］Müller，T.．Analyzing Modes of Foreign Entry：Greenfield Investment versus Acquisition，University of Munich, Germany. 2000.

［14］Norbäck，P. and L. person. Cross – border Acquisitions and Greenfield Entry，IUI Working Paper No. 570. 2002.

［15］UNCTAD. World Investment Report 2001—2002，www. UNCTAD. org. 2003.

中国零售业并购分析[*]

一、2000 年以来我国零售业并购概况

（一）零售业并购加速增长规模扩大

21 世纪以来，我国零售业受国有商业企业改革和零售业全面对外开放的影响，掀起了并购的热潮。根据对 2000—2006 年我国零售业并购的不完全统计，2000—2005 年我国零售业并购发展趋势是并购数量迅速增长，涉及金额日益增加。2001 年，我国零售业的并购金额是 2000 年的 3 倍多，并购事件数量是 2000 年的 2 倍多。2005 年，我国零售业并购笔数和金额较前年度均有大幅度增长。安永会计师事务所的研究报告认为：2005 年中国境内并购交易金额达人民币 4176 亿元，其中零售业内的并购交易金额达人民币 111 亿元，占到 3% 的比重。2006 年，我国零售业的并购浪潮更加汹涌，表 1 列出了 2006—2007 年我国零售业部分重大并购事件。据《北京晨报》的报道，截至 2006 年 9 月，我国零售业已经发生超过 10 起金额超过 1000 万美元的大型并购事件。零售业并购所涉及的金额已经达到 11 亿美元，而 2005 年全年的大型并购案例所涉及的金额是 14 亿美元，加上后来发生的物美以 12 亿人民币购买江苏时代超市、国美购买永乐、2006 年零售业的并购金额

* 基金项目：首都流通业研究基地项目"2006 年中国商业发展报告"（项目编号：2006 - Z - 02）子项目研究成果。

本文作者：廖运凤、金辉。原载《北京工商大学学报（社科版）》2008 年第 3 期。

已经超过 2005 年。由此可见，零售业并购在加速，规模在扩大。

表1　2006—2007 年我国零售业部分重大并购事件

序号	并购时间	并购事件概述
1	2006 年	大韩民国株式会社新世界收购上海易买得超市 14.8% 的股权
2	2006 年 2 月	北京物美收购北京美廉美连锁商业 75% 权益
3	2006 年	大商集团收购河南郑州"金博大"
4	2006 年	北京物美收购银川新华百货（1.7 亿元人民币）
5	2006 年 5 月	美国百思买收购江苏五星电器
6	2006 年	华夏西部经济开发有限公司收购昆明百货大楼
7	2006 年 7 月	国美并购永乐
8	2006 年	新华发行集团收购华联超市实现"借壳"上市
9	2006 年 8 月	北京物美收购江苏时代超市（12 亿元人民币）
10	2007 年 3 月	华润集团收购天津家世界超市
11	2007 年 5 月	正大收购 18 家易初莲花上海店铺

（二）零售业并购的区域分布不平衡

我国零售业并购区域分布的基本特征是发展不平衡。从统计资料可以看到以下六点事实：第一，不论按并购方所在省份还是被并购方所在省份统计，东部地区是我国零售业并购的多发区。按并购方所在省份统计，上海和北京两地发生的并购事件已经占到所统计事件的45%；以上海和北京两地零售企业作为并购对象的并购事件已占到了并购事件的近 1/3。第二，东北地区和南方沿海地区是并购多发区。东北经济区的并购占 15%。南部沿海地区的零售业并购占 8% 左右。第三，西南地区、长江中游地区、西北地区和黄河中游地区的零售业并购较少，只占零售业并购的 25% 左右。第四，在跨国并购事件中，外资并购我国零售企业远远多于我国零售企业的海外并购。第五，零售业并购事件多发生在各大经济区内部。统计资料显示，发生在经济区内的约占 63.16%，跨地区零售业并购（包括跨国并购）数量占 1/3强。第六，从并购所涉及的金额来看，跨地区并购（尤其是跨国并购）所涉金额更为巨大，占并购金额的约 70%，而发生在经济区内部的零售业并购金额只有 30% 左右。

(三) 外资对内资零售企业的并购增加

我国零售业的对外开放开始于 1992 年，最初外资的进入主要采取的是"新设投资"的方式，建立"三资"企业。我国加入 WTO 以后，以"并购投资"的方式进入零售业的步伐加快，尤其是 2005 年我国零售业对外全面开放以来，这一趋势更为明显。据不完全统计，2001—2005 年，外资对我国零售业的并购共计 24 起。其中 2005 年之前共有 9起，2005 年猛增至 15 起，是前四年并购数量总和的 1.5 倍。从并购规模上看，外资并购涉及金额比国内零售企业间并购所涉及的金额要大得多，绝大多数并购事件金额在 1 亿元人民币以上，个别已经达到十几亿元人民币的水平。2005 年，外资并购占当年全部零售业并购事件的 30%，而涉及金额却占当年全部并购金额的 62.83%。表 2 列示了部分外资对我国零售业的并购事件（包括 2006 年）。

表 2　2001—2006 年部分外资并购我国零售业事件

序号	年份	并购事件
1	2001	南京金鹰国际集团购物中心零资产整体兼并扬州商场
2	2002	华润创业有限公司现金收购江苏苏果超市有限公司
3	2003	香港顶好惠康超市并购惠阳超市 22 家店的经营权（10 亿元人民币）
4	2004	TESCO 收购乐购连锁超市 50% 股权
5	2005	头号家居建材零售商家得宝收购东方家园 49% 的股权
6	2005	Luxottica Group 收购北京雪亮眼镜
7	2005	B&Q（CHINA）B. V. 收购 ST 昆百大持有的百安居 35% 的股权
8	2006	英国安顺投资收购深圳民润超市 75% 的股权
9	2006	家乐福和乐购收购乐客多 7 家门店
10	2006	大韩民国株式会社新世界收购上海易买得超市
11	2006	美国百思买集团（Best Buy）收购江苏五星电器
12	2006	沃尔玛收购好又多
13	2006	英国安顺投资增持深圳民润超市 32.76% 的股权
14	2006	美国家得宝并购加世界家居
15	2006	TESCO 收购乐购 40% 的股权（3.5 亿美元）

（四）中国零售企业的海外并购有所发展

据不完全统计，近年来我国零售企业的海外并购事件共有六起，多为我国零售企业并购在中国大陆的外资企业。我国零售企业海外并购的具体情况见表3。

表3　我国零售企业海外并购事件

序号	时间	并购事件
1	2002	辽宁成大收购家乐福中国控股公司在辽宁投资的商业企业 35% 的权益
3	2004	物美收购日本大荣在天津的 12 家合资超市
4	2005	中国永乐收购中国台湾灿坤在大陆的 32 家 3C 连锁店
5	2005	北京王府井百货收购首联集团持有的合资公司 7 – 11 25% 的股权
6	2005	北京华联集团收购新加坡西友百货（人民币 2 亿元）

二、中国零售业并购的特点

近年来，我国零售业的并购不仅发展速度提高，规模增长，而且表现出如下特征。

（一）零售业并购多为横向并购

我国零售业并购以横向并购为主的特色十分明显，因为我国零售企业进行并购的主要动因是追求规模经济效益，通过行业内部的横向并购，企业可以迅速而有效地做大规模和降低成本，尽享规模经济的好处。据不完全统计，在我国零售业近年来的并购事件中，横向并购占并购总数的70%以上，只有28.19%的并购事件涉及跨行业并购，涉及的行业主要是投资行业与房地产业。

（二）举牌收购方式增加

过去由于资本市场不完善使得我国零售业上市公司的并购主要采取协议收购、间接收购、国有股权的行政划转等方式进行。近年来，我国零售业并购开始出现二级市场举牌收购上市公司流通股的新收购

方式。举牌并购，一是可以持有升值空间巨大的优质商业资源，二是
频繁举牌会引发目标公司股价上涨，举牌企业可以获得投资收益。三
是举牌企业还可以利用股权分置改革的契机获得上市公司支付对价、
投资收益甚至对公司的控制权。表 4 为近期我国零售业举牌并购的
情况。

表 4　我国零售业举牌并购情况

被举牌公司	原大股东	持股比例（%）	举牌企业	举牌比例（%）	截止举牌日期
南京新百	南京国资经营公司	24.49	金鹰集团	24.55	2006 年 2 月 2 日
南京中商	南京国资经营公司	23.07	雨润集团	25.25	2006 年 4 月 28 日
百大集团	杭州投资控股公司	29.93	银泰集团	23.82	2006 年 4 月 25 日
鄂武商	武汉国资经营公司	29.75	银泰集团	18.11	2006 年 4 月 11 日
武汉中百	武汉国资经营公司	14.41	平泰商贸	7.14	2006 年 5 月 8 日

（三）"强强联合"趋势增强

竞争的加剧促使我国零售企业的并购出现"强强联合"组建的跨
地区巨型企业特征。2001 年 2 月，中国零售业 50 强的北京西单商场、
北京超市发、上海华联超市共同投资成立北京西单华联超市有限公司。
2003 年 4 月，原上海一百（集团）、华联（集团）、友谊（集团）和上
海物资（集团）总公司归并整合成百联集团，拥有第一百货、华联商
厦、华联超市、友谊股份、物贸中心、第一医药和联华超市等 7 家上
市公司。2005 年 12 月，中国连锁业排名第一的百联集团和东北地区零
售业巨头大商集团联合，由百联集团、上海物资集团和大连市国资委
三方共同出资成立大连大商国际，百联集团为实际控制人。2006 年 7
月，国美电器以 52.68 亿港元的"股票 + 现金"形式并购中国永乐，
这起家电零售行业排名第一和第三的企业间的联合将中国家电零售业
带入了国美永乐、苏宁电器、五星电器（BESTBUY）"三足鼎立"的
时代。

（四）"民进国退"明显

作为一般竞争性行业，我国零售业正在经历产业战略性调整，国

有资本规模缩小并逐步退出，而退出的途径重要方式之一是并购。在我们统计的 190 起零售业重要并购事件中，涉及国有股权交易的有 30 起，占 15.8%，其中涉及国有资本退出的有 19 起，占 10%。收购退出国有资产的企业主要是民营企业，如四川迪康集团收购成商集团、江苏地华收购南京中商等。

（五）同业态并购居多

我国零售业并购所涉及的业态种类较少，主要是百货、超市、大型超市和专业店（家电），还有少量的便利店。企业间的并购多为同业态间的并购，即百货企业并购百货企业、超市并购超市、家电专业店并购家电专业店。只有数量极少的跨业态零售企业间的并购。另外经营每况愈下的传统百货类企业日益成为被并购的对象。这些经营情况不佳的传统百货类企业往往占据着各类城市黄金地段的商业网点和其他优良的商业资源，在商业网点日趋稀缺的情况下，许多城市的传统百货类企业成为其他强势企业争抢的并购对象。

（六）外资并购中国零售企业的特征

1. 通过并购增强独资经营趋势。我国零售业对外资全面开放后，外资零售商在中国独资经营的趋势增强。据中国商务部数据显示，2005 年我国批准设立的 187 家外资零售企业中，外商独资企业有 124 家，比重为 66.3%。同时外资零售商往往通过收购合资公司的中方股权增大持股比例。比如，2005 年 1 月，昆百大将其持有的昆明百安居 35% 的股权全部转让给 B&Q（CHINA）B. V.，使外资持股的比例由 65% 增加到 100%。2006 年 1 月，大韩民国株式会社新世界收购上海易买得超市有限公司中方股权并增资，使外资的股权从 49% 上升到 81%。

2. 并购集中于新型业态。外资零售商在我国经营主要以大卖场、仓储式商场、会员店和普通超市等业态为主，或采用超市、百货和便利店这样的业态组合，且多采取连锁形式，国际零售巨头还将折扣店、便利店及邻里店等新型业态引入中国。外资对我国零售业的并购也多集中于以上的新兴业态,并且均为同业态间的并购,如世界第一家电零售商美国百思买集团收购江苏五星电器等。

三、我国零售业并购面临的主要问题

(一) 资金问题

1. 零售企业并购筹资困难。并购资金的来源问题是企业并购过程中遇到的最大难题。一方面,我国资本市场的不完善使其无法有效满足国内企业的并购融资需求。目前在深、沪两市零售业上市公司共 59 家,多为中小盘股,利用股票市场实现融资困难。另一方面,我国许多零售商在其经营过程中大量占用供货商资金,短期资产负债率高,偿债能力和利润率较低,难以用利润积累来支持并购,许多时候只能寻求借贷资金支持进行并购,加大了收购以及企业成长的风险。

2. 并购后企业资金状况恶化。并购所耗用的大量资金加剧了零售企业内部的资金问题,使企业财务风险加大。此外,并购后资金链的紧张会影响到并购整合的效果,以及企业其他方面的成长。

(二) 整合问题

整合是决定并购能否真正成功的关键所在,也是并购过程中难度最大的环节。我国零售业并购整合主要存在以下问题。首先,不能有效整合并购双方的实际资源。存在着招牌和店面变了,但各方企业仍独立运作,长期存在多套采购体系、信息管理系统和配送系统,造成资源的巨大浪费。其次,由于并购企业的资金困难,难以为整合提供有力的资金支持,因此影响了整合的进程并使整合效果大打折扣。再次,跨地区、跨行业并购由于经营地区分散,难以在物流体系、信息系统等方面形成有效的整合与共享,如华润并购万佳后就出现巨额亏损。最后,忽略文化整合。目前我国零售企业的品牌和文化建设尚不成熟,在整合有形资源过程中企业文化整合往往被忽略。

(三) 并购的行政色彩浓厚

中国零售业并购的主体还是国有企业,政府与企业间的联系使政

府成了并购的主导力量，政府凭借政治权力进行干预。比如将持有的零售企业的股权进行划拨、行使其大股东权益或者以其他行政手段促使企业的并购。我国许多地区性的零售巨型企业就是由政府通过经济与行政的干预形成的。政府过度干预使并购的经济因素往往被忽视，"拉郎配"比较普遍，为企业的后续发展埋下了隐患。并购后的"协同效应"往往也很差，有些并购仅仅是形式上的结合，"协同效应"更无从谈起。

（四）盲目并购导致效益欠佳

我国零售企业存在盲目并购的现象。有些零售企业将大规模并购作为企业发展战略，企图以盲目的并购来实现其发展目标，但却忽视了企业内涵式发展。盲目并购的主要体现：一是并购动机盲目。并购并非出于企业发展的需要，而是效仿和竞争的结果。二是并购前的尽职调查不够。二是盲目追求并购规模和数量，使企业各类资源紧张，经营困难。这种盲目并购往往致使并购后企业效益下滑。如深圳老牌上市公司农产品旗下的民润连锁超市就是这样。从 2001 年开始，民润连续收购了粤民营超市"四君子"：广州的"岛内价"、珠海"新七星"、佛山的"真实惠"、阳江的"百惠"，在业内声名大振，到 2002 年年底，民润的超市就遍及珠三角，成为拥有 148 家门店、销售额达 23 亿元人民币的广东零售业"翘楚"。然而，大规模的收购致使民润"消化不良"。2003 年，民润的经营情况就出现了下滑的迹象，2004 年财务报告显示民润的亏损额超过 3800 万元。

（五）外资抢占与控制零售业市场份额

外资零售企业多为跨国企业，拥有先进而科学的经营管理方式和手段，对卖场终端的管理能力和对生产厂商的控制能力远强于中国企业。他们拥有品牌，可以在全球范围内配置资源，同时具有成熟的行业经营和并购经验。在同本土零售企业的竞争中具有一定的优势，容易形成对中国零售市场的挤占和垄断。尤其是在新型业态和物流配送等领域，本土企业的劣势十分明显。比如在沿海部分大中城市中，连锁超市外资最高的市场占有率已经达到80%~90%。

四、优化我国零售业并购的基本思路

优化中国零售业并购的基本思路是针对上述问题采取相应的措施，具体来说，可以从微观和宏观两个层面来优化我国零售业的并购。

（一）在微观层面上优化我国零售业并购的对策措施

1. 注重内涵式的企业发展道路，培养和造就企业的核心竞争力。从当前我国零售企业的制度建设和经营管理水平看，要使并购活动趋于优化，首先应加快企业的公司化改造进程。在没有进行公司化改革的企业迅速进行公司化改革，以建立多元化的产权结构和产权约束。在已经完成公司化改造的企业则要加强公司治理结构的建设，通过现代公司治理结构优化企业行为，通过公司制规范政府对零售业并购的干预。其次，零售企业的发展应当在强化内涵式发展方式上下功夫，在运用现代流通方式、建设物流配送体系、优化质量管理、降低运营成本和加强售后服务等诸多方面来提高企业的核心竞争力。具体来说，必须转变依赖扩大门店和出租商铺来获取利润的粗放式经营方式，重点要解决商业回扣等陈规陋习，以大大降低成本和价格，以获取企业竞争力的提升。只有真正具有核心竞争力的企业，才具备通过并购迅速发展企业的能力。

2. 学习和积累并购的经验，重视并购前的尽职调查和并购后的整合。具有核心竞争力的企业并不一定能在并购重组中获得胜利。因为企业并购是复杂的资本运作过程，需要具有进行资本运作的经验和技巧，需要资本市场和政府相关政策的支持。因此，对大多数的零售企业来说，尽管通过并购来发展企业速度快且收益大，但却充满了风险。只有在搞好自身经营管理和提高核心竞争力的基础上，认真进行并购的准备工作，这就需要学习并购的基本知识和技巧来强化并购前的尽职调查和并购后的整合，尤其需要企业管理团队有足够的关于并购的相关知识。

3. 加强国内零售企业间的并购以扩大规模，提高在市场竞争中抗衡外资企业的势力。为了有效地应对外资对我国零售企业大规模的并购，我国零售企业必须迅速成长起来，最为有效的办法就是加强国内零售企业间的并购，组成足以抗衡外国零售企业并购的大规模零售企业。我国的大型零售企业还要通过战略联盟和物流配送等现代流通手段扩大自己的实力和规模，以大幅度地降低成本以提高竞争力，也可以通过对外国零售企业的并购来提升其经营管理水平和核心竞争力。

4. 加快资本市场发育，发展投资银行体系。我国零售业在并购的实践中遇到了资金短缺的"拦路虎"。解决这一问题仅从企业自身积累出发是没有出路的，必须借助资本市场实现并购资金的融通。我国银行业改革和资本市场的加快发育都为解决这个难题提供了有利的条件，目前应当重视的是投资银行业的尽快发展以为并购融资提供支持。

（二）在宏观层面上优化我国零售业并购的政策法规体系

从宏观层面看，政府要积极创造有利于零售企业并购良性发展的法律、法规和政策环境。具体地说，可以考虑如下几个方面的措施。

1. 顺从世界经济发展的趋势，加快国有经济从零售业退出的步伐。就世界经济的发展经验而言，零售业是非国有经济比较适合和具有效率的行业。西方发达市场经济国家的零售业一般很少有国有制企业进入。中华人民共和国成立后，由于计划经济体制的建立和推行，零售业曾长期由国有制一统天下。改革开放后，零售业所有制多元化发展迅速，但是在大、中型零售企业中，国有制企业或国有经济控股企业依然占据主体地位，难以适应市场经济条件下零售业竞争发展的需要。因此，要加快零售业国有经济战略性重组的步伐，即通过股份制、合作制、私营经济等国有企业改革的方式使国有经济从零售业中逐步退出。这对优化我国零售业的并购具有重要意义。

2. 规范政府行为，减少政府对零售业企业并购的行政干预。政府的行政干预一直是我国零售业效率低下的重要原因。从改革开放早期的"关、停、并、转"到现在的资产划拨式并购都是政府干预的方式，基本的做法都是"拉郎配"。我国商业领域的并购重组，建造中国商业的"航空母舰"的行为基本如此。要逐步通过政府职能的转变，把企业并购的主动权和基本决策权交给企业，以企业行为模式支配并购。

3. 制定零售业并购的具体的法律体系和政策措施。零售业的并购有其特殊性，因此政府相关部门应当在国家法规的基础上，制定零售业并购的相关规则，比如零售业不正当竞争的细则、零售业垄断判断的标准、外资并购零售企业的职工安排原则等可以操作的政策措施。另外，为了有效地规制外资对我国零售企业的并购，应当尽快完善外资并购我国大、中型零售企业的审批、审查制度。政府部门还应当为企业并购提供信息支持和宏观指导协调等服务，指导外资并购的良性发展。

4. 应尽快制定规范和鼓励我国零售企业并购外国零售企业的相关政策，以利于中国零售企业的国际化发展。近年来，外资不断掀起对我国零售业并购的波澜，外资并购的数量和规模都在快速增长，而我国零售企业的海外并购虽有发展，但是数量和规模都极其有限。这与我国政府对零售业对外并购的鼓励和支持政策缺失有关。应当尽快制定规范和鼓励我国零售企业并购外国零售企业的相关政策。一是对零售业海外并购实施税收优惠政策；二是建立海外投资的保险和融资的国家担保等制度；三是建立中国零售企业对外投资的信息库，为中外企业提供 WTO 规则下的双边或多边投资对话机制；四是设立专门的企业投资促进机构，进行技术和信息服务，为企业"走出去"提供关于投资环境、国别政策、法律法规等的信息服务；五是加快国际化人才的培训。由此鼓励我国有条件的零售业企业积极通过并购"走出去"进行国际化经营。

五、研究结论

通过上面的分析，对于中国零售业的并购可以得出以下三点结论。

（一）零售业的并购发展迅速且特点鲜明

进入 21 世纪以来，中国零售业的并购无论是从企业并购事件的数量还是从并购所涉及的金额数量看都存在加速发展的趋势；呈现出横向与同业态并购居多、举牌并购增加、跨国并购加速、强强联合明显、民营经济进入及国有经济退出等特点。

（二）零售业并购问题较多且效益欠佳

近年来，虽然中国零售业的并购轰轰烈烈，但由于存在诸如资金短缺、行政干预、盲目并购、整合乏力和对外资并购缺乏有效规范等问题，使得中国零售业并购的绩效并不明显。

（三）优化我国零售业并购，需要实施微观和宏观层面的对策

从微观层面看，致力于通过并购实现迅速发展的我国零售企业应做到以下四点：一是下功夫培养和造就核心竞争力；二是注重企业发展战略的制定与实施；三是学习积累并购的经验，重视尽职调查和并购后整合；四是加强国内零售企业间的并购。

从创造有利于零售业并购发展的外部条件来看，可做的有以下五项工作：一是加快国有经济从零售业退出的步伐；二是加快资本市场发育和投资银行的发展；三是规范和减少对零售业企业并购的行政干预；四是制定零售业并购的具体法律和政策；五是制定和鼓励我国零售企业并购外国零售企业的相关法规政策。

参考资料

［1］胡祖光，伍争荣，孔庆江. 中国零售业竞争与发展的制度设计［M］. 北京：经济管理出版社，2006，6.

［2］王巍. 中国并购报告2006［R］. 北京：人民邮电出版社，2006，4.

［3］程璐. 中国零售业并购研究［D］. 上海：上海海事大学，2005.

［4］李颖灏，彭星. 我国零售业市场集中度的现状及对策［J］. 财贸研究，2006（5）.

［5］黄侦. 我国零售业并购中的盲目性问题探析［J］. 集团经济研究，2006（23）.

中国零售业上市公司并购绩效实证研究[*]

一、基于 DEA 的并购绩效评价体系设计

以单个零售业上市公司每一年的经营为一个决策单元（DMU），以该公司连续 7 年的 DMU 为一个决策单元体系，利用 DEA（数据包络分析）模型计算 7 年中每一年的绩效值。将此计算应用于每个样本，计算出每个样本每一年的绩效值，作为考察我国零售业上市公司并购绩效的基础数据。

1. 样本选取。以沪、深两市所有零售业上市公司为样本，根据是否于 2003 年发生并购将样本分为两类，分别考察其绩效表现。之所以以 2003 年为参照年，主要出于如下考虑：第一，根据笔者不完全统计，2003 年零售业上市公司处于全面对外开放前的并购高潮之中，可以提供足够的研究样本，具有代表性；第二，本文旨在考察发生并购企业长期的绩效情况，同时数据包络分析方法需要年份跨度较大的财务等基本经营信息，因此并购发生应达到一定的年限。

此外，选取的样本还应满足以下条件：第一，本文拟采用 2000—2006 年的财务数据及年平均总市值，因此，样本公司必须在 2000 年之前上市；第二，公司在 2000—2006 年持续经营零售业务，不得有退市及主营业务转变发生；第三，如果某上市公司在 2003 年发生了多次并购行

* 基金项目：北京市哲学社会科学首都流通业研究基地项目"流通业并购研究"（JD - 2009 - Y - 06）。

本文作者：金辉、廖运凤。原载《北京工商大学学报（社科版）》2010 年第 5 期。

为，只记录其最有影响的一次。根据以上条件和标准，笔者在沪、深两市共56家零售业上市公司中选取了46家上市公司作为本文研究的样本。

2. 指标体系建立。DEA方法是一种处理由多个输入和多个输出构成的系统评价方法，建立客观、有效的由多个输入指标和多个输出指标构成的指标体系是非常重要的。在输入输出指标选取上，DEA方法要求遵循以下四点。第一，输入输出指标的选择要充分考虑评价的目的。本文的评价目的是揭示中国零售业上市公司的并购绩效。目前国内外学术界就并购绩效研究的方法及选取的指标还未能达成共识，但是前人的研究成果可以给予我们良好的借鉴。例如，可以参考事件研究法中经常采用的托宾的Q值或某些股价指标，同时还可以考虑会计研究法中所采用的具有代表性的财务数据或比率。第二，要避免所选的输入输出指标之间存在较强的线性相关关系，以提高所选指标的覆盖性和有效性。第三，输入、输出指标数目之和要小于决策单元（DMU）的个数，在本文中要小于等于所考察的年份数7。第四，要兼顾输入输出指标的在管理上的可控性及分析上的易获得性。

在遵循以上要求及原则的基础上，经过审慎思考与计算，选定如下5个输入和输出指标：

输入指标：X_1 = 主营业务成本 + 主营业务税金及附加；

X_2 = 三项（营业、管理、财务）费用之和；

X_3 = 总资产。

输出指标：Y_1 = 主营业务利润；

Y_2 = 年平均总市值。

各输入指标含义如下。

X_1为主营业务成本与主营业务税金及附加之和，这是相对于主营业务收入的投入，是为主营业务收入而发生的相关成本费用，可以有效地衡量企业在进行主营业务经营的过程中投入的成本性资源。

X_2为三项费用之和，即营业费用、管理费用和财务费用之和。营业费用是指企业在销售产品、提供劳务等日常经营过程中发生的各项费用以及专设销售机构的各项经费。管理费用是指企业行政管理部门为组织和管理生产经营活动而发生的各种费用。财务费用是指企业筹集生产经营所需资金而发生的费用。三项费用之和作为可控的财务指标，可以很好地反映企业在生产经营过程中投入的费用性资源。

（$X_1 + X_2$）可以基本反映出当期企业为生产经营活动而投入的资源情况。

X_3 为总资产。资产是由企业拥有或者控制的资源，是为企业带来经济利益的总源泉。将总资产作为一项输入指标是为了更加全面地反映企业为进行生产经营活动而利用的资源情况。各输出指标含义如下。

Y_1 为主营业务利润，即企业主营业务产生的利润，在企业利润总额中占较大的比重。现代企业以股东收益最大化为重要目标，因此主营业务利润是从财务角度可以有效反映企业经营绩效重要的输出指标。

Y_2 为年平均总市值，即上市公司年度内每交易日总市值的平均值。对于上市公司而言，公司的经营成果与价值还会通过股价反映出来。虽然中国资本市场是"弱有效"的，但是并购这种重要事件对企业股票价格的影响还是不能忽视的。因此，年平均总市值可以作为从市场角度有效反映企业经营绩效的重要输出指标。将主营业务利润及年平均总市值同时引入企业绩效评价的指标体系中，意味着本指标体系中从综合财务业绩及市场影响两方面对企业绩效进行评定，这在一定程度上克服了原有分别从市场角度（事件法）和财务角度（会计法）考察企业绩效的缺陷，将会更全面而且综合地考察企业绩效。

3. 数据来源及处理。本绩效评价体系所用财务指标数据为 2000—2006 年最新调整的企业合并报表的数据，均来自于各上市公司相应年份年报。由于各上市公司财务数据的处理方法可能存在差异，同时财务数据又极易受人为操纵，因此假设：（1）所有样本企业在财务处理上是一致的，以便不同的上市公司在财务数据的计算口径上具有可比性；（2）年报数据完全反映了报告期内企业真实的经营情况，是真实可信的。

二、实证分析及结果

（一）运用 DEA 方法计算样本历年绩效值

以单个上市公司为评价体系，将其纵向的 7 个观察年份（2000—

2006 年）作为 7 个决策单元（DMU），根据 DEA 理论及模型，利用该公司连续 7 年的 3 个输入指标和 2 个输出指标的值，运用 MATLAB 中的"linprog"线性规划程序包编程，计算该公司每一年的绩效值。由于 DEA 计算模型中要求所有输入输出指标值均为正，对于负的输出指标值，根据 DEA 模型的"变换不变性"对数据进行了平移处理，使其满足 DEA 方法对指标值非负的要求。通过上述方法及步骤，逐一计算出 2000—2006 年所有 46 个样本的绩效值，详见表 1。

（二）中国零售业上市公司并购绩效的描述性统计

根据各样本 2003 年年报，对 46 个样本在 2003 年发生的并购事件进行了统计整理，共有 26 个样本在 2003 年发生了并购。其中 3 个样本涉及资产收购，8 个样本涉及股权收购；发生关联并购的样本为 8 个，非关联并购的样本为 18 个；发生混合并购和横向并购的样本均为 12 个。将样本按照并购类型、方式和并购双方的特征分类汇总，再计算每一种特征下样本每一年的总体绩效平均值 θ，其中，n 表示样本数，j 表示年份。

表 1　2000—2006 年我国零售业上市公司绩效值

股票代码	股票简称	2000 年	2001 年	2002 年	2003 年	2004 年	2005 年	2006 年
000056	深国商	1.135	1.093	1.080	1.737	0.876	1.266	1.097
000417	合肥百货	1.288	1.023	0.661	0.390	0.343	0.337	0.477
000419	通程控股	1.584	0.958	0.665	0.578	0.484	0.606	0.832
000501	鄂武商 A	1.897	0.996	0.765	0.741	0.494	0.873	0.953
000516	开元控股	1.325	1.259	0.843	0.900	0.634	0.612	0.636
000560	昆百大 A	0.999	1.363	0.805	1.468	0.875	0.833	0.601
000564	西安民生	1.209	1.102	0.810	0.761	0.455	0.438	0.470
000672	＊ST 铜城	1.676	0.978	1.208	1.349	0.596	0.509	1.274
000679	大连友谊	1.199	1.144	0.728	0.434	0.418	0.465	0.388
000715	中兴商业	1.661	1.282	0.902	0.863	0.921	1.028	1.153
000759	武汉中百	1.762	0.897	0.559	0.340	0.313	0.339	0.488
000785	武汉中商	1.585	1.326	0.774	0.739	0.651	0.183	0.640
000796	宝商集团	1.139	1.256	0.963	1.606	1.022	0.364	0.936
000882	华联股份	1.379	1.133	0.350	0.151	0.268	0.316	0.400

股票代码	股票简称	2000 年	2001 年	2002 年	2003 年	2004 年	2005 年	2006 年
000889	渤海物流	1.856	1.019	0.693	0.739	0.609	0.146	0.487
000987	广州友谊	1.100	1.102	0.961	0.713	0.635	0.817	1.572
600280	南京中商	1.873	1.295	0.668	0.598	0.609	0.489	0.514
600306	商业城	1.184	1.241	1.331	0.608	0.409	0.242	0.153
600616	第一食品	1.240	1.422	0.756	0.739	0.773	1.281	0.947
600628	新世界	1.014	1.094	1.010	0.999	1.235	1.059	1.251
600631	百联股份	1.105	1.110	1.088	1.160	0.958	0.714	1.441
600655	豫园商城	0.995	1.121	1.219	0.714	0.571	0.765	1.234
600682	S 宁新百	1.170	1.044	0.725	0.787	0.624	0.507	0.829
600683	银泰股份	0.909	1.194	1.539	0.725	1.720	0.772	0.807
600693	东百集团	1.098	1.199	1.572	1.040	0.970	0.760	0.760
600694	大商股份	1.760	0.810	0.507	0.310	0.353	0.600	0.763
600697	欧亚集团	1.399	0.943	0.733	0.811	0.775	0.663	0.592
600712	南宁百货	1.217	0.941	0.912	0.646	0.588	0.581	0.594
600723	西单商场	1.241	1.100	0.888	0.792	1.116	0.795	0.738
600729	重庆百货	1.316	0.996	0.832	0.836	0.798	0.759	0.711
600738	兰州民百	1.239	1.263	0.974	0.857	0.963	0.801	1.277
600778	友好集团	1.278	1.091	1.622	0.565	0.400	0.286	0.268
600785	新华百货	1.198	0.949	0.704	0.642	0.627	0.556	0.703
600814	杭州解百	1.904	1.003	0.766	0.608	0.600	0.628	1.134
600821	津劝业	1.428	1.218	0.768	1.021	0.995	1.023	1.065
600824	益民商业	0.947	1.100	1.359	0.879	0.769	0.800	1.711
600827	友谊股份	1.305	1.219	0.906	0.712	0.895	0.706	0.617
600828	*ST 成商	1.041	1.012	1.054	0.841	1.083	0.363	0.941
600830	大红鹰	1.501	0.976	0.959	0.758	1.041	0.787	0.982
600833	第一医药	1.837	2.333	1.390	0.907	0.920	1.256	0.828
600838	上海九百	1.895	1.142	0.879	0.955	1.395	0.630	1.125
600856	长百集团	1.289	0.951	0.850	0.862	1.371	1.079	0.465
600859	王府井	1.316	1.026	0.796	0.601	0.539	0.488	1.616
600861	北京城乡	1.289	1.162	0.827	0.582	0.472	0.452	0.548
600865	S 百大	1.161	1.016	1.365	0.730	0.649	0.639	0.907
600891	S*ST 秋林	1.198	1.242	1.042	0.968	1.943	0.622	0.675

$$\theta_{p,j}^* = \frac{\sum\limits_{i=1}^{n}}{n}, \quad n = 1,\cdots,n,j = 2000,\cdots,2006$$

根据分析需要，可以得到各不同情况与特征下相关样本历年的总体绩效平均值，如表2所示。

表2 不同情况与特征下相关样本的总体绩效平均值

项目	样本个数	平均绩效值						
		2000 年	2001 年	2002 年	2003 年	2004 年	2005 年	2006 年
发生并购	26	1.335	1.085	0.907	0.708	0.695	0.568	0.838
未发生并购	20	1.371	1.197	0.961	0.917	0.884	0.774	0.840
资产收购	3	1.430	0.978	0.685	0.497	0.604	0.577	0.660
股权收购	8	1.517	1.086	0.936	0.776	0.805	0.520	0.845
关联并购	8	1.309	1.095	0.969	0.714	0.899	0.602	0.885
非关联并购	18	1.347	1.080	0.880	0.706	0.605	0.552	0.818
横向并购	12	1.383	1.104	0.795	0.649	0.682	0.591	0.917
混合并购	12	1.223	1.089	1.023	0.745	0.749	0.568	0.753

三、结论分析

根据上述实证结果，分别从总体情况、交易方式（股权收购与资产收购）、关联并购（关联并购与非关联并购）及并购方式（横向并购与混合并购）四个方面对我国零售业上市公司的并购绩效的实证结论进行分析。

（一）我国零售业上市公司并购绩效的总体情况

首先对2003年发生并购的26个样本的总体绩效情况进行描述与分析，再将其与2003年未发生并购的20个样本的总体绩效情况进行对比。

1.2003年发生并购的零售业上市公司2000—2006年总体绩效情况

图1描述了2003年发生并购的样本2000—2006年绩效变动的总体情况。从图1中可以清晰地看到，在并购后的第一年，绩效下降的趋

势得到了极大的缓解；在并购后的第二年，总体绩效水平恶化，几乎接近了并购前三年的下降速度；然而在并购后的第三年，即 2006 年，样本总体的绩效发生了显著的提升，甚至超过了发生并购的 2003 年。

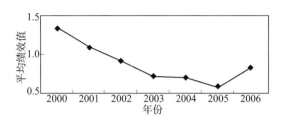

图1　2003 年发生并购的我国零售业上市公司总体绩效

　　总体绩效趋势说明，我国零售业上市公司的并购为企业带来了一定的绩效水平提升。首先，在并购后的第一年，样本总体绩效平均值连续三年下滑的趋势得到了明显的缓解，并购为企业带来了短期的绩效提升，但是不排除这种提升是企业进行报表并购所造成的。其次，在并购后的第二年，企业绩效水平下滑，但下滑的速度明显小于并购之前的三年，这一年绩效水平下滑是因为并购后整合对企业资源的大量消耗，但是也不排除我国零售业企业盲目并购而造成的整合困难对企业绩效带来的负影响。最后，并购后第三年绩效总体水平的快速上升说明，2003 年的并购在经历了两年的整合后"协同效应"开始逐渐发挥作用，开始为企业创造并购收益，提升企业绩效。但是由于模型的输出指标里含有公司年平均总市值，而 2006 年我国股票开始价格上涨，部分企业年平均总市值急剧上升，这也是引起 2006 年我国零售业上市公司并购绩效出现明显提升的原因之一。

　　2. 2003 年发生并购与未发生并购的上市公司绩效对比

　　据统计，2003 年未发生并购的零售业上市公司共 20 家，可以将这20 个样本历年平均绩效值与发生并购的 26 个样本历年平均绩效值进行对比来考察两种样本的绩效差异，见图 2。

　　图 2 描述了 2003 年发生并购的零售业上市公司与未发生并购的上市公司绩效的差异。在并购之前的两年中，两种样本绩效差异不明显。但自发生并购的前一年开始，两种样本的平均绩效差异开始拉大，未

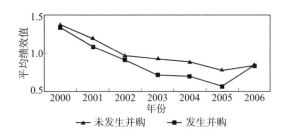

图2　2003年发生并购与未发生并购的零售业上市公司总体绩效对比

发生并购的上市公司的绩效明显优于发生并购的上市公司，并在并购后的两年里保持着约20%的差异。笔者认为，这种差异主要来源于并购为企业带来的内耗。但从2005年开始，发生并购的上市公司绩效提升速度明显超过未并购的上市公司，并且两者绩效值在2006年持平，可见并购为企业带来了一定的绩效增长后劲。

此外，两种样本的平均绩效值在2002年以前处于DEA有效的范围，而2002年以后的平均绩效值均非DEA有效。也就是说，在2002年以前，我国零售业上市公司的绩效是有效的，处于一种良好的经营状态；而在2002年以后，绩效水平均未达到有效的状态，既定的资源均未能带来最大化的收益，这说明了我国零售业近年来处于一种不良的发展态势。究其基本原因是由于我国零售业处于基本饱和状态，行业内恶性竞争普遍，产业素质未能得到有效提高，从而导致各企业绩效普遍处于非有效的状态。

（二）股权/资产收购与企业并购绩效

不同的并购交易方式会对企业并购的绩效产生一定的影响。笔者对比了进行资产收购和股权收购的样本的平均绩效值，见图3。

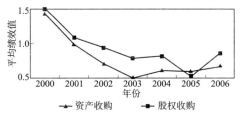

图3　不同并购交易方式下企业绩效对比

从图 3 中可以看到：首先，采用股权收购的样本的绩效平均值总体上要优于资产收购的绩效值；其次，股权收购的绩效表现不是非常稳定，而资产收购样本的总体绩效值在并购后保持稳定而缓慢的上升趋势。

（三）关联/非关联并购与企业并购绩效

还可以考察关联并购与非关联并购下企业的绩效水平情况。据笔者的统计，2003 年发生并购的 26 家零售业上市公司中，有 8 家上市公司发生了关联并购，18 家上市公司发生了非关联并购。发生关联并购与非关联并购企业的总体绩效水平，如图 4 所示。

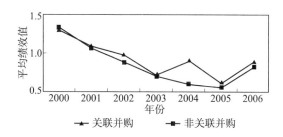

图 4 关联并购企业与非关联并购企业绩效对比

从图 4 中可以清晰地观察到，在并购发生后的两年中，发生关联并购的企业绩效水平明显高于发生非关联并购的企业；在其他年份，两种样本的绩效水平基本持平。

（四）横向/混合并购与企业并购绩效

根据企业并购的产业特征，并购可以被分为横向并购、纵向并购和混合并购。依据 26 个样本事件中并购方与被并购方所在产业的关系，分别计算了不同并购方式下零售企业绩效的总体水平，如图 5 所示。由于发生纵向并购的企业只有两家，因此暂不将这两家企业历年绩效的平均值作为结果。

图 5 显示了 12 家发生混合并购及 12 家发生横向并购的零售企业的总体绩效情况。可以看到，发生混合并购的企业总体绩效水平在并购后的一年多时间里，要高于发生横向并购的公司。在并购后的第二年

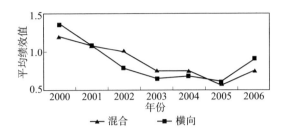

图5　不同并购方式下企业绩效对比

下半年和第三年，发生混合并购的企业的绩效水平出现了波动，而发生横向并购的企业的绩效在经历了少许的下降后开始了显著的上升，并超过了混合并购企业的绩效。因此，可以肯定，横向并购为我国零售企业带来了更加稳定的绩效增加。

参考资料

［1］Robert S Kaplan, David P Norton. The Balanced Scorecard—Measures That Drive Performance ［J］. Harvard Business Review, 1992, January – February：71 – 79.

［2］Roger A. Kerin, Nikhil Varaiya. Mergersand Acquisitionsin Retailing：A Review and Critical Analysis ［J］. Journal of Retailing, 1985, 61（1）：9 – 33.

［3］程璐. 中国零售业并购研究 ［D］. 上海：上海海事大学, 2005.

［4］韩晔. 中国零售企业并购研究 ［D］. 南昌：江西财经大学, 2006.

［5］黄侦. 当前我国零售业并购动因分析 ［J］. 商场现代化, 2007（3）.

［6］李颖灏, 彭星. 我国零售业市场集中度的现状及对策 ［J］. 财贸研究, 2006（5）.

［7］刘仁忠. 外资并购对中国零售业的影响与对策研究 ［D］. 贵阳：贵州大学, 2006.

［8］王巍. 中国并购报告2006 ［R］. 北京：人民邮电出版社, 2006.

［9］魏权龄. 数据包络分析 ［M］. 北京：科学出版社, 2004.

参考文献

一、经济学理论问题探讨：

[1] "公有制实现形式的创新和经济运行机制的转换"，《北京林业大学学报社科版》1988 年。

[2] "略论按资分配"，《北京林业大学学报社科版》1989 年。

[3] "社会主义经济中的公平与效率"，《北京林业大学学报社科版》1991 年。

[4] "西方计划理论评介"，《北京林业大学学报社科版》1992 年。

[5] "对"苏南模式"若干问题的思考"，《北京林业大学学报社科版》1993 年。

[6] "对合作制若干问题的理论思考"，《中国农村经济》2004 年第 5 期。

[7] "西方合作经济理论评述"，《林业经济》2007 年第 11 期。

[8] "对供销合作社制度变迁的经济学分析"—新制度经济学的视角，2009 年第 4 期《北京工商大学学报（社科版）》。

[9] "农业产业化组织形式：国外相关研究及其评述"，《林业经济》2014 年第 8 期。

二、股份制与合作制的理论与实践分析

[10] "论我国股份合作制发展面临的主要问题"，《管理现代化》1999 年第 4 期。

[11] "按合作制原则规范股份合作制的实践"，《国有资产研究》，2000 年第 2 期。

[12] "我国合作制发展面临的问题和对策"《中国合作经济》，2005 年第 2 期。

[13] "美国政府对合作社的扶持体系研究"。《合作经济》2010 年第 11 期。

[14] "对供销社社有企业改革若干问题的探讨"，《林业经济》2011 年第 2 期。

[15] "对供销社改革与发展若干问题的思考"，《合作经济评论》，2008 年第 2 期。

[16] "供销社制度创新的实践分析"，《合作经济》2009 年第 11 期。

[17] "农超对接：存在的问题优化的途径"《合作经济》2010 年 10 期。

三、企业并购和资产重组研究

［18］"略论我国企业资产重组的难点"，《管理现代化》，1998 年第 2 期。

［19］"加速我国企业资产重组的基本思路"，《国有资产研究》1998 年第 3 期。

［20］"加快资本市场发育，促进企业资产重组"，《国有资产研究》1999 年第 2 期。

［21］"对外资并购国有企业若干思想认识误区的分析"，《北京工商大学学报》2003 年第 6 期。

［22］"外资并购国有企业：现状与对策"，《国有资产管理》，2004 年第 6 期。

［23］"中国企业海外并购所面临的微观问题"《国有资产管理》2007 年 12 期。

［24］"对跨国并购与新建投资相互替代的经济学分析"，《国家行政学院学报》2004 年第 4 期。

［25］"中国零售业并购分析"，《北京工商大学学报社会科学版》2008 年第 3 期。

［26］"中国零售业上市公司并购绩效分析"，《北京工商大学学报（社科版）》2010 年第 5 期。